IFRS
国際会計基準のすすめ

IFRSの基本とその実践

公認会計士
中嶋德三

*International
Financial Reporting Standards*

清文社

本書の出版にあたり、執筆のきっかけとなった「A Study of the International Accounting Standards Committee」の著者、PricewaterhouseCoopers Professor Christopher Nobes, the University of Reading in UK及び海外の国際業務における上司・同僚のMessers. Johannes Stützel, German CPA in Düsseldorf; Deter Fuchs, German CPA in Frankfurt; Carlos Rebay, Argentine CPA in Buenos Aires and Jino Park, Korean CPA in Seoulに深甚なる感謝を申し上げます。

はじめに

　2010年3月期から、国際的な事業活動を行う上場企業を対象に、国際会計基準（IFRS）を任意適用した連結財務諸表の作成実務がスタートしました。また、IFRSの一部を不適用とする日本版IFRSの開発が決定され、その任意適用要件の緩和によりIFRS実務適用の拡大が期待されています。

　既にIFRS任意適用を行った企業は、米国会計基準の連結財務諸表を作成する大規模企業グループや欧州等での事業活動を積極的に行う国際企業等の事業経営に関連して国際会計基準の連結財務諸表を必要とする企業グループが多く、一般的な日本企業の置かれた状況とは必ずしも同一ではありません。

　日本の多くの上場企業は、経理財務部門の人的資源の制約の中、堰を切ったように立て続けに導入された新会計基準、四半期財務報告、内部統制に係る実務等、息つく暇のない実務対応に直面し、その上さらに日常業務を遂行しながらの国際会計基準の導入準備の検討に経理責任者は大きな不安と懸念を持たれていると思います。その不安等の多くは、国際会計基準の実務適用が初めての体験であり、直面する課題の把握やその具体的な対応策の策定に困難があるためと思います。それらの不安を少しでも解消させるには、連結財務諸表試案（トライアル）を実際に作成する体験が一番の早道と考えました。そこで、物づくりを主たる事業活動としている製造会社の中から、金融商品等の複雑な会計処理が少ない上場企業を想定し、国際会計基準の適用により連結財務諸表を最初から最後まで実際に作成し、その実際適用のプロセスからどのような課題が生ずるかを検証しました。

　国際会計基準の適用準備の段階での対応、個別の会計処理の検討、IFRSの初度適用の手続き、連結財務諸表試案（トライアル）の実際の作成等を行った結果、日本の上場企業の会計実務家は余裕のある準備を行えば、問題なくIFRS連結財務諸表及びその財務情報を完成することができると結論しました。

しかし、同時に国際会計基準は単に財務諸表等の作成に関連した会計実務の課題だけでなく、国際会計基準が成り立つ制度の背景とその特徴を引きずり、その底流にある米国／英国型の社会制度の基本が日本に定着するには、かなりの時間と努力が必要になるとも感じました。このため、国際会計基準の成り立つ制度の相違がこれからも日本の会計制度や会計基準にプレッシャーを与え続け、企業の会計実務家はその対応に迫られるものと予想します。

　また、国際会計基準は多くの国々の会計基準としての適用を前提にしており、日本の会計基準に慣れ親しんだ会計実務家にとっては会計基準の記述に抽象的な表現も多く、例示等の説明は日本企業の置かれた状況とは異なり、かなり使い勝手の悪い、その理解と実務適用についての努力を強いられる会計ルールといえます。しかし、世界市場を舞台にグローバル事業経営を行う日本の企業グループには、国際的な会計ルールに基づいた連結財務諸表の作成とグループ業績の評価は必要条件であり、国際会計基準の理解と実務適用は不可欠なものといえます。また、グローバルな会計ルールの国際会計基準は、日本企業の事業経営にも広範な影響を与えるものと思われます。

　本書は、想定した個別企業グループにIFRSを適用して連結財務諸表を作成し、その準備の段階や作成の過程から取引内容の見直し、会計処理の課題等を検討しています。特定の個別企業をケース・スタディとするため、国際会計基準に関するすべての検討項目を網羅することはできません。各企業の会計実務家は、直面する検討テーマの対象を広げ、その課題をさらに深掘りし、そして可能であれば、検討した内容を公表することにより、日本の国際会計基準の会計実践の経験を蓄積する努力が重要と考えます。

　最後に、本書出版にあたり、ご支援をいただいた田中カトさん、助言をいただいた加藤厚氏及び清文社　鶴崎敦氏に、この場を借りて感謝の意を表したいと思います。

平成26年6月

中嶋　德三

目次

はじめに

第1編　国際会計基準(IFRS)の基本

第1章　複式簿記システムと利益の計算

1. 利益の計算と会計ルール(会計基準) ―― 3
2. 複式簿記システムの完成 ―― 4
3. 2つの利益計算アプローチ ―― 6
4. 収益費用アプローチと期間損益の計算 ―― 8
5. 資産負債アプローチと金融型経済 ―― 8
6. キャッシュ・フロー計算書と公正価値 ―― 10
7. 会計の変遷 ―― 11

第2章　市場経済のグローバル化と会計ルール

1. 世界の市場経済の拡大 ―― 13
2. 国際標準の進展と会計基準の統一 ―― 14
3. 主要国の会計基準(1990年頃) ―― 15
   (1) 米国の会計基準　16
   (2) 英国の会計基準　17
   (3) 日本／ドイツ／フランスの会計基準　17
   (4) 国際会計基準（IAS）　17
4. 主要国の会計基準が相違する原因 ―― 18

(1)　法律の制度　18
　　(2)　資金の調達方法　19
　　(3)　財務諸表作成の目的　20
　　(4)　概念フレームワークと会計基準　21
⑤会計基準の一般的な特徴 ··22
　　(1)　米国／英国の会計の特徴　22
　　(2)　日本／ドイツ／フランスの会計の特徴　23
⑥個別の会計基準の特徴 ··23
　　(1)　減価償却　24
　　(2)　税務上の引当金　24
　　(3)　法律上の準備金　25
　　(4)　工事進行基準　25
　　(5)　ファイナンス・リース　25
⑦会計基準の相違による利益の計算の影響 ······························26
⑧国際会計基準（IFRS）の本質 ··28

第3章　日本の会計

①日本の会計制度 ···31
②公正なる会計慣行の尊重 ···31
③一体化された会計制度 ··32
④会計実務における法人税規定の優位 ··································33
⑤日本の会計制度の課題 ··34

第4章　国際会計基準の歩み

①国際会計基準委員会（IASC）と国際会計基準（IAS）の誕生 ···········37
②国際会計基準の展開 ···37
　　(1)　会計基準の調和（ハーモニゼーション）　37
　　(2)　会計基準の収れん（コンバージェンス）　38

(3) 会計基準の採用（アドプション）　39
　(4) 会計基準の設定主体　40
③EU（欧州連合）と国際会計基準 ──────────────40
　(1) EC指令による会計基準の統一　41
　(2) 国際会計基準による会計基準の統一　41
④米国と国際会計基準 ────────────────────42
⑤国際会計基準の一部不適用（カーブアウト） ─────────44
⑥国際会計基準（IFRS）及び解釈指針（IFRIC）のリスト ─────45

第5章 日本と国際会計基準

①日本経済の国際化 ─────────────────────49
②会計制度改革（会計ビッグバン） ────────────────50
③日本と国際会計基準との関わり ───────────────51
④EU（欧州連合）の同等性評価 ────────────────51
⑤国際会計基準の採用（アドプション） ──────────────52
⑥更なる見直しと検討の継続 ─────────────────54

第6章 国際会計基準の特徴

①社会制度における会計基準の位置付け ─────────────55
②国際会計基準と日本の会計基準の対比 ─────────────55
　(1) 会計基準の設定主体　56
　(2) 少数株主持分の取扱い　56
　(3) 利益の計算　58
　(4) 評価の原則　61
　(5) 会計基準の記述　62
　(6) 会計の判断　63
　(7) 職業会計専門家の役割　63
　(8) 会計基準の作成　64

第7章 国際会計基準導入の影響

1 会計基準の国際統一 -- 73
2 会計基準の国際統一に対する日本の対応 ------------------------------ 75
3 世界標準としての国際会計基準 -- 76
 (1) 日本企業の事業活動の国際化　77
 (2) グローバルな会計基準　77
 (3) 異なる制度背景を持つ会計基準　78
4 グローバル会計基準とローカル会計基準との調整 -------------------- 78
 (1) 多国籍国際企業　79
 (2) 国内で主たる事業活動を行うローカル企業　80
5 経営に与える影響 --- 80
 (1) 連結財務諸表作成の前提の徹底　80
 (2) 事業経営の利益指標　81
 (3) 包括利益と企業価値　82
 (4) 会計専門人材の育成　83
 (5) バランスのとれた制度運用の必要性　84
 (6) 管理部門の強化　85
6 むすび --- 86

第2編　国際会計基準(IFRS)の実務

第8章　IFRS連結財務諸表の作成

1 IFRS連結財務諸表(トライアル)の作成 ―――― 91
2 日本基準に基づく財務諸表の作成 ―――― 92
3 IFRS導入に係る検討事項 ―――― 93

第9章　IFRSの任意適用

1 IFRS任意適用 ―――― 97
　(1) IFRS任意適用の要件　98
　(2) 並行開示　98
2 IFRS連結財務諸表の必要性の検討 ―――― 99
3 IFRS連結財務諸表作成のための準備 ―――― 100
4 IFRS任意適用の現状 ―――― 101

第10章　欧州企業のIFRS連結財務諸表の作成実務

1 多様なIFRS連結財務諸表 ―――― 103
2 欧州企業のIFRS連結財務諸表 ―――― 104
　(1) 基本財務諸表　105
　(2) 損益計算書(包括利益計算書)　108
　(3) 2計算書方式により分離された包括利益計算書　109
　(4) 貸借対照表(財政状態計算書)　110
　(5) 有形固定資産　111
　(6) キャッシュ・フロー計算書　112
　(7) 株主持分変動計算書　113
　(8) 損益計算書の段階利益の表示　114

第11章 IFRS 適用のための個別項目の検討

1. IFRS 適用のために検討を要する個別テーマ ———————————————117
2. 個別テーマの会計処理の検討 —————————————————————117

第12章 IFRS の初度適用

1. 初めての IFRS 連結財務諸表の作成 —————————————————155
2. IFRS 第1号「IFRS の初度適用」に基づく連結財務諸表の作成 ————157
   (1) IFRS 連結財務諸表の作成と開示　157
   (2) IFRS の初度適用により作成される連結財務諸表　158
3. 免除規定と強制的な例外規定 —————————————————————159
4. 選択可能な免除規定 ——————————————————————————159
   (1) 企業結合　159
   (2) 有形固定資産　160
   (3) 従業員退職給付　161
   (4) 累積換算差額　162
   (5) 複合金融商品　162
5. 強制適用される例外規定 ———————————————————————162
   (1) 金融資産・負債の認識の中止　162
   (2) ヘッジ会計　163
   (3) 会計上の見積り　163
6. 欧州企業の IFRS 初度適用における免除規定の適用 ————————————163
7. NSH グループの IFRS 初度適用の免除規定の選択 ————————————166
   (1) 前年比較情報の開示　166
   (2) IFRS 連結財務諸表の体系　167
   (3) 免除規定の選択　169
   (4) 強制的な例外規定　170

第13章 NSHグループのIFRS連結財務諸表の作成

1 IFRS連結財務諸表(トライアル)の作成 ----------------------------------- 171
2 IFRS連結財務諸表の全般 --- 171
  (1) 連結財務諸表の作成　171
  (2) 損益計算書と貸借対照表の開示順序　172
  (3) 財務諸表の表示方法とIFRSベースの明記　173
  (4) 前年情報の開示年数　173
  (5) 直近年度の配置　173
  (6) マイナス数値の記号　174
  (7) 個別財務諸表の記載　174
  (8) 財務諸表上の数値の四捨五入　174
3 損益計算書及び包括利益計算書 --------------------------------------- 175
  (1) 1または2計算書方式の選択　175
  (2) 包括利益計算書の表示名　176
  (3) 特別損益項目の表示の禁止　176
  (4) 段階利益の開示　177
  (5) 費用の機能別及び性質別分類　178
  (6) 販売費と一般管理費の科目表示　179
  (7) 研究開発費の単独表示　179
  (8) 非継続事業　179
4 貸借対照表(財政状態計算書) -- 179
  (1) 「貸借対照表」または「財政状態計算書」の表示名の選択　180
  (2) 貸借対照表の科目配列　181
  (3) 「非支配」または「少数株主」の用語の選択　181
  (4) 貸借対照表上の「非支配株主持分」の表示　181
  (5) 繰延税金資産及び負債　182
5 キャッシュ・フロー計算書 -- 182

(1)　直接法または間接法による作成　182
　(2)　現金同等物に含まれる短期投資の範囲　182
⑥株主持分変動計算書（所有者持分変動計算書）------------------------------------183
　(1)　株主持分変動計算書の表示名　183
　(2)　株主持分変動計算書の掲載順序　183
　(3)　1株当たり情報の開示　183
⑦IFRS適用以前の過年度情報の開示 ---184

第14章　IFRS連結財務諸表作成の総括

①IFRS連結財務諸表作成の総括 --185
　(1)　異なった会計ルール（IFRS）の適用による当期利益への影響　185
　(2)　グローバル経営管理とIFRS　189
　(3)　企業の財務諸表作成の意識付け　189
　(4)　日本基準に基づく利益の過小表示　190
　(5)　連結及び個別財務諸表の財務情報の整合性　191
　(6)　IFRS連結財務諸表（トライアル）の作成　191
　(7)　監査法人との連携強化　192
　(8)　IFRSに関する情報入手の困難性　193
　(9)　取引内容（フロー）の開示の重視　193
　(10)　企業における会計専門家の育成　195
②会計の判断に係る総合課題－不動産流動化のケース・スタディ----------196
　(1)　BC社と不動産流動化スキームの概要　196
　(2)　BC社の不動産流動化スキームと会計の判断　198
　(3)　日本の会計ルールにおける特別目的会社（SPC）と不動産の流動化　200
　(4)　譲渡人に残るリスクの判定　201
　(5)　日本の会計基準及びIFRSに基づく取引の会計判断　203

第3編　IFRS連結財務諸表の作成

【NSHグループ連結財務諸表（トライアル）】

連結損益計算書 --- 211
連結包括利益計算書 -- 212
連結貸借対照表 --- 213
連結株主持分変動計算書 -- 214
連結キャッシュ・フロー計算書 -- 215
連結財務諸表注記 -- 216

カバーデザイン／鈴木　弘（*Blue Stone Label, Inc.*）

第1編

国際会計基準 (IFRS)の基本

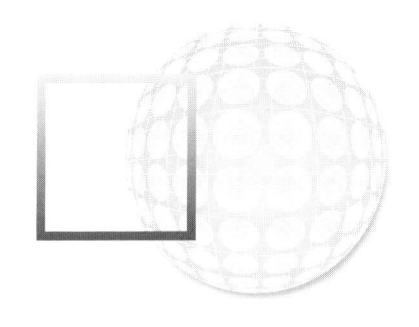

- 第1章 複式簿記システムと利益の計算
- 第2章 市場経済のグローバル化と会計ルール
- 第3章 日本の会計
- 第4章 国際会計基準の歩み
- 第5章 日本と国際会計基準
- 第6章 国際会計基準の特徴
- 第7章 国際会計基準導入の影響

第1章 複式簿記システムと利益の計算

1 利益の計算と会計ルール（会計基準）

　会計の目的の一つに、会計ルール（会計基準）を適用し、事業活動の成果を示す利益を計算することがあります。この会計ルールは、それぞれの国の経済、法律、文化、社会の慣行等の中から創り出され、極めてその国のローカル色の強い特徴を有しています。しかし、近年のグローバル経済の急速な展開は各国の会計ルールの国際調和とグローバルな会計ルールの開発を強く促し、現在では世界の多くの企業がグローバルな会計ルールの国際会計基準（IFRS）を適用した利益の計算と連結財務諸表の作成を行っています。

　また、会計ルールの特徴は時代の要請に適合するルールが選好され、時代の要請の変化により、会計ルールも変化していきます。最近、棚卸資産評価方法の後入先出法（LIFO）が会計ルールから退場しました。LIFOは、先入先出法（FIFO）や平均法とともに、日本においても長年にわたって実務適用され、直近に仕入れた在庫から順番に原価へ払い出すため、インフレ状況下において売上と売上原価の対応は仕入価格の上昇を織り込むことができ、売上と原価との適切な期間損益の対応を可能とします。しかし、手許に残る棚卸資産の帳簿価額は古くに仕入れた低い価格に基づくため、仕入価格の実勢と帳簿金額は乖離する傾向があります。このため、適切な期間利益の計算と適切な在庫金額の測定のどちらをより重視する会計処理を行うかの問題が生じます。

　また、支出の効果が将来に及ぶ開業費等の会計処理についても、同様の状況があります。営業開始までの開業準備の賃借料や登記費用等は、支出時の費用処理を原則としますが、効果が将来に及ぶため、その支出を繰延資産に計上し、

5年以内の期間にわたって償却する選択可能な会計処理が認められます。日本では、支出の繰延処理による費用の配分は適切な期間損益の計算に必要と考えられ、長年にわたって認められた一般的な会計処理でした。しかし、資産価値を有しない繰延資産を経過的（仮）に貸借対照表に計上するため、資産価値の適切な測定の観点からは問題が生じます。

現代の会計は、貸借対照表の資産及び負債の測定を中心に利益の計算を行います。もちろん、収益及び費用による適切な期間損益を軽視することではありませんが、資産及び負債の測定がより重視されています。LIFOの適用により実勢と乖離した棚卸資産金額や資産価値を有しない繰延資産の計上は、適切な期間利益の計算の目的に適合していたとしても、貸借対照表に計上する資産価値の測定を重視する現在の会計の要請には適合しないことになります。ちなみに、国際会計基準は棚卸資産の評価方法としてのLIFOや、費用の配分を目的とする繰延資産の計上とその償却による会計処理を認めていません。

会計ルールの特徴は、適用時点で有効なルールのみが必要とされ、いったん退場した会計ルールが顧みられることはなく、しばらくすれば全く忘れ去られ、会計実務界があたかも現在がすべてであるかのような風潮を作り出しています。この風潮は、会計実務に長く携わってきた関係者として、少なからず反省する点です。会計ルールは、時代の要請により誕生し、適合しなければ退場していきます。会計ルールの新しい誕生や改廃は、その時代の要請によることが多く、両者には密接な関係があるといえます。

現在の会計ルールの基本を理解するためにも、過去の会計とその変遷の理解は有益と考え、会計の歴史を少し振り返ります。

2 複式簿記システムの完成

13世紀初め、北イタリアのヴェネツィア、ジェノヴァ、ミラノ等の都市は、東西交易の中心都市として東方から胡椒、香辛料、綿織物等を仕入れ、欧州各地の金属、羊毛、織物等の手工業製品と交易する商業取引が盛んでした。この商業取引は、家族や同族者による小規模な個人事業の場合は取引量も限定され、

その記録もメモ程度の備忘記録で十分でしたが、商業活動が盛んとなり取引量が増加することにより取引記録の必要が高まり、帳簿記帳から利益を計算する複式簿記システム（double-entry bookkeeping system）が登場しました。しかし、このシステムが登場した当初は帳簿記録から総括的に利益を計算することは未だ不可能で、帳簿記帳と併せて主要な手許財産の実施棚卸を行って純財産額を計算し、２つの異なった時点の純財産の増減から利益を計算しました。商業活動がさらに盛んとなり、取引量の増加と事業規模の拡大は必要資本を増加させ、また同族家族以外からも有能な人材の登用が必要となり、共同経営の形態が出現しました。共同経営による商業活動は、利益の計算やその分配、共同経営者の持分をより正確に、信頼できる方法で確定させる必要性が高まり、14世紀半ば頃までには北イタリアで継続記録から利益を計算する複式簿記システムが完成しました[1]。

　当時の取引記録と利益の計算は、現代のような便利な筆記具、計算機器、用紙等のない中で、また現在使用されているアラビア数字は16世紀頃までは使用されていなかったため、ローマ数字を使用した会計記帳と、これを集計する計算は大変に困難な作業であったと想像します。

　この複式簿記システムによる利益の計算は、人間の英知が生み出した優れた体系を有する人類の財産であり、13世紀に登場してから現代までの800年間、利益計算の本質は変わることのない完成した体系となっています。現代においても、世界のビジネス等に関連するすべての取引は複式簿記システムを通して会計記帳と利益の計算を行い、事業経営の業績や財政状態の把握には必須の計算システムとなっています。しかし、その優れた計算システムは経済界において特別に話題となることはありません。複式簿記システムは、現在ではその存在が気付かれないほど、経済活動に深く浸透して共有され、世界のビジネスの共通言語として、あたかも"空気"のような存在になっています。

　また、複式簿記システムが歴史に登場した以降、人類の文明は著しい発展を遂げ、商業取引は膨大な量となり、グローバル経済の展開やIT情報機器等の革新等に脚光が集まっていますが、巨大な多国籍企業の事業経営の利益の計算は、

800年前に作り出された複式簿記システムに依拠していることに驚きを覚えます。さらに、14世紀当時、複式簿記システムによる利益の計算は数学の領域に属し、数学者が資産負債の増減と利益の計算の関連等についての研究を行っていたことは、現代人の私どもにとって興味深い話といえます。

3　2つの利益計算アプローチ

　複式簿記システムは、1つの記録方式で2つの利益計算ができる優れた体系を有します。すべての取引は、仕訳の会計技法によって体系的に記録され、一定期間の収益費用を集計する損益計算書と一定時点における資産及び負債（純資産）の在り高を示す貸借対照表に集約されます。

　損益計算書による利益の計算は、一定期間の損益の変動に基づく取引（フロー）を中心に行い、収益費用アプローチと呼ばれます。その利益計算は、実現した収益に対応する原価・費用の適切な期間配分を会計の主要な命題とします。前述の開業費を例にとれば、実現した収益に対応した支出効果の期間配分が第一義に重要とされ、このために経過的に繰延資産が貸借対照表に計上され、その資産の償却を通して適切な期間損益の計算が行われます。

　貸借対照表による利益の計算は、異なった時点の純資産の変動に基づく取引（ストック）を中心に行い、資産負債アプローチと呼ばれます。このアプローチによる利益の計算は、資産と負債の測定を第一義に重要とします。開業費を例にとれば、収益費用アプローチによる支出の繰延処理は償却費の適切な期間配分に必要とされますが、貸借対照表に計上される繰延資産は将来に回収可能な資産価値を有していません。したがって、収益費用アプローチによる適切な損益計算には繰延資産の計上とその償却の手続きが必要であっても、資産負債アプローチによる資産価値を有しない資産の計上は適切とはいえません。利益の計算は、収益費用アプローチと資産負債アプローチの会計の基本のどちらを第一義に重要と考えるかによって、利益の計算は異なった結果を導き出します。

　最近、日本の会計に新しい利益概念である包括利益が登場しました。包括利益は、利益とは何かについての会計の構造に係る基本問題が包含されています。

収益費用アプローチからは、業績を示す当期利益は損益計算書上の当期純利益が説明され、資産負債アプローチからは包括利益計算書上の当期包括利益が説明されるのが一般的で、この利益計算の構造の変化は会計の基本に大きな影響を与えています。日本において、長年にわたって収益費用アプローチによる適切な期間利益の計算が重視され、会社法上の配当可能利益や税法上の課税所得も適切な期間損益の計算を前提とします。しかし、国際会計のルールは資産負債アプローチによる利益の計算が重視され、このため日本の会計の基本は伝統的な期間損益の重視と時価主義を中心とする新しい利益計算の間で調整が迫られ、その対応に苦慮しているのが現在の日本の会計の姿といえます。

　下記の概要図は、取引のフローを集約する損益計算書とストックを集約する貸借対照表が、それぞれ組織的、かつ独立的に利益を計算し、しかも２つの計算書の利益は必ず一致する複式簿記システムの体系を表しています。

複式簿記システムによる利益の計算

収益費用の変動　＝　一定期間の取引のフロー（損益計算書）を重視
資産負債の変動　＝　一定時点の取引のストック（貸借対照表）を重視

複式簿記システム

損益計算書	貸借対照表
（フローを中心）	（ストックを中心）
売　　上　（×××） 原　　価　　××× 費　　用　　×××	
当期利益　（×××）	当期利益　　××× 資　　産　　××× 負　　債　（×××） 資　　本　（×××）

4 収益費用アプローチと期間損益の計算

　18世紀から19世紀にかけて、米国は急速に発展し、国内の鉄道、港湾、電力、水道等の大規模な社会インフラへの投資事業に巨額の資金を必要とし、このため事業会社の概要や財務情報を資金の提供者に提示し、資金調達を行う必要がありました。多数の投資家に多くの会計帳簿を提示しての財務状況の説明は現実的な方法ではなく、企業の業績と財務内容の概要を集約した損益計算書と貸借対照表による経営成績や財政状態の説明が行われるようになり、さらに投資の優位性、安全性、利益の配当や事業リスク等の会計報告の重要性が認識され、財務報告（ディスクロージャー）の制度を確立させました。米国の経済発展の中で、高利益率の取引や高収益の事業に投資家の注目が集まり、投資の収益性に対する関心は損益計算書を重視する会計とその財務報告を完成させ、米国が世界経済のリーダー国になることにより、基本計算書の中で損益計算書が最も重要な計算書として位置付けられるようになりました。

　損益計算書の様式は、収益や原価・費用を細分化した利益の分析が容易であり、また営業利益等の段階利益の表示により、利益の源泉や事業活動の効率性の表示に適しており、損益計算書は適切な期間損益の計算を重視する社会的な要請に適合した基本計算書といえます。

5 資産負債アプローチと金融型経済

　時代の経過により、利益の計算は収益費用アプローチから資産負債アプローチへと移行しました。その原因の一つは、製品・商品の財貨を中心とした取引から金融財取引の重要性が高まったことによります。1971年、米国は景気低迷、国際収支の悪化を理由にドルと金との交換を停止し、金・ドル本位制が崩壊し、変動為替相場制へと移行しました（ニクソン・ショック）。第二次世界大戦以降から続いた固定相場制によるブレトンウッズ体制は崩壊し、日本でも20年間続いた1ドル＝360円の固定相場制は変動相場制に本格的に移行しました（1973年）。この変動により、固定相場制の下では財貨取引の補助財としての役割を

持った為替（金融財）は製品・商品の主要財と肩を並べるほどに重要性が高まり、金融財を主要財とする金融型経済が急速に展開し、加えてIT情報革命により金融と経済の国際化は加速され、グローバル金融経済は国境の垣根を消滅させるほどの勢いで拡張し、その経済変動の影響は世界の資本市場を通して瞬く間に伝播していきます。

事業活動は、棚卸資産や有形固定資産の有形財が主要財であった製造業の利益計算は、実現した収益に対して有形財等の取得原価を期間配分し、適切な期間損益の計算を行うことが会計の中心命題でした。利益の計算は、投資した製造設備等の取得原価を製品等の販売を通して回収するため、長期間を前提とした長期利益の追求を目的としました。

しかし、金融財が事業活動の主要財になると、資本市場における取引は即時に決済され、直ちに取引の損益確定が可能となり、利益の性格は短期利益の追求へと変質しました。さらに、経済活動の中での金融財の重要性の増加は市場価格を前提とする時価主義や公正価値が会計の中心テーマとなり、これらの状況の変化は収益費用アプローチによる当期利益の計算から資産負債アプローチによる包括利益の計算へと利益の計算を移行させました。

製造業と金融業の利益計算の特徴

	製造業	金融業
事業活動の主要財	棚卸資産・有形固定資産	金融商品
利益の性格	長期利益の追求	短期利益の追求
利益の計算	収益費用アプローチによる当期利益	資産負債アプローチによる包括利益
評価基準：		
貸借対照表項目	取得原価基準	時価基準
損益計算書項目	実現主義	即時決済主義

6　キャッシュ・フロー計算書と公正価値

　損益計算書に利益が計上されても、借入金の返済や債務の支払いに手許資金の不足による事業経営が破綻する、いわゆる黒字倒産が起こることがあります。また、M&A等の必要資金の捻出に際して、過去の蓄積利益から期待した程の資金の用意ができないこともあります。このような状況は、損益計算書上の利益と現金預金等の資金との関係や将来に投資可能な資金について、多くの関係者が関心を持ち始めました。キャッシュ・フロー計算書は、資金の源泉とその使途に関する財務情報の提供を目的とし、損益計算書や貸借対照表から遅れて登場し、第3の基本財務諸表と呼ばれます。

　キャッシュ・フロー計算書は、複数の選択可能な会計処理の選択による影響を受けない特徴があります。認められた複数の会計処理の中から一つを選択することは、選択されない会計処理と比較し、異なった利益を計算します。現代における複雑で、多様な取引の登場は会計処理の選択による異なった利益が計算され、企業業績や財務内容の比較をより困難なものにします。このような状況の中で、キャッシュ・フロー計算書は現金及び現金同等物の在り高を中心に財務情報を作成し、キャッシュ・フローに関連しない会計処理の選択、会計上の見積りや仮定の適用等から生ずる影響を受けないキャッシュ・フロー計算書の特徴を際立たせています。

　また、キャッシュ・フロー計算書は損益計算書上の当期利益と資金との関連の他に、将来キャッシュ・フローと企業価値の関係についての基本問題を惹起させました。企業価値は、資産や負債を市場価格によって測定し、市場価格のない会計項目は将来キャッシュ・フロー流入出の割引現在価値を公正価値(時価)とみなし、その総和を企業価値とする考えを創り出しました。さらに、キャッシュ・フロー計算書が提供するキャッシュ・フローの源泉及びその使途に関する財務情報は、貸借対照表及び損益計算書の開示をより密接に連携させることにより、新しい会計情報を創出する可能性があります。これからは、キャッシュ・フローに関連した会計とその財務情報の提供を重視する時代になることを予感させます[2]。

7 会計の変遷

　14世紀前半、北イタリアの都市において商業取引が活発化し、取引の増加とその規模の拡大はより正確な利益や出資者持分の計算が必要となり、複式簿記システムによる利益の計算が登場しました。この複式簿記システムによる会計記帳は、その登場から800年間、企業を取巻く利害関係者の利害調整の目的のために、配当可能利益の計算を行い、その会計の基本は実現した収益に対する原価・費用の期間配分が会計の中心命題でした。

　また、18〜19世紀からの米国の発展は損益計算書と適切な期間損益の計算が重視され、財務情報の開示（ディスクロージャー）制度を確立させました。しかし、時代の経過とともに金融型経済の重要性が高まり、利益の計算は貸借対照表上の会計項目の測定を重視する資産負債アプローチへと移行しました。利益の計算は、取得原価に基礎を置く損益計算書中心の当期利益から、市場価格と公正価値を重視する貸借対照表中心の当期包括利益へと移行し、会計の基本は時価主義を中心にまとめられ、そのすべては国際会計基準（IFRS）に取り込まれ、グローバルな会計の基本を形作っています。

　取得原価会計から時価主義会計への移行は、会計の基本が時代の経過とともに変遷し、将来さらに変遷する可能性のあることを示唆しています。そして、過去の歴史は会計の変遷がその時代の経済を主導する国や地域がその経済力と発言力等を通して会計への影響力を強め、新しい会計の基本を創り出したことを示しています。英国は、産業革命によって当時の世界経済を主導し、発生主義会計及び有形固定資産の減価償却会計を確立させました。その後、米国は世界経済のリーダー国として、その経済や社会制度は世界の国々に大きな影響を与え、経済の拡大と証券市場の発展とともに企業の財務報告制度や職業会計専門家の独立監査を確立させました。また、EUは国際会計基準を中心とした会計基準の国際調和とその統一に向けて大きく貢献しました。これらの国々は、それぞれの時代に必要な新しい会計の基本を誕生させ、新しい会計のルールを創り出したといえます[3]。

会計の領域ではありませんが、「カイゼン」、「カンバン方式」の日本の新しい生産管理方法が世界から注目を集めました。それは、その管理方法が優れていると同時に、当時の日本の経済力と存在感が世界の人々を日本の新しい生産管理方式に注目させたといえます。これと同様に、これからも新しい会計のルール（会計基準）は時代を主導する国や地域が新しい考えの下に創り出していく可能性があります。

(注)
1　渡邉泉『歴史から学ぶ会計』同文館出版、2008年
2　第3編に掲載したIFRS連結財務諸表（トライアル）は、日本基準に基づく連結財務諸表にIFRS修正を反映して作り替えました。IFRSの適用による修正は、日本基準による当期利益に影響を与え、日本基準とIFRSの利益は当然に差異が生じます。しかし、キャッシュ・フロー計算書上の現金及び現金同等物は、IFRS適用による修正の影響を受けることはありません。日本基準、IFRS、米国基準等の異なる会計基準の適用、会計処理方法の選択、会計上の見積り・仮定を多用して作成された財務諸表と比較し、現金及び現金同等物を中心に取引の会計処理を行うため、異なる会計基準や会計処理方法の選択等から生ずる影響は少なく、実際に連結財務諸表（トライアル）の作成を行ってみて、改めてキャッシュ・フロー計算書が有する特徴を再認識しました。
3　Christopher Nobes, *A Study of the International Accounting Standards committee*, Coopers & Lybrand

第2章 市場経済のグローバル化と会計ルール

1 世界の市場経済の拡大

　第二次世界大戦後、40年間続いた資本主義と社会主義陣営の対立は、米国ソ連の首脳が地中海マルタで会談し、冷戦の終結宣言によって終焉しました(1989年)。冷戦終結後、ポーランドの自由選挙を皮切りに社会主義陣営に属した国々(ハンガリー、チェコスロバキア、ブルガリア等)はドミノ倒しのように自由主義経済へと移行し、そして東西陣営分断の象徴であった東西ドイツの統一が実現しました (1990年)。その翌年にはソ連そのものが崩壊し、米国は世界で唯一の超大国で、自由主義経済のリーダー国となりました。その後、欧州共同体 (EC) はマーストリヒト条約を締結して欧州連合 (EU) を発足させ (1993年)、欧州単一通貨ユーロを導入し (1999年)、世界経済の中核の一つとなる欧州経済圏が成立しました。また、中国、インド、ブラジル等の新興国の経済発展は著しく、世界は単独の国が君臨する一極集中の時代が終り、複数の地域に分散された多極化への時代へと進み、これ以降世界の経済や多くの分野に地球規模での変動が生じる本格的なグローバル時代が出現しました。

　この間、世界の市場経済は活性と拡大を続け、世界の国内総生産（GDP）と輸出総額は増加を続け、世界の経済規模は大きく拡大しました[1]。

	1989年	2008年
世界のGDP	20兆5,490億ドル	60兆6,890億ドル
世界の輸出総額	3兆980億ドル	16兆1,270億ドル
欧州連合（EU）加盟国	12カ国	27カ国

第1編　国際会計基準（IFRS）の基本

2　国際標準の進展と会計基準の統一

　世界の国際標準化の動きは、経済のグローバル化の展開とその歩みを揃えて展開しました。当初、電気機器等の技術規格の統一からスタートした国際標準の動きはグローバル経済の本格化と共に制度自体やソフト面へとその対象を広げ、環境基準、製品安全性、コーポレートガバナンス（企業統治）等の評価にまで国際標準を拡大させました。最近では、国際標準化機構（ISO）等の公的な国際機関が標準を決定する公的標準（デジュール・スタンダード）が増加し、各国の法律や規制と結びついた国際標準の動きを加速させています。グローバル経済の急速な進展の底流には、各種規格や契約書等の様式の国際統一は取引利用者の利便性を増加させ、国際取引のコストは削減され、多くの取引関係者が利益を享受できる意識が共有されています。

　国際標準の典型例の一つに、世界の企業の財務諸表作成に適用する会計基準の統一があります。世界の会計基準が統一され、財務諸表と財務情報が統一した基準によって作成できれば、世界の企業の財務比較はより正確に、容易に行うことができます。グローバル企業の業績評価は、同一の会計ルールを適用することによって他企業との業績分析や財務内容の正確な比較が容易となり、投資家はより適切な投資判断を行うことが可能となります。また、事業活動が優位な評価を得た企業はその評価結果をアピールすることにより、多くの投資家の中から有利な条件で資金調達ができます。より正確で、信頼できる比較可能な財務情報は、世界の投資活動をさらに活性化させ、国際経済の拡大に寄与できると考えられます。

　国際標準の会計ルールは、グローバルな事業活動の利益計算の基本であり、適用する会計ルールに相違がある場合、その差異を縮小させる国際的な調整力が働き、グローバルな会計ルールの登場を強く後押ししたといえます。会計基準の国際統一の動きが、2000年頃を境に急激に進展のスピードを速めた背景には、グローバル経済がスピードアップした時代との密接な関係があります。

　しかし、国際標準統一の動きは新たな問題を作り出しました。各国の個別事情と

多様性をどの範囲まで容認し、どこでその折り合いをつけるかの問題です。会計基準の国際統一は、グローバル基準とローカル基準（現地国基準）との調整が必要となり、この困難な課題を解決するにはこれからも多くの関係者等の努力と協調が必要とされ、それでも完全には解決できない困難なテーマといえます。

3 主要国の会計基準（1990年頃）

現在の主要国の会計基準は、その国際調和の動きの中で、相互に複雑に影響し合い、主要国の会計基準の明確な特徴の指摘が困難となっています。しかし、1990年頃当時は本格的な国際統一の動きがスタートする直前であり、主要国の会計基準はローカル基準の輪郭を色濃く持ち、世界で最も高品質で、かつ厳格な米国の会計基準（"US GAAP"）を先頭に、主要国の会計基準が併存する関係を有していました。

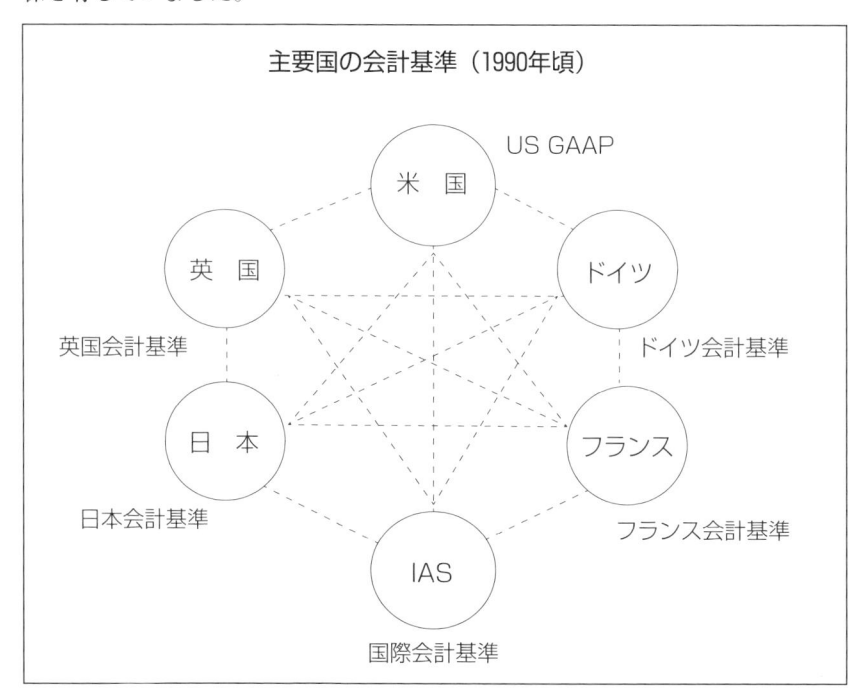

主要国の会計基準（1990年頃）

- 米国：US GAAP
- 英国：英国会計基準
- ドイツ：ドイツ会計基準
- 日本：日本会計基準
- フランス：フランス会計基準
- IAS：国際会計基準

前ページのイメージ図は、1990年当時の主要国の会計基準とその関係を表しています。主要国の会計基準が点線で結び付くのは、その当時でも各国の基準が完全に孤立するのではなく、相互に影響し合う関係を表しています。

1990年頃当時の主要国の会計基準は、以下の特徴がありました。

(1) 米国の会計基準

冷戦終結とソ連の崩壊により、米国は世界で唯一の超大国となり、米国の社会、政治及び経済制度が世界の国々から注目され、その制度の基本の導入が図られました。米国の会計基準と財務報告制度は、その当時世界で一番完成度が高く、高品質で、詳細、かつ厳格でした。そして、米国にはニューヨーク証券市場やナスダック証券市場の世界金融をリードする大規模で、魅力的な資本市場があります。米国の資本市場で上場や資金調達を行う場合、米国規制当局（SEC）は外国企業に対して、資金調達に使用する財務諸表は米国会計基準を適用して本国基準の財務諸表の組み替え、あるいは米国会計基準への調整表の作成を義務付けました。米国 SEC は、各国の不統一な会計基準に基づく財務諸表は、米国投資家の正確な財務諸表の比較を困難にし、財務内容の正確な理解が不可能になると主張しました。その背景には、当時の米国の会計基準及び財務報告制度が世界でベストであるとの強い自負があったといえます。多くの外国企業は、米国 SEC が要求する自国の財務諸表の修正や調整を魅力的な米国の資本市場への参入のための必要条件と考え、これを受け入れました。

しかし、ドイツのようにこの要求の受け入れに慎重で、米国での資金調達や上場に躊躇する外国企業もありました。これは、ドイツ企業がドイツ会計基準と米国会計基準に調整された2つの異なる利益の公表を行った場合、ドイツ企業の株主からどちらが真の利益であるかと質問された場合、経営者はダブル・スタンダード（二重基準）適用の異なる利益の公表に対して適切な回答が可能かについての懸念が表明されました。ドイツ企業の中で、初めてニューヨーク証券取引所に上場したのはダイムラー・ベンツ社で、それも1993年になってから初めて実現しました。

(2) 英国の会計基準

英国は、18世紀後半の産業革命によって世界の工場となり、世界の4分の1の広大な植民地と金本位制度に支えられた英国ポンドにより当時の世界経済を主導し、会計の分野でも発生主義会計と有形固定資産の減価償却会計を確立させ、また時価主義会計の先駆国でもあり、近代会計は英国から始まりました。

多数の投資家から多額の資金調達を行う資本市場の歴史は長く、大規模で、現在も英国ロンドンは世界の資本市場の中心都市の一つです。世界で初めて職業会計専門家がスコットランドに誕生し、その長い歴史と社会制度における職業専門家の役割と実績を有し、職業会計専門家（英国勅許会計士）も多数で、社会に対しても大きな影響力を有しています。大規模に、かつ高度に発達した資本市場とそれが成り立つ社会制度は、英国に誕生し、その後に職業会計専門家の歴史とともに米国に引き継がれました。

(3) 日本／ドイツ／フランスの会計基準

日本の法制度は、明治時代に当時の日本の国情と類似点の多いドイツ、フランスの欧州大陸側の制度を範として導入されました。商法（現在の会社法）は、ドイツの制度を導入したため、現在でも会計規定はドイツやフランスと類似する点が多くあります。

日本とこれらの国の会計基準の特徴は、国の税金計算と密接な関係を持ち、税金とその計算のための規則は国の財政基盤を支える制度の基本として重視する意識が強く、社会的に公平に、かつ法的な拘束力を有した適用が行われます。計算規則は、国や政府が主導して作成し、財務諸表作成者の会計判断の相違によって利益の計算に差異が生じないように、詳細な細則やガイドラインを設け、会計基準を規則として公平、かつ確実に実行させる姿勢を有しています。

(4) 国際会計基準（IAS）

1990年頃当時、会計基準の国際調和の動きが注目され始めたとはいえ、各国の会計基準の国際調和についての展開の方向性は明確ではありませんでした。

しかし、米国の会計基準に対抗する国際的な会計基準として、その存在感は増大しつつありました。この当時、グローバル・スタンダードに最も近かった米国会計基準は、欧州企業を中心に余りに詳細、複雑、厳格で、短期間に変更・改訂を繰り返すとの批判がありました。国際会計基準は、米国の会計基準と比較すると会計処理に選択肢があり、特に欧州諸国は国際会計基準に親近感を持っていました。一方、米国は当時の国際会計基準について、会計基準が多くの選択肢のある会計処理を認めていたことに対し、会計基準が余りに政治的な妥協の産物になり過ぎていると批判しました。

4 主要国の会計基準が相違する原因

会計基準は、それぞれの国の社会的、経済的、文化的な歴史の中から創り出された歴史的な産物といえます。国ごとに取引の商慣習や社会制度が異なるため、世界の会計基準が相違するのは当然と考えられていました。主要国の会計基準が相違する原因となる商慣習、社会制度等についての類似の特徴を有する主要国を、米国／英国グループと日本／ドイツ／フランスグループの2つに分類し、その特異点を要約します。

(1) 法律の制度

米国／英国は、高度な専門分野について、国は基本となる枠組みを法律として作り、そのルール作りや運用を職業専門家の団体に委ね、職業専門家の知識と実績を最大限に活用する慣習法による社会制度を構築しています。会計の専門分野について、主に職業会計専門家の専門団体が会計のルール作りと運用を行い、経済の変動や新しい事象の発生に対して、迅速かつ適切に新しい会計ルールを開発して対応する社会的役割とその責任を担う制度となっています。この職業会計専門家は、世界で初めて英国に誕生し、その長い歴史や制度の中での役割とその実績は職業上の判断を尊重する社会制度を作り上げています。

日本／ドイツ／フランスは、会計のルールについて、税金の計算との関連が強く、国が会計のルール作りに主導的な役割を持ち、規則として規定してきました。

税金の計算とその徴収は、国家の財政基盤を支える重要な社会制度の根幹であり、その公平な施行は国の制度維持の基本であるため、会計実務家の会計判断による相違が生じないように詳細な規則やガイドラインを設け、法的な拘束力を有した適用が社会目的に適うとされました。規則重視の会計制度は、米国／英国のような職業会計専門家が社会的役割を担う制度を必要とせず、したがって米国／英国に比較すると職業会計専門家の歴史は比較的短く、専門家の人数も少なく、社会的な影響力も限定されたものといえます。

1991／1992年当時の主要国の職業会計専門家の人数は、以下のとおりでした。

	職業会計専門家団体の設立年	1991／1992年職業会計専門家（概算人数）
英　国	1854年	156,000人
米　国	1887	301,000
ドイツ	1932	6,000
フランス	1942	12,000
日　本	1948	10,000

(2) 資金の調達方法

　米国／英国は、資本市場において多数の投資家から多額の資金調達を行う社会制度に長い歴史と実績を有し、その資本市場は大規模に発達し、現在においても米国ニューヨーク及び英国ロンドンは世界の金融センターの中心地となっています。この資本市場を成立させる制度、例えば上場企業の情報開示、中間財務報告、連結財務諸表及び職業会計専門家による独立した外部監査等は、高度に発達した完成度の高い制度を作り上げています。

　日本／ドイツ／フランスは、伝統的に政府、銀行、少数の資産家や財閥グループからの資金調達が多く、その投資規模は限定された資金拠出者からの調達で賄える程度の比較的小規模なものであったといえます。したがって、米国／英国に比較すると、その資本市場は小規模で、その歴史も短期間といえます。

(3) 財務諸表作成の目的

　米国／英国は、財務諸表の作成と財務報告について、資本市場における多数の投資家に対する報告を主要な目的とします。経営者は、潜在的な投資家を含む多くの利害関係者に対して、財務情報を含む企業の状況についての説明責任を認識し、事業経営に関わる情報を積極的に公表し、投資家にアピールする姿勢を持ちます。開示される財務諸表や財務情報の情報量は多く、また企業グループの年次報告書（アニュアル・レポート）は投資家等を常に意識し、その内容が理解されるように工夫した作成が行われます。

　日本／ドイツ／フランスは、企業経営に関する情報について、限定された資金拠出者に対する報告を主要な目的とし、経営者は主要な資金提供者や金融機関等への報告とその了解を得ることが優先され、一般株主や投資家等への報告を重視する姿勢は弱く、したがって主要な資金拠出者や銀行等の金融機関に対する説明は一般株主や投資家に対する説明よりも優先されていたといえます。これらの国々の財務諸表の作成の主要な目的は、主に税金に係る課税所得の計算のためといえます。

会計基準が相違する原因

基本となる法律制度：
　　米　国／英　国……慣習法、国は専門領域を職業専門家に委託
　　日本／ドイツ／フランス……国が主導する規則主義

資金の調達方法：
　　米　国／英　国……多数の投資家から大規模
　　日本／ドイツ／フランス……政府、銀行、財閥等から比較的小規模

財務諸表の作成目的：
　　米　国／英　国……資本市場の多数の投資家への報告
　　日本／ドイツ／フランス……限定された資金拠出者への報告と税金計算

(4) 概念フレームワークと会計基準

　米国／英国は、会計の基礎にある前提や概念を体系化した概念フレームワークを作成し、これと整合性のある会計基準を開発します。このアプローチは、会計基準の論理的な展開を可能とし、他の基準との整合性を図ることができ、新しい取引事象が発生した場合、概念フレームワークの原則を展開することにより、新会計基準を迅速、かつ他の基準と整合性をもって作成できます。

　日本／ドイツ／フランスは、商慣習として認められた会計実務の中から、合理性のある会計処理を会計基準としてきました。このアプローチは、会計実務と実務慣行に配慮し、実務に対して親和的な会計基準が作られる傾向があると指摘されます。しかし、会計基準の論理的な整合性の確保に難点があり、多くの例外事項が作られる傾向があります。

　近年、日本／ドイツ／フランスでも、経済のグローバル化により金融商品等の複雑な取引が増加し、会計基準の論理的な整合性の確保のため、概念フレームワークを作成する必要性と機運が高まりました。しかし、規定主義を中心に会計基準の作成を行う国々では、会計基準と概念フレームワークとの相性は必ずしも良いものとはいえないようです。

　ドイツは、2002年会計基準設定機関であるドイツ会計基準委員会の下部組織が概念フレームワークに関する公開草案「正規の会計の諸原則」を公表しました。しかし、公開草案がすべての会社形態及び個別財務諸表の作成を対象とすることに対して、委員会の権限を逸脱している可能性があると指摘され、現在その審議はストップし、その作成は頓挫しています。今後、概念フレームワークが正式に認められる可能性はほとんどないであろうと報告されています[2]。

　フランスは、1996年に専門会計士団体によって概念フレームワークの作成が試みられましたが、その作成は不必要との結論になっています。その理由として、会計基準は確固たる法体系の中に組み込まれており、仮に概念フレームワークを作成したとしても法規定の繰り返しか、逆に法規定と会計基準との間に差異が生じてしまう可能性があり、将来のフランスにおいて概念フレームワークが完成する可能性は小さいと報告されています[2]。

日本において、1980年代からの金融市場のグローバル化によって会計基準の国際化が進展し、会計の基礎概念の共有のために明文化された概念フレームワークの必要性が認識され、企業会計基準委員会（ASBJ）は2006年に討議資料「財務会計の概念フレームワーク」を公表しました。しかし、概念フレームワークは連結及び個別財務諸表を対象としており、現在の個別財務諸表に適用される会計基準の取扱いを巡る議論の中で、国際会計基準を念頭に置いた概念フレームワークの作成には多くの議論が予想され、その完成までには多くの時間と調整が必要になると思われます。

5 会計基準の一般的な特徴

社会制度の成り立ちや財務報告の目的等の相違は、主要国の会計基準に次のような特徴を作り出しています。

(1) 米国／英国の会計の特徴

米国／英国の会計の一般的な特徴は、国や政府が専門領域の会計ルールの開発を独立した民間専門団体に委ねるため、会計基準は職業会計専門家が作成した"一般に公正妥当と認められた（generally accepted accounting standards、GAAP）"性格を持ちます。財務諸表の作成は、資本市場における投資家への情報提供を主たる目的とし、したがって資本市場の投資家が主導する会計基準と言い換えることもできます。また、投資家への情報提供は、取引の経済的実態を重視する"形式よりも実質優先（substance over form）"の会計基準を形作っています。また、財務諸表作成者が行った会計の判断は職業会計専門家が独立した外部監査によって検証する社会的な役割と責任を前提にし、その職業上の専門判断を尊重する制度となっています。

税金の計算は、投資家への財務報告とは別に、詳細な税法や税務規則の体系を有し、また税務上の判断とその取扱いに関する膨大な裁判上の判断を蓄積しており、財務報告目的の財務諸表作成は税金の計算に過度に配慮することなく、取引の実質を優先した会計処理を可能としています。

(2) 日本／ドイツ／フランスの会計の特徴

　日本／ドイツ／フランスの会計基準は、国の税金計算と密接に連携し、"規則の"性格の特徴を有します。したがって、規則に従って財務諸表を作成する意識が強く、投資家を含む外部の関係者に積極的に財務情報を開示する姿勢は弱く、その動機付けも少ないといえます。このような状況において、税金計算のための税法規定が一般的な会計実務に対して強い影響力を有する傾向があります。また、"規則の"性格を有する会計基準は、短期間に改訂や廃止を前提としないため、長期間にわたって同一の会計基準が適用され、実際との乖離が生ずる傾向があると指摘されることがあります。

2つのグループ国の会計基準

	米国／英国	日本／ドイツ／フランス
背景：基本となる法律	慣習法	規定法
職業会計専門家	人数は多数、その歴史は長く、強力	人数は少数、その歴史は短く、弱小
証券取引所	大規模	比較的小規模
会計の一般的な特徴：	職業専門家の基準 "一般に公正妥当"な 投資家主導 情報開示に積極的 税金規定は別で、 実質主義	国の規定 "規則"の 金融機関主導 消極的 税金規定が優勢で、 規定主義

6　個別の会計基準の特徴

　会計基準の一般的特徴は、個別の会計処理の相違となって現れます。2つの主要国グループの中から、日本と米国の個別項目の会計処理を比較します。

(1) 減価償却

　有形固定資産への投下資本は、減価償却を通して回収されます。通常、その回収は長期間にわたり、減価償却方法、耐用年数等の選択によって、計算される減価償却費は異なったものとなり、利益の計算に影響が生じます。

　日本の減価償却は、法人税法に減価償却方法、耐用年数、残存価額等についての詳細な規定があり、計算された減価償却費は課税所得の計算目的だけでなく、財務諸表作成の会計処理としても使用され、税金計算と財務会計の目的を共用した利用が行われています。このことは、日本の税法優位の会計実務と早期償却による設備等の更新促進を選考する経営思考が結びつき、税法で容認された定率法による減価償却方法の採用を会計慣行として定着させました。

　また、国は税法改正等による減価償却の計算方法の変更により、設備投資の活性化を図る経済政策として利用することがあります。例えば、2013年税制改正は国内設備投資促進税制を創設し、一定の条件を満たす場合に機械装置の取得額の30％を特別償却費として税務上の損金処理が認められます。この政策目的の減価償却費は、財務会計にも同様に会計処理されるため、財務諸表の作成にも影響を与えます。この税法と財務会計の減価償却費の共用は、企業の減価償却の会計実務を効率化させ、財務諸表の作成コストを低減させる実益があり、日本の会計実務の特徴の一つとなっています。

　米国会計基準は、固定資産の利用による資産価値の減少を会計上の見積りとしての減価償却によって会計処理することを基本とし、国の政策や税金に係る課税所得の計算目的のための減価償却の会計処理を認めていません。

(2) 税務上の引当金

　日本の会計は、税法規定による会計実務の影響が強く、課税所得の計算に使用する税務上の引当金を財務会計の引当金としても利用する会計慣行が長年にわたって続きました。例えば、賞与引当金、返品調整引当金、以前の退職給与引当金、貸倒引当金等は税務上の計算規定をそのままに、あるいは税務規定を援用した会計処理が一般的な会計慣行となっていました。

米国会計基準は、取引内容の実質を検討する会計処理を基本とし、税法の計算規定を無条件に適用する会計処理を採用しません。

(3) 法律上の準備金

会社法は、債権者保護を目的として支払配当金により減少する剰余金の10分の1の額を資本金の4分の1に達するまで積み立てる法律上の準備金の規定が設けられ、過去には法律上の利益準備金を財務諸表に表示する日本の会計実務が長く続きました。

米国会計基準は、法律によって要求される準備金等を連結財務諸表の作成に採用することは原則としてありません。

(4) 工事進行基準

工事進行基準の会計処理は、工事の完成度を示す進捗度によって工事収益を認識し、その進捗度の見積りは工事収益と利益の計算に影響を与えます。長期間の工事進捗度の決定は、多数の工程の完成度を測定し、その総合的な判断が必要となり、その客観的な測定による会計の判断に困難があります。日本の会計基準は、規則主義を重視するため、異なる長期工事の作業状況や多数の工程の進捗度についての要件を詳細に規定することに困難があります。したがって、進捗度の判定による工事進行基準よりも、完成報告書や検品・検収の受け渡し等による明確な客観的事実による完成基準が一般的な会計処理として適用されてきました。工事進行基準による会計処理が、日本では一般的な実務慣行とならなかった理由の一つと考えられます。

米国会計基準は、工事進行基準による会計処理を原則とします。

(5) ファイナンス・リース

リース取引は、その内容によりファイナンス・リースとオペレーティング・リースとに分類した会計処理を行います。このリース取引の分類は、契約条件、取引等の実質判定が必要とされ、その結論には総合判断が要求されます。日本の

会計基準は、詳細な判定の要件を具体的、かつ実質的に規定することに困難があり、取引の実質を重視するファイナンス・リースの会計処理に積極的でなかったといえます。

米国会計基準は、ファイナンス・リースとオペレーティング・リースの分類に基づいた会計処理を原則とします。

7 会計基準の相違による利益の計算の影響

会計基準の相違は、利益の計算に影響を与え、異なった利益を導き出します。1990年当時、日本において国際会計基準に基づいた財務諸表の作成は一般的な実務ではなく、当時の日本基準と国際会計基準に基づく利益の計算を比較することはできません。その代替として、日本基準と米国会計基準に基づいた利益計算の差異の影響を比較してみました。

1994年、米国会社が100%所有する日本子会社は米国親会社向けの財務報告目的のため、米国の会計基準を適用した財務諸表を作成し、日本基準と米国基準を適用した利益計算の調整を行いました。2つの異なった会計基準の適用により、利益剰余金期末残高に対する差異は、以下のとおり調整されました。

	1994年（百万円）
日本基準の期末利益剰余金	1,751
米国基準への修正：	
税効果会計の適用	469
ファイナンス・リースの資産計上	108
未払有給休暇の負債計上	(61)
貸倒引当金の修正	7
米国基準の期末利益剰余金	2,274
利益の相違の割合	
（日本基準の利益÷米国基準の利益）	77%

この米国会社の日本子会社が、日本基準と米国基準の相違による利益計算の調整は以下のとおり要約されます。

① 　税効果会計は、1999年から日本の会計基準として会計処理の適用が開始されました。一般的に、日本企業の多くは会計上のすべての費用を税務上の損金とすることが認められず、それらの費用は課税所得へ加算する調整が必要となります。しかし、税効果会計は翌年以降に課税所得から減算できる一時差異について、その税効果を繰延税金資産として会計処理するため、会計上の税金費用を減少させます。したがって、多くの日本企業のケースでは税効果会計の適用は損益計算書の税金費用を減少させ、連結利益を増加させる効果があります。

② 　リース取引を分類し、ファイナンス・リースを資産計上するリース会計は、1994年から日本の会計基準として適用されました。しかし、日本基準は一定の注記を行うことを条件に、所有権移転外ファイナンス・リースを通常の賃貸借取引（オペレーティング・リース）と同様に費用処理することが認められ、ファイナンス・リースを資産計上する会計処理は会計慣行として一般的ではありませんでした。日本基準は、リース料支払時に費用処理するため、米国基準によるファイナンス・リースを資産計上させる会計処理と比較すると、リース費用を減少させ、利益を増加させます。

③ 　日本基準は、従業員が役務提供により獲得した有給休暇を費用として明確に認識し、その未使用残を負債として会計処理する実務慣行はありません。米国基準の未払有給休暇の会計処理は、日本基準と比較すると、費用を増加させ、利益を減少させます。

④ 　日本基準による貸倒引当金の計上は、1994年当時法人税法が規定する業種別の一律的な繰入率を適用した会計処理が一般的な会計実務でした。この事例における日本子会社のケースでは、米国基準による実質的に回収見込のない債権見積額は日本基準による貸倒引当金繰入を下回ったため、貸倒引当金を戻し入れる処理が行われています。

上記の米国親会社の日本子会社のケースでは、米国基準と日本基準による利益の相違を比較すると、米国基準の利益100に対して日本基準の利益は77と計算され、日本基準の利益は23ポイント少なく表示されています。

この一事例だけで、すべての日本企業の状況を推定できないとの指摘があるかもしれませんが、1990年頃当時においても、日本と米国の会計基準適用の比較を行った場合、一般的に日本基準の適用によって計算された利益は低く表示される傾向があると指摘されていました。しかし、この当時は異なる会計基準の適用による利益の計算の差異が会計上の問題として議論されることはありませんでした。その背景には、それぞれの国の会計基準が相違し、その適用による利益の計算が異なるのは当然と理解されていたからと思われます。

8　国際会計基準（IFRS）の本質

主要国の会計基準を米国／英国と日本／ドイツ／フランスの2つのグループに区別し、その特徴を対比しました。それでは、国際会計基準はこの2つの主要国グループの会計基準に比較して、どのような特徴を有するかを要約します。

① 国際会計基準（IFRS）は、資本市場における投資家等への連結財務諸表の作成に適用される会計ルール（会計基準）で、"一般に公正妥当と認められた"会計基準の性格を有し、取引の"形式よりも実質優先"による経済実質を適切に反映した会計処理を基本とします。また、国際会計基準は利益配当や株主・債権者の利害調整を目的とした個別財務諸表の作成について、原則として関与しません。さらに、税金の課税目的による税法規定を無条件に、一律的に適用する会計処理を認めていません。

② 国際会計基準（IFRS）は、独立した民間の会計基準設定機関である国際会計基準審議会（IASB）が開発を行い、国や政府が法的な拘束力を有して適用する会計基準ではありません。国際会計基準は、経済の変動や新しい事象の発生に対して、迅速かつ他の基準との整合性のある会計ルールを開発し、経済状況の変動に対する適切な対応を重視しています。

③　国際会計基準（IFRS）は、法的な拘束力を有する会計基準に比較すると、その強制力は弱く、会計基準の確実な実施、是正、監督等に課題があると指摘されることがあります。また、民間の専門機関が会計基準を開発するため、各国の公的機関の規制当局との公式な連携は弱く、会計基準の確実な実施に課題があると指摘されることがあります。

④　国際会計基準（IFRS）は、職業会計専門家の職業上の判断の尊重を基本とします。適切な財務諸表の作成は、職業会計専門家による独立監査とその職業上の判断により担保される制度といえます。このため、会計制度の中で、職業会計専門家の社会的な機能が十分に発揮できない状況がある場合、国際会計基準の適切な会計実践が担保されなくなる可能性があります。

⑤　国際会計基準（IFRS）は、英語が通じる国々を中心に英語によって作成され、英語を使用する国々によって主導されています。英語圏以外の国々は、公式翻訳によって会計基準の理解と実践を行いますが、言語が相違する不利益の可能性を排除することはできません。

　上記に要約された国際会計基準（IFRS）の特徴は、多数の投資家が関係する大規模な資本市場を前提とし、公平で、かつ信頼のできる連結財務諸表の作成を目的とし、また取引の経済的な実質を重視する会計ルールの性格を有しています。その会計ルールは、独立した民間の会計基準設定機関が開発し、その実践は職業会計専門家が独立監査によって検証する米国及び英国の制度を基本としています。その中でも、会計基準が取引の経済実質を適切に反映できない場合、その会計基準の不適用（離脱）を認める"真実かつ公正な概観"を規範とする英国の会計基準の特徴が反映されています。国際会計基準は、極めて稀なケースではあるものの、会計基準の適用が財務諸表の目的に反するほどの誤解が生ずる可能性があると経営者が判断した場合、その理由を明記し、国際会計基準の規定からの離脱を要求する基準が設けられています（IAS１、19項）。英国は、長年にわたって国際会計基準の開発とその普及に主導的な役割を担っており、国際会計基準にその影響が反映されるのは当然なことといえます。

第1編　国際会計基準（IFRS）の基本

国際会計基準（IFRS）の本質

- 連結財務諸表の作成のための"一般に公正妥当な"会計基準の性格を有する。
- 国際会計基準は、独立した民間の会計基準設定機関が作成し、国の規制当局との公式の連携は弱い。
- 法的拘束力を有する会計基準に比較すると、その実践の強制力は弱く、確実な実施、是正、監督に課題があると指摘されることがある。
- 取引の実質を優先し、税法規定の無条件、一律的な適用による会計処理を認めない。
- 職業会計専門家の職業上の判断を尊重する。
- 個別財務諸表の作成には、原則として関与しない。
- 英語が通じる国々を中心に、英語によって作成される。

（注）
本章は、主に Christopher Nobes, *A study of the International Accounting Standards committee*, Coopers & Lybrand を参照して作成しました。

1　「世界が変わった1989年」、2009年8月16日付日本経済新聞
2　日本会計研究学会第59回関東部会「概念フレームワークの再検討」報告から。2011年11月、高千穂大学

第3章 日本の会計

1 日本の会計制度

　日本の会計制度は、会社法、金融商品取引法及び法人税法に計算規定があり、"トライアングル体制"と呼ばれ、それぞれの法律の目的を達成するための規定が設けられています。会社法は、株主と債権者との利害調整を目的に株主への配当可能限度額等の計算規定を設けています。金融商品取引法は、投資家保護を目的に財務諸表の作成及び財務情報の開示について規定しています。法人税法は、課税公平を目的に課税所得の計算規定を設けています。

2 公正なる会計慣行の尊重

　3つの法律の計算規定は、それぞれの法律の目的を達成するための規定を除外すると、企業会計が一般に公正妥当と認める会計慣行を尊重する同じ土壌の上に立ち、その根っこを共有しています。

　会社法は、企業が作成する計算書類の作成基準について、「一般に公正妥当と認められる企業会計の慣行に従う」と規定し[1]、強行法規であるため他の規定に優先して適用されます。金融商品取引法は、財務諸表の作成等に関して財務諸表規則に規定のない事項について、「一般に公正妥当と認められる企業会計の基準に従う」と規定しています[1]。法人税法は、各事業年度の課税所得の計算について、別段の定めがあるものを除き、「一般に公正妥当と認められる会計処理の基準に従って計算される」と規定しています[1]。

　一般に公正妥当と認められる企業会計の基準や慣行の具体的な内容は、企業会計原則、財務諸表規則、企業会計審議会意見書、企業会計基準委員会意見書、

企業会計基準適用指針、日本公認会計士協会委員会報告、産業別・業種別の会計規則等の広範な会計基準や規則等を指します。産業別・業種別会計の中には、業界特有の会計処理、例えば商社や百貨店会計における売上と仕入の両建計上の会計慣行についても、3つの計算規定の間で不整合が生じなければ、一般に公正妥当な会計慣行として認められてきました。

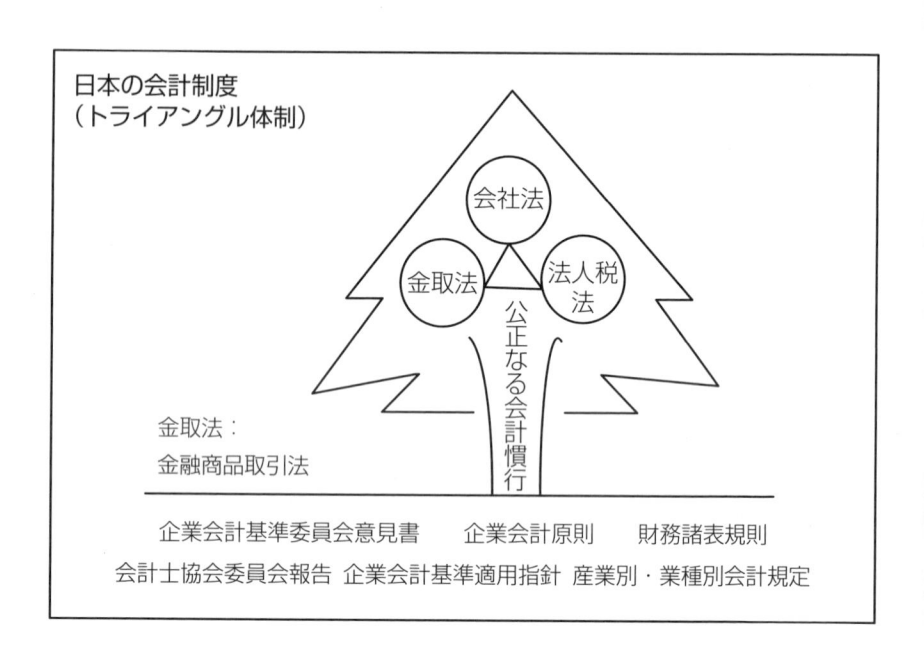

```
日本の会計制度
（トライアングル体制）

              会社法
        金取法    法人税法
              公正なる会計慣行

金取法：
金融商品取引法

    企業会計基準委員会意見書  企業会計原則  財務諸表規則
    会計士協会委員会報告 企業会計基準適用指針 産業別・業種別会計規定
```

3 一体化された会計制度

日本の会計制度は、3つの計算規定による制度が連携して一体となった運用が行われます。企業の課税所得は、会社機関で正式に承認された会社法の計算書類上の当期利益を基礎として法人税法に規定する項目を調整することにより計算します。会社法の計算書類と法人税法の課税計算は、この確定決算により会社機関が承認した利益に基づき税金の計算を行い、会社法と法人税の趣旨の整合性が採られています。また、金融商品取引法により作成される財務諸表は、

株主総会において計算書類の報告や承認がされた後に監督官庁に提出する長年の慣行があります。これも、3つの法律の整合を図り、計算書類の作成と報告を完結させる手続きとして理解できます[2]。

4 会計実務における法人税規定の優位

　3つの法律による計算規定は、強行規定の会社法が優先適用され、その計算規定は一般に公正妥当と認められた会計基準に基づくことを基本とするため、会計基準の国際調和は会社法の計算規則に対しても影響を与えることになります。法人税法は、課税公平を目的に非公開の中小企業から上場企業を含む大企業までのすべての企業を対象とし、課税上の計算規定を設けています。現在、5万人以上の税務職員を擁し、法人税等の課税とその徴収、法令の立案や通達を作成し、国の財政の根幹を支え、多くの課税に関する司法判断が集積されています。また、税法の計算規定は伝統的に一般的な会計実務に対して強い影響力を有しているといえます。

　会計基準と税法上の計算規定の関係について、税法規定が優先して適用され、財務会計を歪める"税法の逆規準性"は日本の会計制度では存在しないと説明されます。例えば、有形固定資産の減価償却について、法人税法は減価償却費の限度額を規定し、これを超過する額は税務上の損金処理を認めません。しかし、減価償却費は限度超過額あるいは未満額のどちらでも費用の処理は可能であり、税法規定が会計処理を強制するものでない以上、企業の会計処理の選択の問題であり、税務規定が財務会計を歪めることはないと説明されます。

　しかし、この建前上の説明とは別に、法人税は税務上の損金処理の条件として会社決算での費用処理を要求し、また会社機関による計算書類の承認を求める確定決算主義が前提とされ、企業の多くは税金支払いの資金流出を最小とするため、事前に税法限度額を計算して会計処理することが一般的な会計実務となります。したがって、日本の会計実務は法人税の計算規定の強い影響力を受け、"税法規定を志向する会計（tax-oriented accounting）"の特徴を有しているといえます。しかし、最近では国際会計基準の任意適用の会計実践の中で、

有形固定資産の減価償却方法を一般的な定率法から定額法へ変更する実務が広がりを見せており、会計実践の底流で税法規定を志向する会計に変化が生じ始めているといえます[3]。

　日本の会計基準と法人税法上の計算規定は、異なった会計目的を可能な限り共用し、3つの法律の計算規定は自己完結ではなく、相互に密接に連携し、まるで機関車の車輪が連動して動くように、一体化された効率的な会計制度として運用されてきました。この結果、国内では会計制度の完成度は高く、その社会的な運用コストは低く、効率的な制度となっています。

　ところが、最近この一体的で効率的な制度運用を複雑化させ、困難な事情が生じてきました。国内の会計基準に対して、国際会計基準の影響が増加し、一体化した制度運用に影響を与え、制度に軋みを生じさせています。例えば、最近の連結財務諸表の包括利益の導入は会社法との間で利益の理解についての調整が必要となり、表示方法等の相違を生じさせます。また、国際調和による新しい会計基準の導入は3つの法律の計算規定の調整をより複雑で、困難なものにしています。税法規定は、税法の目的に適合する会計処理のみを受け入れるため、会計基準の国際調和は法人税法の課税計算に必要な調整項目を増大させ、その調整手続をより複雑にし、そして会計基準の新設や改廃の度ごとに会計基準と税法規定の乖離が拡大しています。

5　日本の会計制度の課題

　日本の主要な会計基準は、グローバルな会計基準との調和により、主要な差異を急速に減少させています。しかし、日本の会計制度の根底にある3つの計算規定が一体化した連携は維持され、会計基準のグローバル化は日本の会計制度と会計基準の特徴を顕在化させ、将来に日本の会計制度の見直しに結びつく可能性があります。過去に実績のある会計制度は、将来においても同様に有効な制度として維持することが可能か、国内的に安定した効率的なトライアングル体制を壊してまで財務報告の重要性に力点を置く制度を運用する必要はあるのか、財務会計と税務規定の異なる目的には異なった会計基準の適用が必要か、

連結及び個別財務諸表に適用される会計基準の調整等について、日本の会計制度の基本に関係した議論が必要になる可能性があります。

　また、国は会計基準のダブル・スタンダード（二重基準）を回避する方針の一方で、日本基準の他に全面適用（ピュア）の国際会計基準（IFRS）、日本版国際会計基準、例外措置による米国会計基準の4つの会計基準の適用による連結財務諸表の作成が行われます。日本の会計実務者は、種々の目的ごとに財務諸表の作成を日本人特有の器用さをもって対応してきましたが、日常的な会計実務の困難の増加は、例えば国際会計基準の導入等の余裕のある準備や戦略的な会計の取組みの時間を奪い、その負担増加は小さな問題ではないと考えます。

　国際会計基準は、原則に基づいた連結範囲の決定を要求し、日本基準による連結範囲に比較して連結対象会社数を増加させる傾向があります。また、最近の日本企業の海外直接投資や積極的なM&Aは子会社等をさらに増加させ、連結財務諸表作成の会計実践をより複雑で、困難なものにしています。

　加えて、主要な欧米企業は監査済連結財務諸表を決算日から約1ヶ月程度で公表する慣行があります。東京証券取引所規制の"45日ルール"による決算短信の公表は、監査法人の監査前の財務情報が開示され、監査済財務情報の開示スピードの差は依然としてあり、日本企業はこれからも連結決算の早期化のプレッシャーを受け続けることになります。連結決算手続きの困難の増加と連結決算による財務情報開示の早期化の相反する目的を同時にクリアするには、従前とは異なった連結決算の会計実践が要請されます。

　将来の財務諸表作成は、種々の目的の財務情報を一元化した"共通のデータベース"の構築が必要となり、有効で効率的な情報管理とIT情報システムの整備が重要なテーマになると思われます。情報の一元化は、財務諸表の作成に関わる会計経理部門や外部監査との連携によって財務情報の管理を向上させ、決算業務の効率化を目指す必要があります。例えば、国内・海外子会社の正確で信頼できる情報の効率的な入手、決算作業の簡素化と効率化、監査法人との連携強化による連結財務情報の監査の効率化等、多くの領域についての検討が必要となります。この決算業務の効率化と適切な財務情報の管理の検討に際して、

個々のテーマを別々に検討するのではなく、経営管理や外部監査と一体化した適切な財務情報の管理を目標とする必要があり、日本企業グループは連結子会社の増加等による会計実践の困難さの増大と早期開示の要請を同時に達成する継続した努力が必要とされます。

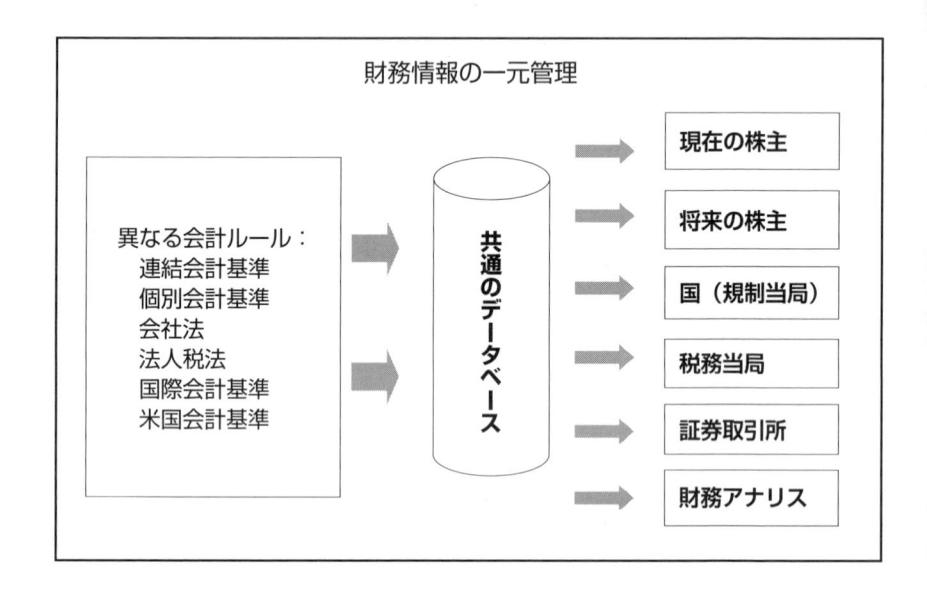

```
                    財務情報の一元管理

  ┌─────────────────┐              ┌──→  現在の株主
  │ 異なる会計ルール：│              │
  │   連結会計基準    │    ┌───┐    ├──→  将来の株主
  │   個別会計基準    │──→ │共 │    │
  │   会社法          │    │通 │──→├──→  国（規制当局）
  │   法人税法        │    │の │    │
  │   国際会計基準    │──→ │DB │    ├──→  税務当局
  │   米国会計基準    │    └───┘    │
  │                   │              ├──→  証券取引所
  │                   │              │
  └─────────────────┘              └──→  財務アナリスト
```

（注）
1 公正なる会計慣行への準拠は、会社法第431条、財務諸表規則第1条第1項及び法人税法第22条第4項に規定があります。
2 2012年3月期の上場企業のうち、21社は定時株主総会前に有価証券報告書を開示していますが、これ以外の大半の上場企業は株主総会後に提出しています。2012年6月5日付日本経済新聞
3 「減価償却定額法に変更相次ぐ」、2012年5月31日付日本経済新聞

第4章 国際会計基準の歩み

1 国際会計基準委員会(IASC)と国際会計基準(IAS)の誕生

　1972年、職業会計士団体の世界大会がオーストラリア・シドニーで開催され、日本を含む9カ国の共同提案により国際的な会計基準の統一を目指す新組織の設立についての議論を行い、翌年に国際会計基準委員会(International Accounting Standards Committee, IASC) が設立され、英国ロンドンに本部が置かれました。IASCは、財務諸表と財務情報が公共性を有することを認識し、適切な会計基準を作り、世界における承認とその順守を促進する活動を目的としています[1]。IASCが、国際的な会計基準として作成し、公表された基準が国際会計基準（International Accounting Standards, IAS）です。

2 国際会計基準の展開

　設立当初、IASCは比較的ゆっくりとした活動からスタートしました。しかし、世界経済のグローバル化の急速な展開により会計基準の統一の必要性が強く認識され、その展開スピードの速度を速めました。IASCの活動は、いくつかの段階を経て展開されており、これを3つの段階に区分して説明します。

(1) 会計基準の調和（ハーモニゼーション）

　IASCの設立から証券監督者国際機構（IOSCO）との連携が本格化するまで（1990年）は、会計基準の調和化(ハーモニゼーション)の期間といえます。IASCの当初の活動目標は、国際会計基準の認知とその普及の活動に重点を置き、主要国の会計基準の中から合理性のある会計処理を標準処理としました。しかし、

標準処理以外にも認められる代替処理を容認したため、一つの取引に対して複数の会計処理が存在し、財務情報の正確な比較に障害となりました。しかし、国際会計基準の実践適用の可能性がない中で、これが問題視されることはなく、会計基準のハーモニゼーションの期間はあたかも職業会計士団体の内部活動として会計基準の国際調和についての議論が行われた国際会計基準の草創期といえます。IASC は、国際的な会計基準の統一の高邁な目的を掲げましたが、その実践適用の可能性はなく、またそれを期待する関係者のない中で、高邁な目標と現実の間には大きなギャップがあったといえます。

1986年、各国の証券規制当局を構成メンバーとする IOSCO が組織化され、日本は当時の大蔵省証券局（現在は金融庁）がその構成メンバーとなりました。IOSCO は、強制力のある決定権限を有する国際機関ではないものの、各国の証券市場規制の権限を持つ監督官庁がメンバーであり、世界の資本市場の環境整備についての協議は各国の規制当局に大きな影響力を有します。IOSCO は、翌年から IASC の諮問委員会のメンバーとして会議に参加し、多国間の資金調達に使用される財務諸表の作成に統一した会計基準の適用に強い関心を示しました。この背景には、東西冷戦後に多くの国々が公的企業を民営化し、世界の資本市場を積極的に利用するようになり、また公的機関の規制緩和による事業活動の拡大はその必要資金を増加させました。さらに、世界の資本市場に年金会社や保険会社等の機関投資家が本格的に登場し、これらの資本市場の多くの関係者は国際資本市場で使用される財務諸表は統一した会計基準を適用して作成することを強く要望しました。

(2) 会計基準の収れん（コンバージェンス）

IASC と IOSCO との連携が本格化し、国際会計基準がグローバル基準として完成し（2000年）、グローバル・スタンダード（国際標準）が出現するまでは会計基準の収れん（コンバージェンス）の期間といえます。

IOSCO は、多国間の資金調達等に使用する財務諸表の作成に国際会計基準を採用する検討を始めました。しかし、国際会計基準が一つの取引に対して、

標準及び代替の複数の会計処理を認めていることを問題とし、IASC に対して会計基準の見直しとその整理を要求しました。そして、IASC と IOSCO は実務適用に必要な最低限の会計及び財務報告基準が完成した時に、多国間の資金調達に使用する財務諸表は国際会計基準に基づいた作成の承認を検討することを約束しました（1995年）。

IOSCO は、国際的な会計基準の中核となる30項目の主要な基準（コア・スタンダード）を提示し、IASC はこれらの基準の見直し作業に着手しました。IAS 第40号「投資不動産」の公表により、コア・スタンダードのすべてが完成し、IOSCO は IASC に約束した多国間の資金調達に国際会計基準に基づく連結財務諸表の作成を各国の資本市場の規制当局に対して推奨しました（2000年）。この IOSCO の推奨により、財務諸表作成の国際的な会計基準、グローバル・スタンダード（世界標準）が出現しました。

資本市場のグローバル化の展開は、統一した会計基準による連結財務諸表の作成の必要性を高め、IASC 設立当初には実践適用の可能性が想定できなかった会計基準のハーモニゼーション（調和）から、国際会計基準の実践を前提としたコンバージェンス（収れん）へと国際的な会計基準の統一に大きく展開し、その背景には会計基準の統一を後押しした時代の要請があったといえます。

(3) 会計基準の採用（アドプション）

世界標準の国際会計基準が完成し、その実践適用の拡大が中心テーマとなった現在までは会計基準の採用（アドプション）の期間といえます。

国際会計基準の完成後、IASC は組織の改組を行い、新しく国際会計基準審議会（International Accounting Standards Board, IASB）が設立されました（2001年）。この改組の目的は、職業会計士団体のみが国際会計基準の開発を担当するのでなく、広範で多数の利害関係者が公正で、透明性のある会計基準の開発に参画する組織が必要とされたためで、改組によってグローバルな会計基準を開発するのに相応しい世界機関が誕生しました。また、従前の国際会計基準は財務諸表の作成を対象としましたが、企業の開示情報にまで対象を広げ、

その名称を「国際会計基準（IAS）」から「国際財務報告基準（IFRS）」へと変更しました。しかし、従前の国際会計基準の有効な基準をそのまま引き継いだため、改組後の新しい会計基準及びその解釈指針と合わせた新旧の会計基準等が混在したものとなっています。

(4) 会計基準の設定主体

　国際会計基準の必要性の高まりは、会計基準の国際的なコンバージェンス（収れん）からアドプション（採用）へと統一のレベルを高めました。しかし、この2つの国際統一のアプローチには大きな相違があります。会計基準のコンバージェンスは、自国の会計基準を維持しつつ、国際会計基準との差異を極力少なくする努力を行い、その差異を可能な限り収れんさせることを目標とします。

　会計基準のアドプションは、国際会計基準を各国の会計基準として受け入れることを目標とし、このため会計基準の作成主体は全く異なったものとなります。日本を例として説明すると、会計基準のコンバージェンスの段階では日本の企業会計基準委員会（ASBJ）が会計基準の設定主体となりますが、アドプションの段階になるとIASBが会計基準の設定主体となり、会計基準の作成や解釈に関する自国の権限をIASBに移譲することを意味します。ここに、ナショナリズムも絡んだカーブアウト権（国際会計基準の一部不適用権）についての議論が生まれることになります。

3　EU（欧州連合）と国際会計基準

　EUは、域内における財務諸表の作成に適用する会計基準が不統一であると、企業の正確な財務情報の比較と分析が不可能となり、透明性のある公平な資本市場の構築と運営に問題が生ずるとして、EU域内における会計基準の統一を重要な検討課題としました。

　EUは、域内の会計基準の統一実現のための具体策として、最初にEC指令による会計基準の統一と、その後に国際会計基準の採用の2つの異なったアプローチを実施しました。

(1) EC 指令による会計基準の統一

　1967年、EC（欧州共同体）がスタートし、EC 指令によって加盟各国の会計基準を国内法化による統一アプローチを実施しました。この EC 指令による統一は、EC の官僚組織が会計基準の素案を作り、これに基づいて委員会が草案を起草します。その後、加盟各国の政府代表者による政治的な議論を経て、法案の承認後に EC 指令となり、加盟各国はその批准を行って国内法とします。通常、これらの手続きが完了し、効力が発生するまでには多くの法的続きと長期間が必要となります。また、国内法化された EC 指令はその内容に修正等の必要が生じた場合、加盟各国の改定手続きは事実上不可能なほどの作業と手続きが必要とされます。この加盟国の国内法化への複雑な法的手続きと改定作業の困難のために、1990年に EC 指令による会計基準の統一アプローチは中止されました。これ以降、EU が独自に会計基準を開発する統一アプローチは、多大なコストと長期間が必要なことが認識され、EU の統一会計基準として国際会計基準を採用する方向での議論が行われるようになりました。この EC 指令による会計基準の統一は、公的機関による会計基準の開発に近いアプローチであったといえます。

(2) 国際会計基準による会計基準の統一

　EU は、単一通貨ユーロの導入（1999年）により、各加盟国の異なった規制を統一し、域内の資本市場において会計基準の統一の実現に向けた動きを本格化させました。IOSCO が、コア・スタンダードの会計基準を承認直後に、EU は域内上場企業の連結財務諸表作成に国際会計基準を採用する方針を正式に決定し（2002年）、2005年から EU 規制市場の上場企業の連結財務諸表に強制適用することとしました。その後、発行開示に係る目論見書指令（2003年）、流通市場における透明性指令（2004年）を公布し、EU 域内において連結財務諸表作成と財務情報の開示の会計基準及びその監査に関する規定を統一しました。

　2005年1月から、国際会計基準は EU 域内の上場企業の連結財務諸表の作成に適用される会計基準として、域内上場企業約7,000社に強制適用されました。

そして、2009年1月からはEU域内で資金調達する外国企業に対して、国際会計基準もしくはこれと同等以上の会計基準に基づく連結財務諸表の作成を義務付けました。この決定により、EU資本市場で資金調達等を行う日本、米国等の外国企業は財務諸表の作成に適用される会計基準に関するEU同等性評価の問題が発生し、日本を含む関係各国はその対応に苦慮することになります。

4 米国と国際会計基準

冷戦終結直後、世界で唯一の超大国となった米国は自由主義経済のリーダー国として、その会計基準は世界で最も完成度の高い、精緻で、厳格な基準でした。米国の資本市場において、上場や資金調達を行う外国企業は本国基準を米国会計基準に修正し、あるいは本国基準と米国基準の差異についての調整表の作成を義務付けられ、外国企業の多くは米国の魅力的な金融市場に参入するための条件として、米国の要求を受け入れざるを得ませんでした。しかし、この受け入れを躊躇する外国企業もありました。1993年、ドイツのダイムラー・ベンツ社はドイツ企業として初めて、ニューヨーク証券取引所へ上場しました。その当時、ドイツの大手企業は東欧の市場経済への移行に伴う投資機会を捉え、米国資本市場での新たな資金調達に大きな関心を持ち、ダイムラー・ベンツ社の米国での上場の手続きの推移を固唾を呑んで見守りました。ベンツ社の米国証券取引所への上場手続きの過程で、ドイツ会計基準の過度な保守性を指摘され、不愉快な財務情報の追加開示を要求され、さらに米国での巨額の上場と財務情報の開示コストはドイツ企業を困惑させ、米国会計基準以外の国際的な会計基準を模索する動機付けとなり、ドイツ企業の多くは中・長期的に国際会計基準へと傾倒する動きに繋がったといわれます。

これ以降、EU域内経済市場の拡大、新興国経済の活況等により、世界経済の中の米国の存在が相対的に低下し、エンロン（2001年）、ワールドコム（2002年）の会社不祥事が続いたため、世界で最も優れていると信じられた社会制度が揺ぎ、会計制度についても米国会計基準の威信が低下しました。このような米国の困難な状況下において、IASBと米国FASB（財務会計基準審議会）は

国際会計基準と米国会計基準の統合を検討する基本合意を結び（ノーウォーク合意、2002年）、国際会計基準との連携を模索し始めました。米国の証券規制当局である証券取引委員会（SEC）は、米国に上場する外国企業が国際会計基準による財務諸表を作成した場合、米国基準への修正を示す調整表の作成を不要にすると公表しました（2007年）。その後、米国は国内上場企業に対する国際会計基準の適用についてのロードマップ案を公表し（2008年）、その連携をさらに強化させました。しかし、米国政権の交代や金融問題等の多発のため、会計基準の国際統合は当初の計画通りに進まなくなり足踏み状態となりました。

　このような状況の中、米国のSECスタッフは現行の米国財務報告制度に国際会計基準を組み込むべきか否か、組み込む場合はその時期及び方法についての調査分析を行い、その最終報告を公表しました（2012年）。この報告では、米国資本市場の多数の関係者は国際会計基準を米国会計基準に置き替えることを全面的に支持しているとはいえず、また世界の主要な資本市場における国際会計基準の導入アプローチとも整合しないと報告しました。世界の主要な資本市場では、自国の会計制度に国際会計基準を組み込む場合、すべてを完全に組み込むのではなく、何らかの仕組みを採用して自国の会計基準とのコンバージェンスを行う方法から新しく公表された国際会計基準が一定の規準を満たす場合に限って、自国の会計基準として組み込む等の幅広い、多様なエンドースメント（承認）・アプローチが採用されていると報告しました[2]。

　また、この報告書の中間報告の段階では、米国会計制度への国際会計基準の組み込みについて、多くの意見が提出され、その中には国際協調による会計基準の開発は米国の会計基準開発の能力と影響力を削ぎ、米国が作り上げてきた高品質の会計基準や財務報告制度の長所を損ない、米国SECが投資家保護のための能力を減ずる可能性があり、米国会計基準の堅持を主張する意見等がありました。また、米国の会計基準は多数の法律、規制及び契約に引用されており、国際会計基準への変更はその引用の修正に多くの調整を必要とし、国際会計基準の取扱いは時間をかけて慎重に行うことが米国資本市場とそのリスクの最小のために必要であるとの慎重な意見が報告されました。

5 国際会計基準の一部不適用（カーブアウト）

　EUは、連結財務諸表作成に国際会計基準を適用する際に、IAS第39号「金融商品―認識及び測定」のヘッジ会計の一部規定を不適用（カーブアウト）し、国際会計基準の全体を一括して適用しないEU版国際会計基準を作り出しました。EU域内企業が作成する財務諸表は、このEU版会計基準に基づいて作成され、連結財務諸表の重要な会計方針として説明されます。以下の記載は、ダノン・グループ（フランス）の事例ですが、EU域内上場企業の財務諸表の会計方針には、文章の相違はあるもののすべて同趣旨の説明があります。

> 　ダノン及びその子会社と関連会社の連結財務諸表は、EUによって採用されたIFRS（参照のためのウェブサイト名の記載あり。）を適用して作成されています。この連結財務諸表の作成に適用された会計基準及び解釈指針は、またIASBによって公表されたIFRSに準拠しています。
> 　　　　　　　　　　　　　　　（ダノン・グループ、2013年会計方針から）

　また、2008年の金融危機に際して経済危機の対応策として、IASBは公開草案の公表による意見募集の手続きを省略して、IFRS第9号「金融商品」を公表し、特定の外部からの圧力に対して弱い体質を持つと批判されました。これは、EUが金融商品の新しい会計基準に異論を持ち、カーブアウトが再度行使されることを回避する例外措置であったと報道され、独立した公正な会計基準の開発に汚点を残しました。カーブアウトの権利について、日本が主権国としてその権利を有するのは当然とされますが[3]、そのためには実際にカーブアウトすべき条項の内容を具体的に規定する必要があり、カーブアウト権の行使はナショナリズムとも絡む微妙な問題が含まれています。日本は、2013年7月に金融庁の企業会計審議会は一部の国際会計基準をカーブアウトした日本版国際会計基準の開発を決定し、ASBJがその作成を行うことになり、これからも国際会計基準の一部不適用についての多くの議論があるものと思われます。

IASBは、各国がそれぞれの判断でカーブアウト権を行使すれば、国際会計基準の不統一な適用が拡大し、単一で高品質な国際基準を開発する目標が達成できなくなり、グローバル・スタンダードとしての国際会計基準の権威が失われかねないと懸念を表明しています。

6 国際会計基準(IFRS)及び解釈指針(IFRIC)のリスト

IASC設立時から2001年にIASBへと改組されるまで、会計基準はIAS（国際会計基準）及び解釈指針はSICとして公表されました。IASBへの改組後、会計基準は国際財務報告基準（IFRS）及び解釈指針はIFRIC（国際財務報告解釈指針）として公表されています。しかし、IAS及びSICの有効な会計基準及び解釈指針を改組後もそのまま引き継いだため、新旧有効な会計基準と解釈指針が混在することになり、これらのすべてを総称して国際財務報告基準（IFRS）と表記されます。

日本では、IASC設立時から「国際会計基準（IAS）」の日本語訳が広く使われ、その和訳は内容を適切に表し、知名度も高く、経済新聞等による報道は国際財務報告基準及び国際会計基準を統合して、「国際会計基準（IFRS）」の表記が一般的に使用されています。このため、本書もその趣旨に従って、「国際会計基準（IFRS）」の表記名を使用しています。

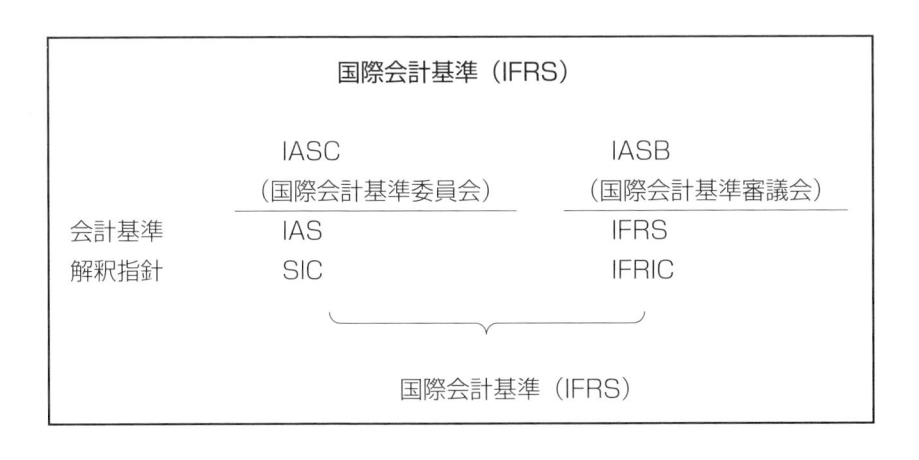

国際会計基準（IFRS）

	IASC （国際会計基準委員会）	IASB （国際会計基準審議会）
会計基準	IAS	IFRS
解釈指針	SIC	IFRIC

国際会計基準（IFRS）

2014年6月1日現在の国際会計基準及び解釈指針は、以下のとおりです。

【会計基準】

IFRS第1号　国際財務報告基準（IFRS）の初度適用
IFRS第2号　株式に基づく報酬
IFRS第3号　企業結合
IFRS第4号　保険契約
IFRS第5号　売却目的で保有する非流動資産及び非継続事業
IFRS第6号　鉱物資源の探査及び評価
IFRS第7号　金融商品―開示
IFRS第8号　事業セグメント
IFRS第9号　金融商品
IFRS第10号　連結財務諸表
IFRS第11号　共同支配の取決め
IFRS第12号　他の企業への関与の開示
IFRS第13号　公正価値測定
IFRS第14号　規制繰延勘定
IFRS第15号　顧客との契約から生じる収益

IAS第1号　財務諸表の表示
IAS第2号　棚卸資産
IAS第7号　キャッシュ・フロー計算書
IAS第8号　会計方針、会計上の見積りの変更及び誤謬
IAS第10号　後発事象
IAS第11号　工事契約
IAS第12号　法人所得税
IAS第16号　有形固定資産
IAS第17号　リース

IAS 第18号　収　益
IAS 第19号　従業員給付
IAS 第20号　政府補助金の会計処理及び政府援助の開示
IAS 第21号　外国為替レート変動の影響
IAS 第23号　借入費用
IAS 第24号　関連当事者についての開示
IAS 第26号　退職給付制度の会計及び報告
IAS 第27号　個別財務諸表
IAS 第28号　関連会社及び共同支配企業に対する投資
IAS 第29号　超インフレ経済下における財務報告
IAS 第32号　金融商品―表示
IAS 第33号　１株当たり利益
IAS 第34号　期中財務報告
IAS 第36号　資産の減損
IAS 第37号　引当金、偶発負債及び偶発資産
IAS 第38号　無形資産
IAS 第39号　金融商品―認識及び測定
IAS 第40号　投資不動産
IAS 第41号　農　業

【解釈指針】
IFRIC 第１号　廃棄、原状回復及びそれらに類似する既存の負債の変動
IFRIC 第２号　協同組合に対する組合員の持分及び類似の金融商品
IFRIC 第４号　契約にリースが含まれているか否かの判断
IFRIC 第５号　廃棄、原状回復及び環境再生ファンドから生じる持分に対する権利
IFRIC 第６号　特定市場への参加から生じる負債―電気・電子機器廃棄物

IFRIC 第7号	IAS 第29号「超インフレ経済下における財務報告」に従った修正再表示アプローチの適用
IFRIC 第10号	期中財務報告と減損
IFRIC 第12号	サービス委譲契約
IFRIC 第13号	カスタマー・ロイヤリティ・プログラム
IFRIC 第14号	IAS 第19号—確定給付資産の上限、最低積立要件及びそれらの相互関係
IFRIC 第15号	不動産の建設に関する契約
IFRIC 第16号	在外営業活動体に対する純投資ヘッジ
IFRIC 第17号	所有者に対する非現金資産の分配
IFRIC 第18号	顧客からの資産の移転
IFRIC 第19号	資本性金融商品による金融負債の消滅
IFRIC 第20号	露天掘り鉱山の生産フェーズにおける剥土コスト
IFRIC 第21号	賦課金
SIC 第7号	ユーロの導入
SIC 第10号	政府援助—営業活動と個別的な関係がない場合
SIC 第15号	オペレーティング・リース—インセンティブ
SIC 第25号	法人所得税—企業又は株主の課税上の地位の変化
SIC 第27号	リースの法形式を伴う取引の実質の評価
SIC 第29号	サービス委譲契約—開示
SIC 第31号	収益—宣伝サービスを伴うバーター取引
SIC 第32号	無形資産—ウェブサイトコスト

(注)
1 1982年 IASC 定款
2 川西安喜「IFRS の組込みに関する米国 SEC のスタッフによる最終報告書」、会計・監査ジャーナル2012年10月号
3 「ASBJ 委員長談」、企業会計2011年1月号

第5章 日本と国際会計基準

1 日本経済の国際化

　日本経済の国際化は、冷戦終結後の経済グローバル化と歩調を合わせるように本格化しました。1980年代後半、米国は日本からの一方的な輸入増加により巨額の貿易赤字が恒常化し、日本の市場は米国製品の参入を不当に阻害する不公正貿易国として、制裁発動（包括通商法スーパー301条）を行うと発表し、日米間の政治問題となりました（1989年）。日本の大手電機メーカーのテレビやラジカセ等をハンマーで叩き壊す写真が新聞に掲載されたのもこの頃でした。交渉の結果、実際にはスーパー301条の発動はなかったものの、米国は日米貿易構造改革の協議でスーパーコンピューター等の市場開放を強く迫り、日本は最終報告に貿易障害を取り除くための継続的な努力と市場開放の拡大を約束しました。この最終報告には、日本企業の財務諸表が親会社の単体決算を中心に作成されていたため、企業グループ間の取引についての情報開示の要請も含まれていました。

　その後、橋本内閣が誕生し（1996年）、日本の資本市場を米国及び欧州に並ぶアジアの中心的な資本市場とする政策目標を掲げ、ロンドン、ニューヨークに匹敵する「フリー（自由）」、「フェアー（公正）」、「グローバル（世界規模）」な国際資本市場に育成するための金融システム改革を行い、金融市場の重要な制度インフラである会計制度改革（会計ビッグバン）に取り組みました。

　会計ビッグバンの根幹には、日本の会計基準を世界の会計をリードする米国及び国際会計基準に対応させ、ダブル・スタンダードを極力回避し、世界の会計基準の本旨を日本の会計基準と会計制度へ取り込むことを目的としました。

2 会計制度改革(会計ビッグバン)

会計ビッグバンは、日本の会計が単体決算による個別財務諸表中心の財務情報の開示から、欧米のグループ連結決算による連結財務諸表中心へと変換させ、世界の国際的な会計と同等水準とする目標を掲げました。その内容は、以下に要約されます。

① 会計ビッグバンは、連結財務諸表作成とその財務情報を中心とした開示に転換しました。従前の商法(現在の会社法)による配当可能利益と税務上の課税所得の計算を重視する親会社単体決算から、グループ決算による連結財務諸表中心に変更されました。この変更に伴い、連結範囲の実質支配基準の採用、連結ベースでの事業の概況や業績等の開示、連結キャッシュ・フロー計算書及び中間連結財務諸表の開示等の連結財務情報を中心とする財務報告に変更されました。

② 日本の会計に時価主義が本格的に導入されました。当時のグローバル会計は、取得原価主義から時価主義を重視する会計へと移行しており、市場価格による資産及び負債を測定する時価主義会計を重視しました。この国際的な会計の基本を、日本の会計基準へ取り込むことを重要なテーマとしました。

③ グローバル会計は、キャッシュ・フロー計算書を重視し、日本も上場企業にその作成を義務付けました。時価主義重視の会計は、企業の獲得する将来キャッシュ・フローの現在価値を公正価値(時価)とみなし、損益計算書及び貸借対照表と並んでキャッシュ・フロー計算書を重要な基本財務諸表と位置付けています。国際会計基準は、事業経営の業績と市場価格等による財務内容をストレートに財務諸表に表示させる時価主義及びキャッシュ・フローに関連する財務情報を重視し、日本企業の事業経営にも大きな影響を与えることになります。しかし、日本の会計ビッグバンによる会計基準の国際調和は米国及びEUのグローバル会計基準を巡る主導権争いが激化し、日本もその流れの中に取り込まれていった時代背景がありました。

3 日本と国際会計基準との関わり

　日本は、国際会計基準委員会（IASC）の設立当初から参画し、国際会計基準との関わりに長い歴史を有しています。しかし、その長い歴史の中で国際会計基準に対する取り組み姿勢は必ずしも積極的なものとはいえませんでした。

　日本は、会計基準の国際調和化の活動について、個々の会計基準の国際統一については消極的で、また2000年頃からは主要国との会計基準の相互認証を主張しました。これは、複数以上の国々が国際的な資金調達や外国における上場に際して、各国の会計基準に基づく財務諸表を相互に認め合い、ダブル・スタンダード適用による財務諸表作成の実務負担を回避する主張を行いました。しかし、財務諸表利用者が会計基準の不統一による不利益を被る可能性があり、会計基準の差異の解消ではなく政治的な妥協の問題にすり換わる可能性があると反論され、日本の資本市場が世界で重要な影響力を有した時期は一定の説得力がありましたが、世界に受け入れられることはありませんでした。

　日本の会計制度は、会社法、金融商品取引法及び法人税法の3つの法会計が相互に密接に連携し、国内では完成度が高く、その制度の維持や運用の社会コストを低く抑えることができる効率的な制度であったため、制度の根幹に影響を与える可能性のある国際会計基準の受け入れに消極的だったといえます。

4 EU（欧州連合）の同等性評価

　2005年1月から、EUは域内上場企業の連結財務諸表を国際会計基準に基づく作成を義務付けました。その後、2009年1月からEU加盟国以外の外国企業がEU域内の資本市場で上場や資金調達を行う場合、その連結財務諸表は国際会計基準もしくはそれと同等以上の会計基準に基づく作成を要求し、会計基準の同等性評価の問題が発生しました。日本企業は、ロンドン等の欧州の資本市場で資金調達することが多く、会計基準のEU同等性評価の問題が解決されなければ、日本基準の財務諸表を作り替える必要が生じ、その実務上の負担は日本企業にとって大きな負担になると懸念されました。

このため、日本の会計基準は国際会計基準と同等以上の基準であることをEUから認められることが緊急な課題となり、その対応を迫られました。

2005年、EUから要請を受けた欧州証券規制当局委員会（CESR）は、日本の会計基準の分析と評価を行い、報告書を作成しました。その結果、EU欧州委員会は日本の会計基準は国際会計基準と同等とする最終報告を公表しました（2008年）。これにより、日本企業は従前と同様に日本基準に基づいた財務諸表を使用し、EU域内における資金調達が可能となりました。

しかし、CESRは同時に日本の会計基準について、26項目の補正措置を必要とする技術的なコメントを残しました。この補正措置には、日本基準が長年にわたって認めてきた合併取引の取得法への変更、資産の除去債務・廃棄費用の会計処理の採用、在外子会社の会計方針の統一、投資不動産についての時価評価、後入先出法による棚卸評価方法の廃止等、日本の会計基準はこのCESRが提示した補正措置に対応し、短期間に多数の新会計基準や既存基準の廃止・改訂が行われ、企業実務者からその実務対応に悲鳴が挙がりました。さらに、日本は補正措置の対応に加えて、EUに対して将来の国際会計基準へのコンバージェンス（収れん）の努力を継続することを約束しました。

その後、企業会計基準委員会（ASBJ）と国際会計基準審議会（IASB）は日本の会計基準の国際会計基準へのコンバージェンスを加速させるための協議を行い、日本基準と国際会計基準の主要な差異の解消の加速に合意しました（「会計基準のコンバージェンスの加速化に向けた取り組みの合意」、2007年東京合意）。その内容は、2008年12月末までに、補正措置を必要とされた短期コンバージェンス26項目の大部分の解消、2011年6月末までにそれ以外の法令等の制約に起因する差異の解消、2011年7月以降はIASBの国際会計基準開発のための国際アプローチを受け入れ、密接な連携を行う計画が公表されました。

5　国際会計基準の採用（アドプション）

2009年6月、企業会計審議会は「我が国における国際会計基準の取扱いに関する意見書（中間報告）」を公表し、国際会計基準のアドプション（採用）を

前提とした方向性を示し、将来の国際会計基準の導入について、以下の内容を公表しました。
- 2010年3月期から国際会計基準の任意適用を認める。
- 2012年を目途に強制適用についての最終判断を行う。
- 強制適用の決定後、少なくとも3年程度の準備期間を設け、2015／2016年頃から適用する。
- 国際会計基準の適用は、上場企業を対象とする。
- 連結財務諸表を対象とし、個別財務諸表には適用しない。

この中間報告は、日本の会計基準の国際調和について、連結先行（ダイナミック・アプローチ）を提案しました。連結と単体財務諸表に適用する会計基準は、日本固有の商習慣や取引関係等を背景としてダイナミックに展開することにより、時間をかけて連結と単体の会計基準を整合させていくことを本旨とします。これは、連結先行で国際会計基準を適用しますが、将来は個別財務諸表にも適用することを前提とします。連結先行の考えは、連結財務諸表が個別財務諸表を積み上げて作成されるため、連結と単体の会計基準の相違は利益の計算に差異を生じさせ、財務諸表利用者の正確な理解を妨げる恐れがあると指摘します。また、異なった会計基準による連結及び単体の財務諸表作成の実務コストを考慮すると、国際会計基準による単一の会計基準を適用する作成に実務上のメリットが大きいとしています。しかし、国際会計基準は各国の個別財務諸表作成について、それぞれの国の固有の問題であり、原則として関与しない立場を採っています。このため、グローバルとローカルの会計基準の調整は、連結及び個別財務諸表の作成ごとに検討し、その会計基準の取り扱いを区別して検討する必要があるとする議論がここから生ずることになります。

　この分離の主張は、国際会計基準が時価主義を中心とした会計を重視しており、日本の取得原価を中心とする会計基準と相違し、その早急な導入は日本の会計制度に影響を与える可能性があると指摘します。国際会計基準は、世界経済を主導する国々の状況に対応した新しい会計基準が開発されるケースが多く、

日本基準との乖離がさらに拡大する可能性があります。日本の個別財務諸表に適用される会計基準は、会社法や法人税法の規定に直接的な関係が深く、時間をかけて調整する必要性が指摘されます。しかし、連結と個別を分離する場合でも、合理性のある会計基準は日本基準に積極的な取り込み、会計基準の国際調和を推進することが重要と説明されます。

6 更なる見直しと検討の継続

2011年6月、金融庁長官は米国を始め世界各国の国際会計基準適用の動向を踏まえ、2009年に公表された中間報告に記載された内容の再検討を指示しました。これは、米国が国際会計基準に対する新しい対応の検討に着手し、予定された米国上場企業に対して国際会計基準を強制適用する決定を延期しました。日本も米国と歩調を合わせ、日本企業に与える影響の再検討を行い、特に個別財務諸表の作成に関する会計基準の取扱いの再検討を行いました。また、将来に国際会計基準の強制適用が決定された場合でも、中間報告では当初3年程度の導入準備期間としていたものを5～7年程度に延長し、十分な準備時間を設ける必要があるとコメントされています。

さらに、2013年6月に金融庁の企業会計審議会は国際会計基準の取扱いに関する方向性の再検討を指示しました（「国際会計基準（IFRS）への対応のあり方に関する当面の方針」）。これは、国際会計基準の一部に日本の会計実務として受け入れ難い基準があり、また日本企業の事業活動の実態との相違があるため、導入コストの増大が懸念される会計基準があり、さらに新しく予定されている会計基準との調整等を考慮した場合、国際会計基準の一部を不適用とする日本版国際会計基準の開発が適当との方針が決定され、ASBJがその作成作業をスタートさせています。この日本版IFRSの開発により、国際会計基準を任意適用する企業グループ数の増加が期待されていますが、国際会計基準と日本版IFRSの位置付けの調整等の課題があり、また日本における国際会計基準の導入のあり方についても多くの議論がこれからも継続されると思われます。

第6章 国際会計基準の特徴

1 社会制度における会計基準の位置付け

　会計基準は、それぞれの国の経済、法律、商慣習等の中から創り出され、社会制度とも密接に関係するため、各国の会計基準が相違することは当然と考えられてきました。日本の会計基準（日本基準）は、伝統的に法規制を重視する制度の中に位置付けられ、規則に近い性格を持ち、国際会計基準の理解の過程から生ずる違和感、困惑、軋轢等は日本の制度との相違から生ずることも多く、日本の会計基準が成り立つ制度の延長線上で国際会計基準を理解しようとすると混乱する可能性があります。

2 国際会計基準と日本の会計基準の対比

　国際会計基準と日本の会計基準の特徴の対比は、以下のとおりです。

		国際会計基準	日本の会計基準
(1)	会計基準の設定主体	独立した民間専門機関	公的機関
(2)	少数株主持分の取扱い	経済的単一体説	親会社説
(3)	利益の計算	資産負債アプローチ	収益費用アプローチ
(4)	評価の原則	公正価値の重視	取得原価主義
(5)	会計基準の記述	原則主義	規定主義
(6)	会計の判断	実質の優先	規定の重視
(7)	職業会計専門家の役割	会計専門家の判断の重視	詳細な規定
(8)	会計基準の作成	演繹的アプローチ	帰納的アプローチ

(1) 会計基準の設定主体

　会計基準を開発する設定主体は、独立した民間機関（プライベート・セクター）と公的機関（パブリック・セクター）のどちらがより適切かについて異なった考えがあり、その国の社会制度にも深く関係し、その適否の判定は簡単に結論付けられない困難なテーマといえます。

　独立した民間専門機関が会計基準を開発する場合、経済の変動や新しい事象に対して専門知識や豊富な実務経験を有する職業専門家を結集させ、新しい会計基準を迅速に作成することが可能となります。しかし、民間専門機関であるため、公的機関の規制当局等との直接の連携は弱く、会計基準適用の実態、是正、監視等に課題があると指摘されることがあります。この民間専門機関による会計基準の開発は、英国及び米国の制度を前提としており、また国際会計基準が成り立つ制度の基本でもあります。

　公的機関が会計基準を開発する場合、会計基準は法的に近い効力を有し、その適用の監視や是正に優れ、確実な会計基準の適用実施を可能とします。しかし、公的機関による開発はその規制化に多くの手続きと時間が必要とされ、また短期間の改定・廃止を前提としないため、時間の経過とともに会計基準と実際との乖離を生じさせ、経済状況の変動に対して迅速な対応に困難があると指摘されます。さらに、公的機関による会計基準はその開発過程で政治や産業界等との妥協や例外が多く作られる傾向があり、また他の会計基準との論理的な整合性を維持することに困難があると指摘されることがあります。

　日本は、2001年に企業会計基準委員会（ASBJ）が設立され、会計基準の設定主体は民間専門機関となり、現在はASBJが会計基準の開発と作成を行っています。しかし、それ以前は大蔵大臣の諮問機関である企業会計基準審議会とその事務局である国が長年にわたって会計基準の開発を主導しており、公的機関による会計基準の開発の影響は色濃く残るといえます。

(2) 少数株主持分の取扱い

　連結財務諸表は、誰のために作成するかについて、異なる理解があります。

まず、企業は資金を拠出する株主によって所有され、グループ企業が所有する資産や負債は最終的に出資者である株主に帰属すると考え（株主所有主説）、連結財務諸表は親会社の株主のために作成されると結論します（親会社説）。

　他方、企業はその所有主の株主とは別個の法的な存在であり、企業の資産及び負債は企業自体に帰属し（企業主体説）、連結財務諸表は企業グループ自身のために作成されると結論します（経済的単一体説）。企業の基本に係る理解の相違により、連結対象子会社に少数株主が存在する場合、少数株主持分の表示とその帰属利益の取扱いに差異が生じます。

　国際会計基準は、経済的単一体説に立脚し、連結財務諸表は企業グループ自身のために作成され、連結子会社の少数株主は親会社株主と同様に資金の拠出者として理解され、したがって親会社株主と少数株主持分はともに貸借対照表上の株主持分に表示します。また、企業グループが獲得した損益計算書上の連結利益はグループ企業全体が獲得した事業活動の成果を表すものとされ、親会社及び少数株主持分に帰属する利益は区分表示されることなく一体化して表示されます。そして、親会社株主及び少数株主に帰属する利益は損益計算書の欄外において、区分して表示を行います。

　日本の会計基準は、親会社説に立脚し、グループ企業集団は最終的に親会社の株主に帰属すると理解します。したがって、貸借対照表上の株主持分は親会社の株主持分のみを表示し、少数株主持分は株主資本と負債に該当しない純資産項目とし、株主資本には含めない表示を行います。また、損益計算書上の少数株主持分に帰属する利益は連結利益から分離し、当期利益は最終的に親会社株主に帰属する利益のみを表示する損益計算書の様式を採用します。

　NSHグループの連結損益計算書を具体例として説明すると、国際会計基準は企業が獲得した利益のすべてを当期利益とします。したがって、日本基準の連結当期純利益との比較を行う場合、会計基準の相違による修正項目を無視したとすれば、日本基準による少数株主に帰属する利益を国際会計基準の当期利益に加算する調整を行わなければ正確な比較はできません。例えば、日本企業のビジネスマンが欧州に出張し、その企業グループの財務情報を説明する場合、

当期利益の定義を明確にするか、または連結利益に少数株主持分利益を加算し、会計基準の相違の調整を行わない限り、グループ連結利益の正確な比較はできないことになります。

下記の要約は、第3編に掲載されたNSHグループの損益計算書及び包括利益計算書の日本基準から国際会計基準への当期利益の調整を示しています。日本基準は、親会社株主に帰属する当期純利益を最終利益として表示しますが、国際会計基準の当期利益は当期純利益と少数株主持分損益を合算して表示し、親会社株主と少数株主に帰属する利益の区分は損益計算書の欄外に記載します。連結子会社に少数株主が存在する場合、連結利益の実質は変わらないものの、日本基準による連結純利益は過少表示される可能性があります。

(百万円)
NSHグループ連結損益計算書

	20x6年	20x5年
日本基準の当期純利益	975	762
日本基準の少数株主に帰属する利益	104	48
	1,079	810
国際会計基準適用の修正	(153)	110
国際会計基準の当期利益	926	920
当期利益の帰属		
― NSH㈱の株主持分	831	861
― 非支配株主持分	95	59

(3) **利益の計算**

利益の計算は、貸借対照表上の資産及び負債(純財産)の増減を中心に計算する資産負債アプローチと、損益計算書の収益及び費用の変動を中心とする収益費用アプローチがあります。国際会計基準は、資産負債アプローチに立脚し、資産及び負債の公正価値(時価)による測定を重視し、その利益は包括利益として説明されるのが一般的です。日本基準は、収益費用アプローチに立脚し、

その利益は当期純利益として説明されます。

日本において、2011年4月以降に終了する会計年度から包括利益計算書の作成がスタートし、国際会計基準と同様に包括利益が開示されています。包括利益計算書は、会計期間の取引から生じた純資産の変動（資本取引を除く）を表示し、損益計算書上の当期利益にその他包括利益項目の変動額を加減して当期包括利益を計算します。

しかし、日本では伝統的に期間損益を重視した利益計算の思考が強いため、企業の決算説明会等において、企業業績は当期利益を中心に説明され、包括利益の変動についての分析と評価は一般的とはいえません。新しい利益概念の包括利益は、日本に登場してからの期間が短く、その理解は必ずしも十分なものとはいえません。

NSHグループの当期純利益と包括利益の関係は以下のとおりです。

（百万円）
NSHグループ連結包括利益計算書

	20x6年	20x5年
国際会計基準による当期利益	926	920
その他包括利益：		
売却可能金融資産評価損益	151	(332)
外貨換算損益	101	(420)
その他包括利益、税金控除後	252	(752)
当期包括利益	1,178	168
当期包括利益の帰属		
― NSH㈱の株主持分	1,053	156
― 非支配株主持分	125	12

NSHグループのその他包括利益は、売却可能金融資産評価損益と外貨換算損益の2項目です。売却可能金融資産評価損益は、保有するその他有価証券の

市場価格による評価額の年間変動額を表示します。経営者の立場から、株式市場の株価変動は企業の経営努力の範囲を超え、その評価損益を業績評価に含めるのは過度な責任を経営者に押し付けているとの意見もあります。しかし、経営者がその株式を取得したことにより時価の変動の影響を受けるのであり、株式時価の変動もその決定責任に属すると考えるのがグローバルな経営管理の基本といえます。一般的に、多くの日本企業は安定した株主作りとビジネス・パートナーとの良好な関係維持のために株式の持ち合いを行うことが少なくありません。しかし、取引先の業績悪化や株価下落によって株式時価総額が下落すると、包括利益は減少し、企業の総体価値が減少したと考えます。欧米の投資家は、投資コストに見合う実績の評価を重視するため、日本の持ち合い株式の慣習の理解に困難があるようです。2010年3月期から有価証券報告書に「コーポレートガバナンスの状況等」の記載が必要とされ、保有目的が純投資以外の株式数や金額、その保有する目的の追加情報の開示が要求され、日本企業の持ち合い株式の補足情報として利用されます。グローバル経営の観点から、日本企業の経営者は企業価値に影響を与える持ち合い株式の保有について、事業経営の観点からのメリットとデメリットを比較衡量することが必要となります[1]。

その他包括利益項目の外貨換算損益は、海外子会社の現地通貨建財務諸表を日本円へ換算する際の為替相場の変動の影響額を示します。例えば、海外子会社の現地通貨建資産及び負債を為替レートによって日本円に換算した場合、為替相場の変動による外貨換算損益は包括利益に影響を与え、これも企業価値の変動とみなされます。

NSHグループの国際会計基準ベースの当期利益は、20x6年及び20x5年にそれぞれ926百万円及び920百万円とほぼ同額でした。しかし、その他包括利益項目は20x6年に252百万円増加し、反対に20x5年は752百万円減少したため、当期包括利益は20x6年が1,178百万円及び20x5年は168百万円となり、包括利益項目の変動により大きな差異が生じています。この理由として、20x5年に株式価格の下落により332百万円の売却可能金融資産の評価損と円高の影響により外貨換算損失420百万円が計上され、当期包括利益は当期利益920百万円から、

この評価損752百万円を減額して計算され、20x6年はその他包括利益項目はプラスに転じたため、2年間の当期利益はほぼ同額でしたが、当期包括利益は大幅な変動の結果を示しています。経営者は、株主への事業報告において、損益計算書の当期利益と包括利益計算書の当期包括利益のどちらに焦点を置いた説明を行うかによって、業績報告の内容は大きく異なってきます。日本では、一般的に損益計算書上の当期利益は実現利益を示し、業績評価の適切な利益指標と考えられています。しかし、グローバル経営の経営者責任の観点からは、伝統的な当期利益の業績評価に加え、企業価値の変動を示す当期包括利益の分析と、その企業価値を増加させる経営者の施策等についての説明責任を有すると考えるのがグローバル事業経営の基本といえます。

(4) 評価の原則

　国際会計基準は、活発な取引が行われる市場で決定された取引価格（時価）による測定を会計基準の基本とします。しかも、市場価格がない場合であっても、類似の市場価格、気配値や指標あるいは特定の評価技法により計算した将来キャッシュ・フローの割引現在価値等を時価（公正価値）とみなしています。しかし、市場価格による明確な時価がある場合とは異なり、将来の予測キャッシュ・フローの割引現在価値等を公正価値とすることは予測数値に基づく見積計算であり、その信頼性は評価モデルの選択や計算に使用する情報等の正確性に大きく依存し、時価主義会計は見積りや会計の判断の領域を過度に拡大させると指摘されることがあります。

　また、時価主義は過去の取得原価の情報よりも、企業の現在と将来に関連した情報を重視します。将来のキャッシュ・フローの流入出を予測し、さらに予測割引率を適用して算出する割引現在価値は多くの将来の予測データに依存するため、経済実態の正確な把握目的から離れて過度に判断領域を拡大させ、投資家ではなく投機家のための情報と指摘されることがあります。国際会計基準は、このような時価（公正価値）主義を会計の基本とし、その会計基準の体系を構築しています。

日本の会計基準は、伝統的に取得原価を基礎に置き、期間損益の計算を重視してきました。同時に、会計基準の国際調和の中で、グローバル会計基準の時価主義の基本を日本の会計基準へ取り込む努力を行っています。このことは、取得原価を基礎とする日本の会計基準の基本と時価主義中心の国際会計基準との調整の領域を拡大させ、企業の会計実務者は複雑で、困難な調整のための実務負担が増大しています。

(5)　会計基準の記述

　会計基準は、原則となる原理のみを記載し、その詳細は健全な会計実務の慣行に委ねる原則主義による記述と、会計処理の判断の余地を狭めるために詳細な規定を設ける規定主義による記述があります。

　国際会計基準は、原則主義による会計基準の記述を行います。世界の多くの国々が、国際会計基準を適用する場合、多くの詳細な個別状況を会計基準に記述することは不可能であり、会計基準は原則主義による記述にならざるを得ません。原則主義による会計基準は、その原則の趣旨の正確な理解と解釈を前提とした会計処理が要求されます。しかし、原則主義の会計基準は抽象的で、象徴的な説明も多く、また用語等の定義の正しい解釈が重視されており、会計基準の正確な理解に基づいた会計処理は必ずしも簡単ではありません。会計実務者にとって、国際会計基準の会計実務は悩めることの多い会計基準となる可能性があります。

　日本基準は、会計基準の記述をより詳細に、かつ具体的に記述し、また金額や割合等の基準値の明示により会計実務家の会計処理の判断余地を極力狭め、一律な会計処理が可能となる規則に近い性格を有しています。また、企業経営者や会計責任者は会計基準を順守しさえすれば、それを超えた責任を負担することはなく、原則主義による会計基準の会計実務と比較すると、会計実務家等の会計実務とその責任はより明確となり、会計実務に対してより親和的な会計基準といえます。

(6) 会計の判断

　会計の判断は、取引の実質を重視する判断と、数値等の明示基準による判断が対比されます。国際会計基準は、取引の法規則や形式よりも、取引の実質を優先する会計判断を重視します。このため、実質判断はその結論に至るまでのプロセスを論理付けて組み立て、合理的な説明や主張を行うことが重視されます。その会計実践は、論理的なアプローチに基づく会計の判断が必要とされるため、会計実務家はより困難な会計実務が要請される可能性があります。

　また、実質重視による会計判断は親会社と海外を含むグループ子会社の会計責任者との間で、必ず会計判断の結論が同一となる保障はありません。このため、企業の合理的な判断指針や適切な数値基準をグループ会計マニュアル等に文書化し、グループ会社の会計判断に相違を生じさせない努力が必要とされ、子会社等との定期的な研修会やコミュニケーション等を通して、グループの適切な会計判断の水準を常に維持する努力が必要となります。

　日本の会計基準は、一定の基準値や具体的なガイドラインを設定し、明示された基準値による会計の判断と会計実務を行います。

(7) 職業会計専門家の役割

　国際会計基準の実践は、職業会計専門家が企業の行った会計の判断、その会計処理及び財務諸表等の作成を、独立した外部監査によって検証し、その適正性を確保する制度を前提とします。会計専門家の職業上の判断が、重要な社会的な機能を担い、職業会計専門家の判断が尊重されます。

　日本も同様な制度を前提としますが、現在の日本の職業会計専門家（公認会計士）は企業の社会不祥事の度ごとに、独立性と厳格な批判機能の発揮を社会的使命として求められ、規則や監査の厳格化が要請されています。そこでは、職業会計専門家の職業上の判断よりも、企業の社会不正や不祥事の社会の監視役としての機能がより重視されているかのようです。しかし、職業会計専門家は社会の監視役の役割だけではなく、その職業上の専門判断と企業に対する指導的機能も重要と考えます。職業会計専門家は、通常かつ正常な状況において、

会計実務家の会計判断を独立監査により検証し、追認することが主たる職業上の職務であり、追認できない状況がある場合、事前に企業とその修正等についての協議を行い、適切な財務諸表等の作成の指導を行うことも重要といえます。企業の会計実務家と職業会計専門家は、適正な財務諸表の作成と財務情報を提供する社会的な役割と責任を共有する認識が必要といえます。

一部の企業による意図的で不適切な会計処理は、全くの論外であり、国際会計基準の会計実践は成熟した社会制度を前提に、企業の会計実務家と職業会計専門家は共に職業会計人として連結財務諸表の作成と財務情報の提供に共同責任を有しているといえます。

(8) 会計基準の作成

会計基準の作成は、商慣習の中の合理性のある会計処理を会計基準とする帰納的アプローチと、論理的な整合性の展開を重視する演繹的アプローチの2つのアプローチがあります。

日本の会計基準は、帰納的アプローチを中心に開発され、会計実務との密接な関係を有し、実務に親和的な会計基準が開発される傾向があります。しかし、実務を斟酌するあまりに多くの例外事項が作られ、また他の会計基準との論理的な整合性を確保することに困難があると指摘されます。

国際会計基準は、演繹的アプローチにより開発され、あらかじめ財務諸表の作成及び表示に関する枠組み（概念フレームワーク）を設定し、この枠組と整合性を有する論理を展開して会計基準を開発します。このため、新しい取引や経済事象が発生した場合、概念フレームワークの原則の展開により会計基準を迅速に開発することができます。しかし、論理的な原則の重視は多くの先進的な論理展開による会計基準の開発の傾向を生み、目的との整合性の重視はさらなる先進的な会計基準の開発に繋がる傾向があります。

現在、IASB（国際会計基準審議会）は新会計基準の開発等を検討しています。この検討の中には、将来の日本の会計にも大きな影響を与える可能性のある次のような内容が含まれています。

① 連結財務諸表の新様式の検討

IASBは、米国FASB（財務会計基準審議会）との共同作業により連結財務諸表の新様式についての協議を行い、2008年にディスカッション・ペーパー「財務諸表の表示についての予備的見解」を公表しました。この報告の内容は、企業が開示する財務諸表に含まれる資産及び負債、資本、収益及び費用、キャッシュ・フロー等の表示項目や分類を明確化し、相互に連携と補完を可能とする新様式による表示の検討を行っています。この新しい財務諸表の様式は、現行の様式を大きく変更させる可能性があり、これからも多くの議論が継続されると思われます。（A. IASB／FASB合同プロジェクトによる連結財務諸表の様式例示を参照のこと。）

② 1計算書方式による包括利益計算書の作成

国際会計基準の概念フレームワークは、最終利益に含める損益項目と含めない項目を区分する要件を提示していません。したがって、概念フレームワークとの整合からはすべての損益項目は単一の包括利益計算書上で表示することがその趣旨に適合すると結論されます。しかし、1計算書方式による包括利益計算書の公開草案に対して、当期利益と包括利益についての利益の性格が大きく異なり、また将来に当期利益の表示の重要性が低下する等の多くの反対コメントがありました。国際的な会計実務においても、包括利益計算書を2計算書方式による作成が一般的な作成実務となっています。IASBは、これらの反対に配慮し、1計算書方式と2計算書方式による作成の選択を認め、当期利益は依然として重要な利益指標であり、その表示の廃止の検討を考えていないこと、また重要な財務指標の一株当たり利益の計算はあくまでも当期利益をその計算基礎とする等の説明を行っています。

包括利益計算書に関連して、会計実務では"ボトム・ライン（最終利益）"の用語を使用することがあります。包括利益の登場以前は、損益計算書上の最終利益が当期利益であることに疑問の余地はありませんでした。

しかし、包括利益が登場したことにより、改めて"ボトム・ライン"は何を指すかについて考えることは意義あることと考えます。概念フレームワークは、

すべての損益項目を単一の計算書に掲載する財務諸表の様式を適切としています。多くの反対のため、2計算書方式による作成の選択を認めましたが、概念フレームワークとの整合性を有する論理展開からは、"ボトム・ライン"は当期利益ではなく、包括利益を指すと結論されます。

　この包括利益の概念と1計算書方式による包括利益計算書の作成について、これからもグローバル会計の基本に係る重要テーマとして繰り返して議論されるものと思われます。（B．1計算書による連結包括利益計算書の様式例示を参照のこと。）

③　直接法によるキャッシュ・フロー計算書の作成

　IASBは、キャッシュ・フロー計算書上の営業活動によるキャッシュ・フローを、主要な取引ごとに収入と支出を表示する直接法による作成を推奨しています。この直接法による作成は、間接法により主に勘定残高から作成されるキャッシュ・フロー計算書が提供できない情報を開示することができると説明されます。しかし、直接法による作成は主要な取引ごとに内容を把握する必要があり、会計実務家の実務負担は増加し、またIT情報システム等の変更が必要とされる可能性もあり、これらの実務上の負担の増加を懸念する多くの反対意見があります。さらに、IASB及び米国FASBは連結財務諸表の新様式の検討を行い、その中で直接法に基づいて作成されたキャッシュ・フロー計算書の表示項目と損益計算書及び包括利益計算書の表示項目を相互に関連付ける様式とその調整を注記情報とし開示する試案が公表されています。2つの基本計算書が提供する財務情報を関連付け、相互に補完する財務諸表様式は新しい財務情報が提供できる可能性がありますが、実務負担を増加させる可能性も大きいと思われます。この財務諸表の新様式とその財務情報の開示について、これからも多くの議論が継続されるものと思われます。

④　リース取引の会計処理

　IASB及び米国FASBは、リース取引についての共同プロジェクトにより、ディスカッション・ペーパー「リースについての予備的見解」が報告され、2013年には新しいリース会計基準の公開草案「リース」が公表されました。

従前のファイナンス・リースとオペレーティング・リースの分類による会計処理は、リース取引の分類に関する実質判断とその実務適用が会計基準の原則に基づいた会計実務が実行されていない等の指摘があり、会計基準の改定が検討されていました。

　新しいリースの会計基準（草案）は、ほとんどのリース契約について、使用権モデルを適用し、リース契約の借り手はリース期間にわたって対象資産の使用の権利を表す資産と支払リース料総額の債務を認識する会計処理を行い、そのリース債務は現在価値への割引計算を行い、支払利息相当額を利息費用として会計処理します（利息・償却アプローチ）。リースの新しい会計基準は、日本の会計実務に対しても大きな影響を与える可能性があります。

(注)
1 「商社、政策保有株を圧縮、国際会計基準に対応」、2013年6月26日付日本経済新聞

A．IASB 及び FASB 合同プロジェクトによる連結財務諸表の表示

NSH グループ連結包括利益計算書

(百万円)
3月31日に終了する年度

事　業　営業		20x6年	20x5年
		35,469	31,596
	収益	35,469	31,596
売上原価		(22,603)	(20,158)
	売上原価	(22,603)	(20,158)
	売上総利益	12,866	11,438
販売費及び配送費			
人件費		(1,137)	(1,081)
運送費及び保管料		(1,794)	(1,416)
販売促進費		(807)	(786)
広告宣伝費		(2,314)	(1,902)
その他		(475)	(472)
	販売費及び配送費	(6,527)	(5,657)
一般管理費			
人件費		(1,369)	(1,134)
減価償却費		(80)	(80)
その他		(2,656)	(2,275)
	一般管理費	(4,105)	(3,489)
研究開発費			
研究開発費		(860)	(771)
	研究開発費	(860)	(771)
	その他営業項目前利益	1,374	1,521
その他収益（費用）			
受取賃貸料		38	36
受取技術指導料		100	84
固定資産売却除去（損）益		(22)	486
その他		42	39
	その他収益（費用）	158	645
	営業利益	1,532	2,166

	投　資			
		受取配当金	127	100
		売却可能有価証券売却（損）益	—	11
		その他	(4)	—
		投資利益	123	111
		事業利益	1,655	2,277
財　務	受取利息		9	14
		財務収益	9	14
	支払利息		(35)	(48)
	為替差（損）益		45	(102)
		財務費用	10	(150)
		財務収益費用純額	19	(136)
		税金及びその他包括利益前利益	1,674	2,141
税　金	税金費用		(748)	(1,221)
		当期利益	926	920
所有者持分	その他包括損益（税引後）			
	売却可能金融資産評価損益		151	(332)
	外貨換算損益		101	(420)
		その他包括損益	252	(752)
		包括利益	1,178	168
	当期利益の帰属			
	―NSH㈱の株主持分		831	861
	―非支配株主持分		95	59
	当期包括利益の帰属			
	―NSH㈱の株主持分		1,053	156
	―非支配株主持分		125	12

NSHグループ連結貸借対照表

(百万円)

			3月31日現在	
			20x6年	20x5年
事業	営業			
	売上債権		10,188	9,542
	差引：貸倒引当金		(42)	(38)
	売上債権、純額		10,146	9,504
	棚卸資産		10,911	7,229
	その他流動資産		210	223
		短期資産	21,267	16,956
	有形固定資産		17,630	16,965
	差引：減価償却引当金		(13,505)	(12,838)
	有形固定資産、純額		4,125	4,127
	無形資産		318	302
	その他固定資産		117	139
		長期資産	4,560	4,568
	買掛債務		(6,941)	(5,903)
	未払金		(1,352)	(948)
	引当金		(876)	(771)
	その他流動負債		(780)	(492)
		短期負債	(9,949)	(8,114)
	退職給付引当金		(1,535)	(1,430)
	役員退職慰労引当金		(621)	(561)
	その他固定負債		(122)	(66)
		長期負債	(2,278)	(2,057)
		営業資産、純額	13,600	11,353
	投資			
	売却可能有価証券（短期）		849	867
	投資有価証券（長期）		2,964	2,472
		投資資産	3,813	3,339
		事業資産、純額	17,413	14,692

財　務	財務資産			
	現金及び現金同等物		984	1,089
		短期財務資産	984	1,089
	財務負債			
	短期借入金		(4,883)	(2,790)
		短期財務負債	(4,883)	(2,790)
	長期借入金		(1,644)	(1,919)
		長期財務負債	(1,644)	(1,919)
		財務負債、純額	(5,543)	(3,620)
税　金	税金債務（短期）		(620)	(475)
	繰延税金資産（長期）		44	(188)
		税金資産（負債）、純額	(576)	(663)
		純資産	11,294	10,409
株主持分	資本金		(4,335)	(4,335)
	資本剰余金		(1,893)	(1,899)
	利益剰余金		(4,794)	(4,314)
	その他包括利益累計額		271	493
	非支配株主持分		(543)	(354)
		資本合計	(11,294)	(10,409)
	短期資産合計		23,100	18,912
	長期資産合計		7,568	6,852
		資産合計	30,668	25,764
	短期負債合計		(15,452)	(11,379)
	長期負債合計		(3,922)	(3,976)
		負債合計	(19,374)	(15,355)

B. 1計算方式による連結包括利益計算書

NSH グループ連結包括利益計算書

(百万円)
3月31日に終了する年度

	20x6年	20x5年
純売上高	35,469	31,596
売上原価	(22,603)	(20,158)
売上総利益	12,866	11,438
販売費及び配送費	(6,527)	(5,657)
一般管理費	(4,105)	(3,489)
研究開発費	(860)	(771)
その他営業収益	203	728
その他営業費用	(45)	(83)
営業利益	1,532	2,166
金融収益	181	125
金融費用	(39)	(150)
税引前利益	1,674	2,141
税　金	(748)	(1,221)
当期利益	926	920
その他包括利益		
売却可能金融資産評価損益	151	(332)
外貨換算損益	101	(420)
当期包括利益	1,178	168
当期利益の帰属		
—NSH㈱の株主持分	831	861
—非支配株主持分	95	59
当期包括利益合計の帰属		
—NSH㈱の株主持分	1,053	156
—非支配株主持分	125	12

第7章 国際会計基準導入の影響

1 会計基準の国際統一

「会計基準は、それぞれの国の社会的、経済的、法律的及び文化的な環境の中から創り出された歴史的な産物です。各国の会計慣行や商慣習を無視して、単に一つの会計基準に統一すればよいという単純なことではありません。」

20年前に日本の会計学者が、会計基準の国際統一について行ったコメントで、当時の日本の会計の常識だったと言えます。会計基準は、経済、法律、社会及びその他の社会制度から創り出され、その国の固有の商慣習や制度に密接に関係し、それらの固有の領域までの国際統一は不可能と考えられていました。現在、日本において国際会計基準の任意適用を含め、その会計実践の議論が盛んですが、たかだかこの20年間に会計基準の国際統一についての常識が一変したことになります。複式簿記システムが、北イタリアで取引の記帳と利益の計算に登場してからの800年に比べると、この20年間に起きた会計基準の国際統一の動きは、あまりに急激で、劇的な変化がありました。なぜ、このような急激な変化が生じたかについて、以下の原因を挙げることができます。

① 世界の経済及び資本市場は、われわれの想像を超えた急速なグローバル化が展開したことです。米国のリーマン・ショック(2008年)やギリシャ債務問題(2011年)に端を発した金融危機等により世界が目にしたのは、金融破綻の影響が短期間に、かつ連鎖的に世界経済に大きな影響を与えたことです。

世界の資本市場は、複雑かつ高度に絡み合い、世界経済が一体化していることを強く認識させられました。そして、世界の投資は有利で安全な投資先を求めて国境を乗り越え、世界中を駆け回っている事実も再確認しました。このような経済と資本市場のグローバル化は、世界経済と資本市場において国際的に統一された会計ルールが必ず必要であるとの共通認識を高め、国際会計基準の開発を強く促したといえます。

② 企業の経営成績、財政状態等を数値化した財務情報は、世界の企業の比較情報に極めて適していることを再確認したことです。数値化された財務情報は、会計基準を統一することにより、さらに高品質で有用な比較可能な情報を創り出します。特に、近年のIT情報環境の急速な展開は世界のどこにいても財務情報の入手と比較を瞬時に行うことを可能としました。20年前に、外国企業の財務情報を入手するため、年次報告書（アニュアル・レポート）を苦労して収集した体験を持つ者として、現在のように世界の主要企業のホームページにアクセスして簡単に財務情報を入手できることは、隔世の感があります。IT情報環境の革新とともに、統一した会計基準の適用によって数値化された財務情報が有する優れた比較機能を改めて再確認しました。

③ 高度に資本市場が発展した米国及び英国は、会計基準の国際統一と公正価値の理念（時価主義）を掲げ、その実現に向けた努力を重ね、多くの国々がこれを支持するようになりました。米国と英国は、古くから会計ルールの重要性を認識し、その論理的な会計理念とリーダーシップの発揮により、国際的な会計基準の統一に向けた活動を行い、多くの賛同者を集め、その成果が結実したといえます。

④ 米国の会計基準は、ある時期グローバル・スタンダード（国際標準）に最も近い基準でした。しかし、ナショナリズムの観点から米国一国の会計基準ではなく、国際的に認められた会計基準が好ましいとする国々が以前から存在しました。また、自国で独自の会計基準を開発し、その制度維持の社会コストの負担軽減のため、会計制度の管理効率に優れた国際会計基準を支持する国々もあり、これらの状況が国際会計基準の普及を促進したといえます。

⑤　2005年1月からEUは域内上場企業約7,000社に対して、国際会計基準の実務適用が開始されました。このことは、会計実践の観点から、国際会計基準の実際適用の条件をクリアしたことを意味します。EU域内の上場企業の中には、多くの製造企業も含まれ、日本の製造企業と同様に時価主義を中心とした国際会計基準に対して違和感を覚える会計実務家も多かったと思います。しかし、これらの欧州企業が国際会計基準を実務適用した実績は、会計基準の実践適用に必要なクォリティ（質）を証明したといえます。

　国際会計基準の実務適用に関して、"実務に過度の負担がある""完全に完成された会計基準になっていない""時価主義中心の会計基準は日本の実情を正確に反映しない"等の主張は、EUの実務適用の実績の前では、国際的にはもはや通用しない主張になったといえます。

2　会計基準の国際統一に対する日本の対応

　会計基準の国際統一は、上述のとおり短期間に急激な変化と進展がありました。日本は、この国際統一の動きに対してどのように対応したのでしょうか。日本は、1990年代後半の会計ビッグバン以降、冷戦終結後に世界で唯一の超大国である米国の完成された優れた制度や高品質の会計基準を積極的に取り入れることで、会計基準の国際化への対応を行いました。

　しかし、EU統一通貨ユーロの登場以降、欧州連合（EU）の経済圏の拡大と発言力が強まり、また新興国の経済発展により世界が多極化の方向に進み、米国の政治力及び経済力が相対的に低下し、優れた米国の制度と会計基準の取込みにより会計基準の国際化を計画した日本の思惑は、期待通りには進まなくなったといえます。

　また、日本の会計制度は会社法、金融商品取引法及び法人税法の3つの法会計の計算規定が連携して一体化されており、それぞれが縦割りの行政機関により管轄されています。このため、日本の会計制度の根幹に関わる可能性のある国際会計基準の導入に多くの調整と時間が必要となり、会計基準の国際化に対応するための迅速、かつ適切な調整に大きな困難があったといえます。

日本は、国際的な会計基準の調和の過程で、また会計基準のEU同等性評価に関連して新しい会計基準が相次いで導入されました。この新基準の導入やその改定に対して、日本企業の経営者から実体経済と会計基準の関係が本末転倒となり、"（会計基準という）しっぽが、犬（実体経済）を振り回している。"との発言がありました。もの作りにこだわる日本の企業経営は、欧米企業に比較すると、企業活動の中で会計のルールや財務諸表作成についての重要性の認識が低いのではないかと感ずることがあります。例えば、企業買収（M&A）や海外投資について、グローバルな会計基準の適用による厳正な財務分析や調査（デューデリジェンス）による財務評価よりも、時として日本企業の経営者は相手先との人的な信頼関係を重視し、優先させることがあります。

　また、企業の経営者の中には、財務諸表作成と財務情報は極めて専門技術性の高い会計実務家が関与する専門領域に属し、経営との直接の関わりは必ずしも高くないと考え、もの作りを優先させる経営思考がグローバルな会計基準とその国際統一への対応を遅らせた可能性があると考えます。

　総合的に、日本は会計基準の統一を巡る急激な国際変化に追いつけず、会計基準の国際化の対応が遅れたといえます。日本の連結財務諸表の作成は、日本の会計基準、特定企業に対する米国会計基準の適用、任意適用会社の全面適用（ピュア）の国際会計基準及び日本版国際会計基準に基づく作成が行われ、会計基準のダブル・スタンダードを回避しようとする方針に反し、実際には日本の会計基準の他に複数の会計基準に基づいた財務諸表が作成され、日本企業の間でさえその財務比較を複雑なものにしています。

3　世界標準としての国際会計基準

　当初、技術規格からスタートした世界標準はその適用範囲を制度やソフトの領域まで拡大させ、国際標準の統一した会計基準の適用を促しました。企業グループの財務諸表は、単一の会計基準の適用により投資家等の多くの利害関係者は企業の業績や財務内容の正確な比較を行うことができ、グローバル会計基準の適用はグローバル企業と比較が可能となり、優良とされる企業グループは

必要資金をグローバルにおいて広く、かつ有利な条件で調達することが可能となります。しかし、グローバルな会計基準の適用は個別企業が置かれた状況によって異なる影響を生じさせるため、日本企業が置かれた状況を前提とした考察が必要となります。

(1) 日本企業の事業活動の国際化

　資本市場のグローバル化は、すでに日本の資本市場にも大きな影響があります。日本の株式売買高の65％は、海外投資家によって行われ、上場株式の28％は外国人株主によって所有されています[1]。日本の資本市場は、すでにグローバルの市場に深く組み込まれ、日本企業の資金調達や事業経営は国際的な資本市場の中に位置付けられており、一定規模以上の資金調達や多様な資金提供者からの資金調達を検討する場合、グローバル資本市場を利用せざるを得ない状況があります[2]。東証1部及び2部上場会社約2,100社の企業の財務情報は、世界の上場会社数約46,000社[3]の財務情報と比較可能となり、グローバルな投資活動は財務諸表が国際統一された会計基準に基づいた作成により、財務情報はより信頼性と比較可能性を高め、公正な投資を促すことにより世界の経済活動が促進されると考えられます。このような経済と資本市場のグローバル化は、今日の世界の潮流であり、外国での企業買収や生産拠点の海外移転を積極的に展開させる日本企業グループは、近い将来にグローバルな会計ルールを適用した業績評価や経営管理の必要性を一層高めていくものと考えます。

(2) グローバルな会計基準

　国際会計基準は、日本固有の法律や商習慣に適合するように作られた会計基準ではありません。世界中のあらゆる国の使用を前提に作られ、多くの日本企業の財務実務家が慣れ親しんだ日本の会計基準と比較すると、使い勝手の悪い、会計基準の趣旨を理解する努力を必要とします。しかし、そのような努力は日本だけの問題ではなく、程度の差こそあれ多くの国々において同様の努力が払われており、日本だけを特別扱いする正当な理由は全くないといえます。

国際的な事業活動を行う企業の経営者は、業績評価の国際標準としてのものさしの役割を有する会計ルールの基本とその概要を理解し、グローバルな国際標準に基づいた事業経営が必要となります。

(3) 異なる制度背景を持つ会計基準

国際会計基準は、会計基準が成り立つ社会制度の影響を引きずっています。その制度は、資本市場が発達した英国及び米国の制度の特徴を色濃く持ち、職業会計専門家の職業上の判断を尊重し、その成熟した社会制度を前提としています。このため、日本の会計制度は国際会計基準の背後にある異なる制度が発するプレッシャーをこれからも受け続けるものと思われます。このことは、会計ルールの側面からのみ国際会計基準に注目するのではなく、その背景にある制度を理解し、日本の国際会計基準の実務適用の考察が重要と考えます。表面的な国際会計基準の理解は、グローバル企業との比較や日本企業の事業経営や財務情報の正確な情報発信を阻害する可能性があります。

4　グローバル会計基準とローカル会計基準との調整

会計基準の国際調和とローカル基準との調整は、国際的な会計基準の重要性が高まるにつれ大きな問題となっています。日本には、会計基準のダブル・スタンダードを回避する方針があり、合理性のある会計基準を積極的に日本基準に取り込み、会計基準の国際調和に向けた努力が行われてきました。

一方、会計基準はその国の経済、法律、文化から創り出された歴史的な産物であり、日本の社会制度で長年にわたり培ってきた会計実務や商慣習の中で熟成され、商取引や法的な権利義務とも密接な関係を持ち、その急激な変更は社会的な影響を及ぼす可能性があります。ローカル会計基準の取扱いは、日本の社会制度にも関係する日本の重要な戦略の一つといえます。

日本の事業経営は、業種による相違があるとはいえ、日本的な特徴を有しています。日本企業の終身雇用は、現在では大きく崩れ去ったと説明されていますが、欧米企業と比較すると依然として多くの従業員は長期間の雇用を希望し、

現在でも企業に対する忠誠心が日本企業の強さの源になっています。日本企業は、従業員等の人的資源の取扱いは特に慎重に行い、リストラ等による従業員の削減は最後の選択肢として実施しないと、日本の社会ではマイナスの企業評価に繋がると考えられています。

また、企業の経営者は、過度な短期利益の追求や株主利益の重視ではなく、中・長期にわたって継続して安定した事業経営を行い、株主だけでなく取引先、従業員、債権者、地域社会等のすべてのステーク・ホルダーに対する配慮が重要とされ、日本企業の経営の特徴の一つといえます。これと比較すると、欧米では企業は株主によって所有されるとの意識が強く、株主の利益になるのであれば企業の売却も正当な理由になるといわれます。

日本における企業の社会的な位置付けを無視し、グローバル化への急激な変革は不要な混乱を生む可能性があります。会計基準の国際統一は、個別企業ごとの事業環境によって相違しており、一律的な対応ではなく、国際会計基準の適用による財務諸表の作成を必要とする企業と、それ以外の企業とを区別して検討する現実的な対応が必要と考えます。

(1) 多国籍国際企業

日本のグローバル企業は、製品等の製造販売や資金調達等をグローバル市場で行い、他のグローバル企業と競業する事業活動が行われます。国際事業にウェートを置く日本の多国籍企業の中には、グループ内で英語を公用語とし、海外の子会社には現地人のトップによる事業運営も増加しています。グローバルに事業展開する企業グループは、日本の法規制に加え、グローバル基準に基づいた事業活動と業績評価を行い、グローバル会計基準を適用した財務諸表の作成が事業活動の必須な条件といえます。現在、国際会計基準を任意適用する日本企業グループの多くは、その業績や財務内容をグローバル基準によって事業評価し、事業経営の効率性と優位性を重視する事業運営を行っており、世界の他のグローバル企業と同一の国際基準に基づいた業績評価と事業経営に係る情報開示の必要性は明白といえます。

(2) 国内で主たる事業活動を行うローカル企業

　国内の事業活動を主として行う日本企業は、その国の商慣習や法制度を中心に経営が行われ、国内の会社法や法人税法を重視します。会計基準は、法規制と一体化され、国際会計基準の適用による作成の必要性は必ずしも高くはなく、短期間の急激な統一は不要な混乱を生む可能性があります。国際会計基準は、日本の会計基準と比較すると会計基準の新設・廃止についてのスピード観が大きく異なり、また世界での商取引に適用される会計基準は国内中心の事業活動の企業にとって必要でない基準もあり、国際会計基準の強制適用はこれらの企業に対して正当な理由を持たない要請といえます。国際会計基準と日本の会計基準の対応は、異なるプロセスを経ることにより、時間的余裕のある確実な適用と会計基準の国際調和に対する緩やかでより現実的な対応が可能と考えます。

　この対応の相違は、国際会計基準とローカル会計基準の選択を企業の判断に委ねる方法、例えば企業が資本市場における財務諸表作成の規制が相違する市場を選択できるようにすることも一つの検討課題といえます。国際会計基準の適用による連結財務諸表の作成が、例えば資本市場における資金調達に有利な資本コストの結果が実現できるのであれば、国際会計基準の適用による連結財務諸表の作成が資本市場において優位を示すものといえます。

5　経営に与える影響

　国際会計基準の適用による連結財務諸表の作成は、日本企業の事業活動に対して以下の影響を与える可能性があります。

(1) 連結財務諸表作成の前提の徹底

　国際会計基準は、グループ事業経営の連結財務諸表の作成に適用される会計基準です。このため、グループ事業経営の前提となる会計方針の統一、決算日の統一、適切な連結範囲の決定、会計マニュアルの作成、内部監査によるグループ業務監査の実施及びグループ会社の外部監査の効率化等が要請されます。日本でも連結財務諸表の作成はグループ事業経営の基本と考えられていますが、

子会社の法的な枠組を尊重した自主的な事業活動の傾向を持ち、一般的にこれらの子会社を積み上げてグループ事業運営を行うものと理解されます。日本企業と欧米企業の事業活動は、グループ事業の徹底の程度に濃淡の差があり、国際会計基準の導入は日本企業に対して、連結財務諸表を重視したグループ事業経営の徹底を要請することになると考えます。

(2) 事業経営の利益指標

多くの企業は、事業経営の目標に利益追求とその最大化を経営テーマに掲げています。国際会計基準の会計ルールは、事業活動が目標とする「利益」についての再確認を経営者に迫っています。企業の業績に関連して、「○○企業経常益が過去最高」、「上場企業経常益、前期25％増」等の経済新聞の見出しを見ることがあります。この見出しの背景には、経常利益の多寡が事業経営の好不調を表すとの意味が込められています。なぜ、経常利益が増加すると企業経営は好調なのか。経常利益は、その企業の本業の事業から経常的に獲得する利益であり、業績を最も的確に表す利益のバロメーター（指標）と理解され、多くの企業が業績評価の判断指標としています。日本企業の経常利益の重視は、本業の業績を適切に評価するため、当期の業績に直接的な関係のない異常・臨時損益項目は正常な業績の撹乱要因として排除することを適切と考えています。また、日本企業は経常利益と特別損益を区分し、経常利益が良好な時は経常利益を強調し、好調でない時は特別損益項目を調整した当期純利益に焦点を当て、企業経営の安定性を強調するために、2つの利益指標を使い分けた利用が行われてきたともいえます。

ところが、国際会計基準による包括利益計算書は経常利益の表示がなくなります。国際会計基準は、異常・臨時損益項目も事業活動に関連して発生した項目であり、事業活動の業績から区分する正当な理由はなく、特別損益項目の区分表示を禁止します。また、国際会計基準は経営者の意思決定による利益の捻出、すなわち含み益のある有価証券や固定資産の売却による利益の計上を排除し、企業業績を可能な限りストレートに開示させようとする基本があります。

経常利益による業績評価や特別損益の区分表示は、日本では依然として通用する会計ルールですが、グローバルではすでに通用しないルールとなっています。国際会計基準は、日本企業が重視してきた利益指標の見直しを迫り、国際会計基準の導入を機会に、経常利益に代わるグループ業績評価の適切な利益指標の再検討が必要となります。日本企業の経営者は、このような事業経営に関連する国際会計基準の基本の理解が必要となります。

(3) 包括利益と企業価値

2011年4月以降に終了する会計年度から、上場企業の連結財務諸表に新しく包括利益計算書が登場し、包括利益が表示されています。しかし、日本の会計基準は国際調和のためのコンバージェンスに注目が集まり、包括利益が登場した時代の背景、その本質、事業経営に与える影響等の議論は必ずしも十分とはいえません。包括利益は、利益とは何かについての事業経営の基本に繋がる問題を包含し、事業経営が目指す目標や業績評価に関連する重要テーマとなっています。国際会計基準の利益計算は、資産負債アプローチを中心に、資産及び負債の公正価値の変動を包括利益とします。このため、取引事象が当期または過去に発生したとか、正常あるいは臨時・異常な取引の区分を重視していません。IASB（国際会計基準審議会）は、1計算書方式による包括利益計算書の作成を推奨し、その最終利益は包括利益として表示され、当期純利益はその途中に開示される段階利益の一つと位置付けられます。これからの新しい会計基準は、包括利益に関わる財務情報を重視したものになると考えます。

世界の金融取引の重要性の増加は、時価を中心としたグローバルな会計基準の特徴を形作り、時価による資産及び負債の総和は企業価値に繋がると理解されます。もの作りを重視する日本企業は、その会計ルールに違和感を覚えるとの意見がありますが、国際的なルールの基本として理解せざるを得ません。日本の経営者は、企業の業績説明等に包括利益の分析や説明は一般的ではなく、グローバルな事業活動を行う企業グループは包括利益をより意識し、その増減分析と企業価値を高める施策等についての説明責任を有すると考えます。

さらに、国際会計基準の基本を理解した上で、その規定の枠内において、日本企業が長年にわたって重視してきた期間損益の業績評価を国際会計基準の実務に対応させる努力も重要と考えます。例えば、国際会計基準は損益計算書上において当期利益及び包括利益以外の段階利益の開示を要求しないため、各企業は業績評価の利益指標として必要な段階利益の表示を検討する必要があります。フランスのダノン・グループはリストラ費用、裁判上の重要な損害賠償等が「その他営業費用」に含まれるのは、企業グループの事業活動の経常的な利益を適切に表示できないとして、非経常項目を区別した段階利益の表示を行っています。この事例は、日本企業グループの経常利益を重視し、臨時・異常な損益項目を経常的な損益から区分する業績評価に近い発想と考えることができます（第10章、２．（８））。このように国際会計基準が容認する枠内において、連結財務諸表の作成についての自己主張は日本の企業グループがこれから検討を必要とする国際会計基準の会計実践の重要テーマと考えます。

(4) 会計専門人材の育成

　日本の従前の会計実践は、規則や規定の専門知識をより多く、正確に知ることが有能な会計実務家の条件でした。しかし、国際会計基準の会計実践は会計基準の原則主義と取引の実質優先による会計処理の判断を重視し、結論に至るプロセスを合理的に根拠付けて組み立て、これを説明できる会計実務家を必要とします。このため、専門知識や会計技術の習得に加え、より豊富なビジネスの体験と事業に関わる全般的な知識を有する会計専門家の人材育成が重要となります。しかし、日本ではこのような会計実践をテーマとする社内研修や人材育成は従前において、多くはなかったように思われます。

　欧米では、キャリア・アップのための転職が一般的であり、幅広い実務経験の機会を有することを可能とします。しかし、日本は会計実務家の人的流動性は極めて限定され、企業内での会計実務家の養成を検討せざるを得ません。このため、グループ会社への出向、内部監査、経営企画等の異なる業務を通して、幅広い実務経験を体験させる会計専門人材の育成が重要になります。

また、国際会計基準の実践には幅広い国際会計の専門知識の習得も必要となります。国際会計基準の会計実践に長年の実績を有するスイスの多国籍企業の経理責任者と国際会計基準の実務について話をする機会がありました。彼は、実質基準による会計の判断について、常に米国会計基準を手許に置いて参考情報として利用するとのことでした。これは、米国会計基準が多くの詳細な実務適用のガイドラインや事例を掲載しており、国際会計基準の実務の補足や追加情報として活用するとの説明でした。国際会計基準の会計実践は総合的な会計判断が求められるため、日本の会計実務家も広範な会計の専門知識の習得や会計実践の経験を蓄積する必要があります。

　欧米諸国では、企業が職業会計専門家を企業内に雇用し、企業内部における専門家の活用が一般的に行われ、日本企業もその対応の検討が必要となります。豊富な実務経験と専門知識を有する会計専門家が、民間企業に移籍し経理部門の責任者として活躍するようになれば、会計実践のレベルを大幅に引き上げることができます。しかし、同時に将来の経営幹部になる専門人材を外部から登用することは、日本企業の人事政策の根幹にも影響を与える可能性があり、経営上の課題としての検討が必要になるかもしれません。

(5) バランスのとれた制度運用の必要性

　国際会計基準が成り立つ制度は、米国及び英国の社会制度を前提とした特徴を有します。その会計実践は、企業の会計実務家と職業会計専門家が社会的な役割と責任を担うことを基本とし、通常かつ正常な状況の場合、会計実務家が行った会計判断とその会計処理の大多数を職業会計専門家が独立監査によって検証し、その会計処理は適正なものとして追認され、確定する会計実践が通常であり、正常な姿といえます。

　この会計実践が可能であるためには、企業の会計実務家と職業会計専門家の会計の判断が一致していることが必要であり、財務諸表作成者と独立監査を担当する職業会計専門家は異なる立場で共に適切な財務情報の作成とその適正性を検証する財務報告制度を構築することが必要になります。

また、職業会計専門家は企業の財務諸表作成と会計判断に対する批判機能の発揮だけでなく、企業に対する指導的機能をも併せて重視する必要があると考えます。職業会計専門家は、企業の会計実務家が疑義のある会計判断を行う可能性がある場合、事前にその会計判断に対して警告を発し、会計専門家としての指導的機能の発揮が必要となります。職業会計専門家の独立性の維持は、もちろん大前提ではありますが、独立した外部監査の最終目的は利害関係者への適切な財務情報の提供にあり、その目的達成のためには批判機能ばかりでなく、会計専門家としての適切な指導的役割の発揮も重要と考えます。

(6) 管理部門の強化

　もの作りにこだわりを持つ日本企業の事業経営は、管理部門の強化が後回しになる傾向があります。管理部門は、事業活動の主要部門の研究開発、営業及び製造部門等と業務内容は異なるものの、管理業務を通して事業活動に貢献をします。特に、最近の日本企業の積極的な海外進出と直接投資は、海外子会社や関連会社等を増加させ、国内外の一体化したグループ事業経営と総合的なグループ業績の評価の必要性を高め、管理部門の強化と対応能力の底上げが経営上のテーマとなります。この管理部門の強化の対象は、国際本部、M&A担当・法務の専門グループ、経営企画、内部監査、経理財務、財務情報の一元的な管理、IT情報システム等の幅広い部門といえます。

　連結財務諸表が提供する財務情報の重要性は、これからも継続して早期決算と多様な情報の開示を要請すると思います。このような困難な要請を達成するためには、管理部門の強化による決算作業手続きの効率化、IT情報システムの有効活用、効率的で迅速な連結財務諸表の作成や独立監査による連結財務情報の効率的な検証等が総合的な目標として検討されない限り、その達成は困難になります。欧米の大規模企業グループの監査済財務諸表の開示が、連結決算日後約1ヶ月前後に開示される事実は、グローバル企業と競業する日本企業グループは、効率的な財務諸表の作成と財務情報の管理を重視する必要があります。

6 むすび

「まず常識で、次に会計基準の詳細を」
「Common-sense first, the detail of accounting standards next 」

20年前、英国で開催された国際会計基準をテーマとした1週間の研修会に参加しました。主にケース・スタディーを中心とした実務適用に関連した研修で、その最終日に研修責任者が上記のメッセージを掲げて総括を行いました。英国の研修は、会計の専門知識や技術上の習得を中心とする日本の研修内容との大きな相違に強い印象を持ちました。

日本においても、国際会計基準適用の実務適用がスタートし、その理解を深めるにつれ、英国での研修総括のメッセージの意義深さを感じています。企業を取巻く多くの関係者に会計処理の判断の適切さを説明する場合、それは広くビジネスの観点から理解できる常識的な内容になるはずで、そうでなければ関係者の納得を得られないと考えます。研修責任者の総括は、そのことを強調したものと考えています。ここでの常識の内容とは、広く実務経験の豊富な経理責任者や職業会計専門家が有する、例えば通常でない取引や多額の利益の計上はキャッシュ・フローによる資金の裏付けを有する取引であるか、低迷する事業経営の場合に経営者は利益の過大計上を意図する取引になっていないか、過度な恣意的判断による会計処理ではないか、将来に負担を押しつける処理となっていないか、リスク評価の認識を十分に斟酌した会計処理となっているか、会計の判断は合理的で説得力のあるものか、重要な取引に対しては契約書等の正式書面が完備されているか等についての検討を行い、それらを総合的に検討した結果が最終の会計判断による会計処理になります。

これらの最終判断には、事業の環境、市場動向、事業リスク、経営者の資質、企業経営全般についての総合的な理解が必要となります。また、常識という言葉の中には、ビジネス・センスを含む幅広い、深い洞察力も含まれています。

企業の経営者、財務諸表作成者及び職業会計専門家はこのビジネス上の常識に裏付けられた会計判断を行い、そのことを会計基準によって再確認する会計実務が将来の国際会計基準の実践の方向性と考えています。したがって、国際会計基準の会計実践は、われわれの理解よりもさらに経営に密接に関係し、事業運営に直接関連する戦略性を有し、その目標はかなり高く、高度で常識的なビジネス判断に支えられた困難な会計実践を会計実務者に要請すると思われます。

　2008年のワシントンサミットにおいて、「単一で高品質な国際基準の策定」が採択され、会計ルールの国際統一は経済グローバル化が進展する今日では回避できない時代の要請となっています。グローバルな事業経営は、グローバルな国際標準のものさしで業績評価を行う必要性は明白といえます。世界は、すでに国際会計基準に基づく連結財務諸表の作成と財務情報を提供する会計実践の時代に入っています。日本の一定規模以上の上場企業やグローバル市場での事業運営を目指す国際企業グループは、さほど遠くない将来において、国際会計基準の適用による連結財務諸表を作成する時代になると考えています。

　一方、日本のローカルの会計基準、例えば会社法、法人税の計算規定は独自の目的を持ち、これらの領域に国際会計基準の導入による急激な変更は現行の会計制度との間に不協和を生じさせ、日本の財務報告制度をより複雑で、困難なものにするリスクがあります。そして、中・長期の視点で考えた場合、投資家目的の連結財務諸表はグローバルな国際会計基準に基づき、国内目的の会計基準や規定はローカル基準に基づいて作成し、しかも国際会計基準の中の合理性のある基準は日本基準に積極的に取り込む努力が重要と考えます。金融型経済の重要性は、現在において誰の目にも明白なことですが、だからといって製造業に関わる適切な会計ルールの検討が疎かになってよいとは思われません。このように考えると、日本はグローバルな会計ルールの作成に積極的に参画し、その新しい会計基準の開発に向けた国際連携の活動への参加によって、日本の合理性のある主張や世界の製造業に関わる適切な会計ルールの開発を実現させる努力が重要と考えます。

> # 国際会計基準(IFRS)の実践
>
> ## 「まず常識で、次に会計基準の詳細を」
>
> ## 「Common-sense first, the detail of accounting standards next」

(注)
1 「日本株売買外国人シェア最高更新」、2012年7月3日付及び「日本株保有比率外国人最高28%」、2013年6月21日付日本経済新聞
2 「存在感増す国際会計派、「比較容易」海外が評価」、2014年5月27日付日本経済新聞
3 世界の上場企業数 46,332社(2012年12月末)、取引所世界連合(World Federation of Exchange)

第2編

国際会計基準
(IFRS)の実務

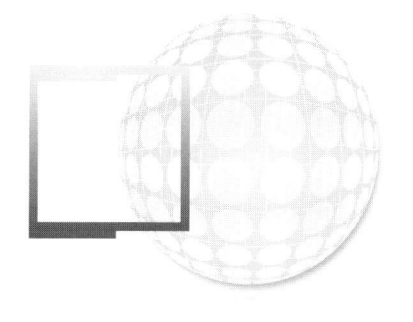

- 第8章 IFRS 連結財務諸表の作成
- 第9章 IFRS の任意適用
- 第10章 欧州企業の IFRS 連結財務諸表の作成実務
- 第11章 IFRS 適用のための個別項目の検討
- 第12章 IFRS の初度適用
- 第13章 NSH グループの IFRS 連結財務諸表の作成
- 第14章 IFRS 連結財務諸表作成の総括

第8章 IFRS 連結財務諸表の作成

1 IFRS 連結財務諸表(トライアル)の作成

　上場企業の会計実践の現場は、限られた人的資源による日常の会計業務等の他に、新会計基準の対応、四半期財務報告、内部統制の評価等を行い、さらにIFRS導入を検討しなければならない状況に、会計責任者は多くの不安と懸念を持たれていることと思います。その不安等の多くは、IFRSの実務が初めての体験であり、その課題の把握や対応策の検討に困難があるためと思われます。この不安等の解消には、IFRS連結財務諸表（トライアル）を実際に作成し、体験することが有効と考えました。その体験を通して、IFRS実務の全体像が把握できれば、実務負担の大きな領域は外部の専門家に支援を依頼することができ、社内の重点的な人材配置も可能となります。また、その作成作業からは多くのIFRS会計実践のヒントを得られるものと思います。将来、IFRS連結財務諸表の作成が必要となった時に、この経験を活用して効率的なIFRS適用の実践を行うことができます。

　また、日本ではIFRS任意適用の作成実務がスタートしていますが、このIFRS実務は日本の現行の財務報告制度の枠内における会計実務であり、日本の会計制度へのIFRSの取扱いはこれからも多くの議論が継続されると考えられ、IFRSの実務適用に関する動向に注意が必要となります。

　第3編に掲載したIFRS連結財務諸表(トライアル)は、ケース・スタディとして特定の企業グループを想定し、日本基準の連結財務諸表をIFRS適用の連結財務諸表に作り替えています。ケース・スタディとしたNSH㈱（日本製造販売㈱）及びその子会社(NSHグループ)は、比較的小規模な製造販売会社で、

金融商品や金融派生商品（デリバティブ）等の複雑な取引は少なく、その財務諸表はシンプルな内容といえます。IFRS連結財務諸表（トライアル）は、日本のIFRSの実務事例は少ないため、すでに実務適用を行っている欧州企業や日本のIFRS任意適用企業の連結財務諸表を参考に作成しました。しかし、その作成は個別の特定企業の実務適用を想定しているため、IFRS適用の検討が必要となるすべての会計項目と領域を網羅し、企業の業種や規模の相違による個別事情を反映することはできません。網羅できない項目等は、欧州企業及び任意適用の日本企業のIFRS実務や適切な参考文献を参照して補足する必要があります。また、IFRS連結財務諸表（トライアル）は完成した連結財務諸表ではなく、より完成度の高い連結財務諸表の作成を目指す途中にあるトライアル目的のものです。

IFRS導入は、企業の取引、契約内容、業務手続きの見直しが必要となり、業務改善や効率的な経営管理に役立てることができる可能性があります。このため、IFRS導入は企業グループが主体的に行うことが重要であり、外部のコンサルティング会社等に丸投げするプロジェクトでないことは明白です。

2　日本基準に基づく財務諸表の作成

企業は、多くの法的規制の下で事業運営を行い、その中でも上場企業は公開企業として多数の利害関係者との関係があり、経営者は事業経営に関する企業情報を提供する社会的責務を有しています。また、その財務諸表は経営資源の有効、かつ効率的な活用の結果と状況を表し、日本の法規制による財務諸表の作成が必要とされます。会社法は、事業に関わる情報や連結及び個別計算書類等の作成を要求し、株主総会に提出する計算書類等の作成や法的な手続きが実施されます。また、金融商品取引法は事業経営に関わる情報や連結及び個別財務諸表等の作成と開示を要求し、証券取引所規制は企業業績等についての重要情報を決算短信等による開示を要請しています。IFRSは、日本の会計制度で必要とされる連結財務諸表の作成に適用される会計ルールとして導入の検討が行われています。このIFRSの取扱いに関連して、金融庁の企業会計審議会は

2013年6月にその一部を不適用とする日本版IFRSの開発を決定し、企業会計基準委員会が具体的な会計基準を作成します。この日本版IFRSによって、IFRS任意適用の企業グループが増加し、その適用拡大と日本における会計実践の増加が期待されています。

上場企業の事業及び財務情報の開示

会社法：
- 計算書類及びその附属明細書
- 連結計算書類
- 事業及びその附属明細書

金融商品取引法：
- 四半期報告書
- 有価証券報告書（連結及び個別財務諸表を含む。）

証券取引所規制：
- 四半期決算短信
- 決算短信
- 業績予想とその修正等

---

3 IFRS導入に係る検討事項

　上場企業の有価証券報告書は、事業に係る報告、財務情報とその分析、経営のリスク情報、経営上の課題とその取組み、連結及び個別財務諸表等についての多くの企業情報が掲載されています。

　日本の会計基準に基づく連結財務諸表及び企業情報を、IFRS連結財務諸表に作り替えるために必要な主要な検討事項を下記に挙げてみました。これらの事項は、企業の業種、規模及び会計の複雑や困難の程度等によって相違するため、各企業グループは独自にその検討事項の調査が必要となります。

① IFRS と経営管理に使用する財務数値

　IFRS に基づく連結財務諸表の作成は、投資家等への外部報告目的と同時に、事業経営に関連する予算、中・長期経営計画の策定、業績予想とその分析、投資家やアナリスト向けの業績説明等の連結財務情報としても使用され、これらの経営管理や業務評価は IFRS 財務数値に基づいて行われます。このため、IFRS 適用の連結財務諸表と日本基準の個別財務諸表の会計基準が相違する場合、経営管理目的にその差異をどのように調整するかの検討が必要となります。これは、グループ事業経営に関連した連結財務報告のあり方や財務諸表の体系の中での個別財務諸表の位置付け等の日本の会計制度の基本問題に繋がる可能性のある重要事項といえます。

② 日本基準による会計帳簿と IFRS との調整

　現在、日本の会計制度における IFRS の取扱いに関する議論が継続されており、最終的な結論が出ていません。したがって、現時点では IFRS 適用による実務対応は個別財務諸表を日本基準によって作成し、これに IFRS 修正を調整した IFRS ベースの会計記帳を行う二重の帳簿体系を検討せざるを得ません。例えば、有形固定資産の減価償却方法を IFRS ベースで定額法に変更する場合、連結グループの子会社等はその減価償却方法の変更を子会社等の会計帳簿で修正するか、あるいは親会社への連結財務パッケージ上での修正項目（オフ・ブック）とするかの検討が必要となります。グループ内の会計基準の統一は、グループ事業経営の基本にも直接的な関係を有し、事業経営の観点からの総合的な検討が必要となります。

③ IFRS 初度適用の取扱い

　日本基準の連結財務諸表は、IFRS 適用に切り替える作業が必要になります。しかし、どの国の企業にとっても初めての IFRS 適用はその切り替え作業に大きな実務負担が生ずるため、IFRS はその初度適用に原則処理の例外措置（免除規定）を設け、過度な実務負担を回避する配慮が行われています。日本企業グループは、IFRS を初めて適用する場合、この免除規定を有効に活用し、その実務負担を軽減させる検討が重要となります。

④　企業結合とのれん

　IFRSと日本基準は、企業結合の取引について異なった会計処理を行います。日本基準は、20年以内ののれんの効果が発現する期間にわたって規則的な償却を行います。IFRSは、規則的な償却でなく、減損テストを行い、のれんの回収可能額を計算し、帳簿価額が回収可能額を上回る場合、減損損失の会計処理を行います。こののれんの会計処理の相違は、グループ会社の連結利益に大きな影響を与える可能性があります。

　また、IFRSの原則処理は企業結合の取引を実際の取引日に遡って修正することを要求します。しかし、IFRS初度適用企業は日本基準に基づいた企業結合の会計処理により引き継いだ資産及び負債をみなし帳簿価額とし、IFRSに引き継ぐ会計処理を認めています。移行日以前の企業結合の取引を過去に遡る修正は、多くの複雑で困難な会計処理の調整が必要となるため、IFRS初度適用の免除規定の活用の検討が必要となります。

⑤　有形固定資産と減価償却

　製造企業は、設備投資等への投資額が多額となり、その投資回収のための減価償却は事業経営にも大きな影響を与えます。日本基準は、減価償却費を法人税法に規定した耐用年数、減価償却方法等を適用する実務慣行が長年にわたって続いています。IFRSに基づく減価償却は、資産の経済的価値の減少を適切に反映する減価償却費の計算が必要とされ、少なくとも年一回減価償却方法等の見積計算が適切かについての検証が要求されます。また、IFRSの任意適用や導入の準備の中で、日本企業が一般的に採用する定率法は定額法へと変更される動きが報告されています。

　さらに、IFRS初度適用において、長年にわたって日本基準で減価償却が計算され、その累積的影響を反映した有形固定資産の純帳簿価額を、どのようにIFRS開始貸借対照表に引き継ぐかについての会計実務上の検討が必要となります。IFRSは、有形固定資産の減価償却の会計上の取扱いについて、免除規定が設けられていないため、IFRS初度適用時に減価償却方法等の変更を行う場合、IFRSの原則処理により過去に遡った減価償却の計算の修正を行うか、

あるいは合理的な根拠付けが可能な場合、日本基準の有形固定資産の純帳簿残高をIFRS開始貸借対照表に引き継ぐ方法の検討が必要となります。

⑥ 開発費の資産計上

製造企業にとって、研究開発活動は事業経営の基本に関係する重要事項といえます。日本基準は、研究開発に関わる支出のすべてを費用処理します。IFRSは、研究開発に関わる活動を研究と開発に区分し、開発活動の費用は特定の要件に合致する場合、無形資産として資産計上し、その資産は規則的な償却を行います。したがって、研究開発に関わる活動状況を調査し、IFRSに基づく会計処理の検討が必要となります。

⑦ 連結財務諸表の会計用語の選択

IFRSは、会計基準や公式的な説明に使用する財務諸表名、勘定名、用語を統一して使用します。しかし、この公式表記名とは異なる従前からの財務諸表名や会計用語等の使用が認められます。このため、IFRS連結財務諸表を作成する場合、これらの表記名等の選択を検討する必要があります。

計算書等の表記名及び会計用語等

IFRS	日本基準
「財政状態計算書」	「貸借対照表」
「非支配株主」	「少数株主」
「非支配株主損益」	「少数株主損益」
「所有者持分変動計算」	「株主持分変動計算書」
「純損益計算書」	「損益計算書」
「純損益及びその他の包括利益計算書」	「包括利益計算書」

第9章 IFRSの任意適用

1 IFRS任意適用

　2010年3月期から一定の要件を満たす上場企業（特定会社）は、指定国際会計基準に基づいた連結財務諸表を作成し、日本の財務報告制度の中でこれを正式に認めるIFRS任意適用の作成実務がスタートしています。

　指定国際会計基準とは、国際的な会計基準の中で公正、かつ適正な手続きによって開発され、金融庁長官が公正妥当と認めた会計基準のことで、IASB（国際会計基準審議会）が公表したIFRS（国際会計基準）を指します。しかし、金融庁の企業会計審議会は、IFRSの一部を不適用とする日本版IFRSの開発を決定したため[1]、日本のIFRS実務適用は全面適用（ピュア）IFRS及び日本版IFRSの2つの会計基準に基づいた連結財務諸表が作成されることになります。

　また、特定企業は従前では国際的な事業経営を行う上場企業グループ等を指しましたが、適用要件の緩和により上場企業の要件はなくなり、IFRS連結財務諸表の作成を必要とする企業グループはその任意適用ができます[1]。

　IFRS任意適用は、日本の財務報告制度においてIFRSの正式な容認までの間、日本基準とIFRSとの橋渡しの役割を担っています。日本では、連結財務諸表の報告制度がスタートする以前から、米国の上場規制による米国会計基準（米国基準）に基づく連結財務諸表が作成され、日本の財務報告制度の中でこれを例外措置として容認してきた経緯があり、米国基準を適用する企業グループがIFRS連結財務諸表へ移行する受け皿となることが期待されます。

　米国SEC（証券取引委員会）は、外国企業がIFRS連結財務諸表を作成する場合、2007年から米国基準への連結利益の調整表の作成を不必要としたため、

日本企業はIFRS連結財務諸表の作成により、米国及び欧州の資本市場で資金調達等に利用する財務諸表としての使用が可能となり、ダブル・スタンダード（二重基準）の適用による連結財務諸表作成の実務負担を回避することができます。ただし、日本版IFRSが米国SECの要請を満たすかについてはこれからの検討事項となります[1]。

(1) IFRS任意適用の要件

2013年6月に企業会計審議会は、IFRS任意適用の要件を見直し、その適用要件を緩和しました。新しい要件に基づき連結財務諸表を作成する場合、各企業グループは次の作成に関する事項と状況について、有価証券報告書に記載する必要があります。

① IFRS会計マニュアルの作成、国際的な会計基準開発の人材・財政的な貢献の状況等について、その適正性を確保するための特段の取組みについて有価証券報告書に説明すること[2]。

② IFRSに関する十分な知識を有する会社役員または使用人がおり、IFRSに基づく財務諸表を適正に作成できる体制を有すること。

日本の会計基準は日本基準、米国基準、全面適用（ピュア）IFRS及び日本版IFRSの4基準が適用されますが、会計基準の収れんの過程で、一時的に複数の異なる会計基準が併存することは止むを得ない状況と説明されています[3]。

(2) 並行開示

IFRSに基づく連結財務諸表を作成する企業は、財務諸表規則により①日本基準による要約連結財務諸表（当期及び前期の2期分）、連結財務諸表の基本となる重要な事項の変更に関する事項（2期分）、及び②日本基準の連結財務諸表の主要項目とIFRS連結財務諸表の主要項目との差異に関する事項（2期分）について、その概算額を示して記載する必要があります。翌年度以降は、直近の連結会計年度の②に関する記載が要求されます[4]。

2 IFRS連結財務諸表の必要性の検討

　IFRS任意適用による連結財務諸表作成を検討する企業グループは、その作成に関連して以下の項目についての検討が必要となります。

① 　日本企業の積極的な海外進出やM&A等による外国企業の買収の増加は、日本企業のグループ経営の重要性と必要性を高めています。企業の買収は、買収それ自体よりも、その後の事業運営がより困難といわれます。会計基準の統一は、企業グループに同一の会計ルールを適用したグループ会社の業績評価を行い、また予算や経営計画も統一された会計ルールによって作成し、グループの有効な経営管理を目的として行われます。言い換えれば、IFRS導入はグループ企業に共通したものさしを導入して経営管理を行うことの必要性の程度を検討する必要があります。

② 　事業活動に係る必要資金を有利な資本コストによって調達することは、重要な経営上の課題であり、国内に限らずグローバルな資本市場において有利な条件により資金調達の検討が必要となります。グローバルな資本市場からの資金調達には、当然にグローバルな会計基準に基づく財務諸表の作成と財務情報の開示が適切といえます。大規模な多国籍企業グループに限らず、国際的な資金調達を計画する企業は有利な資金調達のために、IFRS連結財務諸表の作成の有用性を検討する必要があります。

③ 　日本の株式市場においても、外国投資家の売買取扱額や株式保有の割合が増加し、その影響力が増大しています。これらの外国投資家には、日本の会計ルールよりも、グローバルなIFRSに基づく財務諸表の作成と財務情報の開示が適切なことは明白です。国際的な事業経営を行う日本企業グループは、IFRS適用による連結財務諸表の作成が将来において当たり前になる時代が到来すると予想しています。各企業グループは、IFRS導入の必要性とメリットを検討し、そのメリットが大きいと判断した場合、次のステップとして日本基準及びIFRS適用の差異、IFRS導入の事業経営に与える影響及びそのタイミング等についての具体的な検討が必要になります。

3 IFRS 連結財務諸表作成のための準備

各企業グループは、IFRS 連結財務諸表作成の必要性についての分析と評価を行い、将来において IFRS 導入が必要と結論した場合、以下の項目についての検討が必要となります。

① IFRS 移行の体制準備

IFRS は、現時点でも多くの会計基準の改訂や新会計基準の作成を繰り返す"変動する会計基準（moving targets）"といわれ、その実務適用には IFRS の専門知識と実務能力が不可欠となります。また、連結子会社等から入手する財務情報の内容の検討とその連結パッケージ等を見直し、必要とされる財務情報の内容や情報入手のタイミングについて、グループ子会社等に指示し、周知徹底を図る必要があります。さらに、現行の取引慣行、契約及び取引内容について、必要な場合、IFRS の原則に基づいた取引や契約等の見直しを行うことになります。

業種や会社規模によって相違はありますが、IFRS 導入を先行させた上場企業の実例では、その準備期間はおおむね 3 ～ 5 年程度が必要とされるようです。また、情報システムの見直しや IFRS 対応の新システム導入の検討が必要となる可能性もあり、IFRS 導入は余裕のある準備が重要となります。

② 日本基準及び IFRS の主要な差異の調査

IFRS 導入は、会計処理の変更の検討が必要となります。具体的には、後述（第11章）の説明のとおり、個別の重要テーマごとに現状と IFRS の取扱い及びその結論と対応策を検討する必要があります。

③ 現行の財務諸表及び財務報告に与える影響の把握

IFRS 導入は、利益の計算に影響を与え、企業が重要とする主要な財務指標等にも影響を与えます。この結果、企業の業績や財務内容について、従前とは異なる視点からの説明や補足が必要となる可能性があります。IFRS 適用による財務情報の影響は、事業経営に関連する説明にも影響を与えるため、経営者は IFRS の会計ルールの基本やその概要の理解が必要となります。

④ 経営幹部及びグループ従業員に対するIFRS研修プログラムの策定

　IFRS連結財務諸表は、適用される会計基準や主要な会計処理について、研修等を開催してその理解を深め、経営幹部及びグループ会社の事業責任者に対してもIFRSの会計ルールの基本についての研修が必要となります。

4 IFRS任意適用の現状

　IFRSを既に適用した企業及び適用を予定する企業グループは、39社と報告されています[5]。これらの企業は、日本を代表する大規模な国際企業グループが多く、IFRS導入はグローバル競業企業との同一の会計基準による業績評価や財務情報の比較、また資金調達等のために外国投資家への財務情報の提供の目的と説明されています。

　しかし、東証1部及び2部上場企業約2,100社のうち、IFRS導入を計画する企業数は約2％にとどまり、他の多くの上場企業はIFRS導入に逡巡し、あるいは導入準備に多くの時間を必要としています。特に、IFRS連結財務諸表の作成は子会社を含めた決算日の統一、グループ会計処理の統一、会計処理判断の統一、子会社等から入手する会計情報の内容やそのタイミング、会計専門人材の教育とその能力のレベルアップ等について、多くの総合的な財務情報の管理の取り組みが必要となり、グループ経営管理の再確認を迫り、日本の大手企業グループでさえ、IFRS導入に手間取っているのが現実の姿といえます。この意味で、IFRS導入は日本企業グループの経営管理の見直しのきっかけとなる可能性があります。日本版IFRSの作成とその普及の拡大は、日本企業グループが国際会計基準の適用の拡大を通して、国際的な事業経営スタイルを取り込むことの端緒となる可能性があるといえます。

　会計基準の国際統一について、過去においてEU同等性評価や英文財務諸表の監査報告書に国際的に適用する基準とは異なるローカル基準を適用した旨の警告文の記載の問題もあり、グローバルな事業活動に関連した環境等の変化によって状況が急変する可能性があり、将来のIFRS導入を見据え、その動向に注目することが必要となります。

(注)
1 「日本版IFRS、"IFRSと認めず"、国際会計基準審議会（IASB）」。新聞報道によると、日本版IFRSはIFRSではなく、日本がIFRSの任意適用を促進するために存在するという位置付けである旨、IASB理事の見解が示されています。（2014年6月6日付日本経済新聞）
2 IFRS連結財務諸表作成の適正性確保のための取組みについて、以下の具体的な記載事例があります。（2011年3月期HOYAの有価証券報告書から）
「当社は、IFRSに準拠した財務情報を作成するため、グループ内の統一マニュアルを4ヶ国語（日本語、英語、タイ語、中国語）で作成し、連結会社が随時閲覧できるようにしています。連結会社はIFRSに準拠した財務情報を作成し、IFRS決算チェックリストにて確認後、当社に財務情報とチェックリストを併せて提出しております。これらはIFRSについて十分な専門知識を有する社内の役員及び使用人によって分析的手法等に基づいてレビューされ、必要に応じて照会を行い、不備等があれば修正・再提出させるプロセスを構築しています。グループ統一マニュアルは、国際会計基準審議会が公表するプレス・リリースや基準書を随時入手し、最新のIFRSを把握し、定期的に内容の更新を行うとともに、更新版を連結会社に通知しています。また、四半期毎に重要な改訂及び決算上の留意点を含む指示書を配信し、連結会社の経理担当者の教育を行っています。これらの教育活動には、公益財団法人財務会計基準機構や監査法人等が主催する国際財務報告基準のセミナー等への参加及び社内の勉強会を含み、社内における専門知識の蓄積に務めています。」
3 「国際会計基準（IFRS）への対応のあり方に関する当面の方針」、企業会計審議会（2013年6月）
4 企業内容等の開示に関する内閣府令第2号様式記載上の注意（30）
5 IFRS既適用会社及び任意適用予定会社一覧（41社）（平成26年6月6日現在）
日本電波工業／HOYA／住友商事／日本板硝子／日本たばこ産業／アンリツ／SBIホールディングス／ディー・エヌ・エー／旭硝子／マネックスグループ／双日／トーセイ／中外製薬／楽天／ネクソン／アステラス製薬／ソフトバンク／丸紅／武田薬品工業／小野薬品工業／第一三共／そーせいグループ／リコー／伊藤忠商事／三井物産／三菱商事／伊藤忠エネクス／エムスリー／エーザイ／ヤフー／伊藤忠テクノソリューションズ／富士通／セイコーエプソン／日東電工／ケーヒン／参天製薬／コニカミノルタ／日本取引所グループ／クックパッド／LIXILグループ／三菱ケミカルホールディングス
（任意適用予定会社は、2015年3月期まで11社、2015年12月期まで1社、2016年3月期まで1社、2017年3月期まで1社）

第10章 欧州企業のIFRS連結財務諸表の作成実務

1 多様なIFRS連結財務諸表

　2005年1月から、EU（欧州連合）域内の上場企業約7,000社はIFRS連結財務諸表の作成実務がスタートしています。欧州諸国は、それぞれの国が独自の歴史、文化と慣習を持ち、お互いがこれを尊重し合う伝統があります。財務諸表の作成実務も同様で、IFRSの会計基準を統一して適用しましたが、財務諸表様式や開示は多様性と企業独自の個性を持ち、しかもその多様な実務を当然なものとして受け入れる慣行があります。

　最近の日本の財務諸表と財務情報は、企業に関する経営や財務内容を詳細、かつ多量に開示しています。しかし、その財務諸表は会社法や財務諸表規則等に従って作成され、その様式と開示内容は金太郎飴のごとく均一で、一律となっています。規則を重視した日本企業の財務諸表の作成は、独自の意思や工夫による実務慣行を必要としなかったともいえます。

　日本の均一で一律な財務諸表の作成は、その是非を簡単に結論付けられない難しいテーマであり、欧州企業との作成実務の基本が相違するといわざるを得ません。日本企業の統一した財務諸表様式は、他企業との財務情報の比較が容易にできる長所があり、また均一な開示情報と様式は大きな意味でグローバル財務諸表の多様性の一形態といえるかもしれません。

　しかし、国際的な事業活動やグローバルな資金調達等を計画する日本の企業グループは欧州企業グループの年次報告書の作成実務を参考とするなどして、グローバルな会計基準に基づく財務諸表の作成と財務情報の開示をより強く意識し、理解し易い、説得力のある財務情報の作成が必要となります。

2 欧州企業のIFRS連結財務諸表

　欧州の製造会社の中から、任意に下記6社の企業グループを選択し、年次報告書に掲載された連結財務諸表の開示内容の比較分析を行いました[1]。これらの欧州企業グループは、グローバルな事業展開を積極的に行い、その財務諸表と開示された財務情報は欧州企業のIFRSの会計実務をリードしています。

ロシュ・グループ（Roche、スイス）……1896年設立。医薬品及び臨床検査試薬・機器の世界大手の製薬会社。従業員数8万人超で、グローバルな事業展開を行っています。日本の中外製薬㈱は、グループの連結子会社です。1990年から国際会計基準に基づいた連結財務諸表の作成を行い、その実務適用の長い実績は高く評価されています。

バイエル・グループ（Bayer、ドイツ）……1863年設立。ドイツを代表する総合化学・医薬品等の製造販売会社。解鎮痛剤アスピリンを開発した企業として世界的に有名。従業員数11万人超で、世界に300社以上の子会社を所有し、グローバルな事業展開を行っています。

ダノン・グループ（DANONE、フランス）……1960年設立。食品・飲料の総合食品企業。乳製品、飲料水等を製造販売するグローバル企業で、㈱ヤクルトはこのグループの関係会社です。

エリクソン・グループ（Ericsson、スウェーデン）……1876年設立。国際的な通信機器メーカーで、通信会社向けネットワーク機器の製造販売では世界最大手。従業員数5万人超で、グローバルに事業展開し、ソニーとの間で合弁事業（ソニー・エリクソン）がありました。

ノキア・グループ（Nokia、フィンランド）……1967年設立。世界最大級の移動体通信機器の製造販売会社。従業員数5万人超で、多種のモバイル機器やネットワーク・インフラ等の事業を世界で展開しています。

ベネトン・グループ（Benetton、イタリア）……世界的な総合衣料メーカー。若者向けベネトン・ブランドを世界120カ国以上で販売しています。

(1) 基本財務諸表

　欧州企業グループ6社の連結財務諸表は、多様な様式による財務諸表の作成と財務情報の開示が行われています。日本の財務諸表は、連結財務諸表規則やそのガイドライン等の詳細な規定により、またその様式はひな型に従って作成されるため、企業の個性と独自性はありません。日本企業間の財務情報の比較には優れていても、財務情報の利用者に財務内容を理解してもらう姿勢は欧州企業に比較すると弱いといえるかもしれません。

　一般的に、欧州企業の基本財務諸表は簡潔（シンプル）に要約され、詳細は注記に開示する作成の基本があります。一方、日本の財務諸表の開示は、例えば有形固定資産と減価償却累計額を個別項目ごとに貸借対照表の本表上に開示する様式は、連結財務諸表とその注記情報の全体的なバランスの整合性に検討の余地があるように思えます。IFRSに基づく連結財務諸表の作成は、投資家等への適切な財務情報の開示をより意識し、その適切な開示を企業自らが工夫し、関係者に理解し易く説明する姿勢を持つ必要があります。

　欧州企業6社の基本財務諸表は、日本の財務諸表の作成実務と比較すると、以下の特徴があります。

① 損益計算書と貸借対照表の掲載順序

　IFRSは、会計基準や公式文書等の説明や例示において、貸借対照表を最初に、損益計算書をその後に掲載する順序としています。しかし、この順序は強制されたものではなく、各企業は独自の判断により基本財務諸表の中で最初に開示する計算書を決定できます。もちろん、基本財務諸表の重要性から考えると、損益計算書と貸借対照表の2つの基本計算書のどちらを最初に開示するかの選択となります。この選択は、投資家への財務報告目的として重要な財務情報は何かという問題にも関係するといえます。財務諸表が開示する情報の中で、投資家は直近の業績に関連する情報について最も関心を有すると考えれば、損益計算書（もしくは包括利益計算書）の業績に関する情報を最初に掲載することが目的に適うと考えられます。

参照した欧州企業6社すべては、基本計算書の中で損益計算書を最初に掲載しています。日本は、財務諸表規則のひな型様式が最初に貸借対照表を、その後に損益計算書を開示する順序のため、日本企業の基本財務諸表は貸借対照表を最初に掲載する実務慣行となっています。

② 直近年度の配置

欧州企業の財務諸表は、一般的に直近年度を「左」側に、前年度を「右」側に配置する実務慣行となっています。欧州企業6社のうち、4社（ロシュ、エリクソン、ベネトン、ノキア）は直近年度を「左」側に配置し、バイエル及びダノンの2社は右側に配置しています。日本では、開示様式のひな型が直近年度を「右」側に配置しており、年度の配置はこれに従うことが実務慣行となっています。

③ 個別財務諸表の掲載

IFRSは、投資家への有用な情報の提供目的のため、連結財務諸表の作成と財務開示を中心テーマとし、親会社の個別財務諸表の開示について原則的に関与しません。しかし、欧州諸国は日本と同様に親会社の個別財務諸表を重要視しており、連結及び個別財務諸表の位置付けは各企業グループによって相違があります。

欧州企業6社のうち、2社（バイエル、ベネトン）はその年次報告書に連結財務諸表のみを開示し、他の4社（ロシュ、エリクソン、ダノン、ノキア）は連結財務諸表に続いて個別財務諸表（要約）を掲載しています。連結財務諸表と個別財務諸表との関係について、日本においても多くの議論がありますが、欧州企業の実務慣行の中でも同様の議論があることを推察できます。

④ 財務諸表の中に使用されるマイナス記号

財務諸表の作成実務は、マイナス数値とその記号の使用が必須となります。欧州企業6社のうち5社（ロシュ、バイエル、ベネトン、ダノン、ノキア）は、マイナス記号として「（ ）」を使用し、エリクソンは「－」（バー記号）を使用しています。日本の作成実務では、マイナス記号として「△」を使用しますが、欧州企業では一般的なマイナス記号ではないようです。

⑤　財務諸表タイトル名に企業グループ名の記載

　ロシュ及びバイエルは、財務諸表タイトル名に企業グループ名を加え、財務諸表タイトル名と一体化して明示しています（「ロシュ　グループ連結損益計算書、Roche Group consolidated income statement」及び「バイエル　グループ連結損益計算書、Bayer Group Consolidated Income Statement」）。企業グループ名と財務諸表タイトル名を一体化した記載により、企業グループの連結財務諸表であることを強調できる効果があります。

　日本では、ひな型様式が基本財務諸表のタイトル名のみを記載し、企業グループ名を併せて記載する表記の慣行はありません。しかし、IFRS任意適用企業グループが増加し、公表する財務諸表は企業グループ自身の財務諸表であるとの意識が高まれば、欧州企業のような企業独自の工夫による作成実務が生まれる可能性もあると考えています。

⑥　IFRS財務諸表のベースであることの明示

　ノキアは、基本財務諸表のタイトル名の後に、「IFRS」を加え、連結財務諸表がIFRSベースであることを明示しています（「連結損益計算書、IFRS、Consolidated income statements, IFRS」）。ノキアは、連結及び個別財務諸表の2つの財務諸表を掲載し、「連結財務諸表、IFRS」の明示により、個別財務諸表との明瞭な区別を強調できる作成実務上のメリットがあります。

基本財務諸表

	最初に開示する計算書	直近年度の配置	個別財表の開示	マイナスの記号
ロシュ（スイス）	損益計算書	左	あり	（　）
バイエル（ドイツ）	〃	右	なし	（　）
エリクソン（スウェーデン）	〃	左	あり	−（バー）
ベネトン（イタリア）	〃	左	なし	（　）
ダノン（フランス）	〃	右	あり	（　）
ノキア（フィンランド）	〃	左	あり	（　）

(2) 損益計算書（包括利益計算書）

① 1または2計算書方式の選択

　包括利益計算書の様式は、1計算書方式（1つの包括利益計算書による方式）と2計算書方式（損益計算書と包括利益計算書を分離して開示する方式）の選択が認められています。エリクソンを除く欧州企業5社（ロシュ、バイエル、ベネトン、ダノン、ノキア）は、2計算書方式を採用しています。包括利益の登場は、伝統的な利益の概念に大きな影響を与えました。新しい利益の概念は、その理解が確実に定着するまで、欧州企業は損益計算書と包括利益計算書を別々に分離する2計算書方式による開示実務が選考されたと推察しています。

　エリクソンは、「連結損益計算書及び包括利益計算書」の表記名の下に、2つの計算書を掲載する1計算書様式に近い様式を採用しています。しかし、2つの計算書は明確に区分して開示されており、実質的には2計算書様式として分類することが適切と結論しました。

② 販売費と一般管理費の区分

　欧州企業6社のうち、4社（ロシュ、バイエル、ダノン、ノキア）は「販売費」と「一般管理費」を分離する費用科目を採用し、エリクソンは「販売費及び一般管理費」と合体した費用科目としています。ベネトンは、費用の性質による科目表記のため、販売費や一般管理費の科目を使用していません。欧州企業の実務では、販売費と一般管理費を分離する費用科目の表示が一般的な実務といえます。

③ 研究開発費の科目表示

　製造会社にとって、研究開発費の多寡は事業経営にも関わる重要な財務情報といえます。欧州企業6社のうち、5社（ロシュ、バイエル、エリクソン、ダノン、ノキア）は研究開発費を損益計算書上の単独の費用科目として開示しています。ベネトンは、総合小売業であり、研究開発費の費用を単独科目として開示していません。

④ 機能別または性質別分類による費用表示

　損益計算書上の費用分類は、機能別または性質別の費用分類の選択が可能で

す。一般的に、機能別分類法（費用の機能による分類）は取引量や複雑な取引の多い大規模会社に適し、性質別（費用の性質による分類）は費用分類のシンプルな小規模企業に適するといえます。欧州企業6社のうち、5社（ロシュ、バイエル、エリクソン、ダノン、ノキア）は、費用科目を機能別分類により、ベネトンは性質別分類による費用表記を選択しています。

⑤　前年比較情報の開示年数

　IFRSは、財務諸表に比較情報として、少なくとも前年1年間の開示を要求しますが、企業の任意の判断により基本計算書ごとに前年情報の複数年の開示が可能です。欧州企業6社のうち、2社（エリクソン、ノキア）は損益計算書を前年2年と当年の合計3年間の損益情報を開示しています。残りの4社（ロシュ、バイエル、ベネトン、ダノン）は、前年1年と当年1年の2年間を開示しています。

	連結損益計算書			
	1又は2計算書方式	販売費と一般管理費	研究開発費の開示	表示期間
ロシュ（スイス）	2計算書	分離	単独	2年
バイエル（ドイツ）	〃	分離	単独	2年
エリクソン(スウェーデン)	〃	合体	単独	3年
ベネトン（イタリア）	〃	（性質別分類）	他科目と合算	2年
ダノン（フランス）	〃	分離	単独	2年
ノキア（フィンランド）	〃	分離	単独	3年

(3)　2計算書方式により分離された包括利益計算書

　欧州企業6社は、すべて2計算書方式を採用し、損益計算書と包括利益計算書を分離した開示を行っています。2つに分離された包括利益計算書の開示期間は、損益計算書の開示期間と同様に、2社（エリクソン、ノキア）は前年2年と当年1年の3年間、残り4社（ロシュ、バイエル、ベネトン、ダノン）は前年1年と当年1年の2年間となっています。

(4) 貸借対照表（財政状態計算書）

① 計算書のタイトル名

　IFRSは、会計基準を含む公式文書において「財政状態計算書（Statement of financial position）」のタイトル表記名を使用し、「貸借対照表（Balance sheet）」の表記名を使用しません。しかし、この表記名は強制されたものではなく、従前から使用する「貸借対照表」の使用を認めています（IAS 1、10項）。欧州企業6社のうち、3社（バイエル、ベネトン、ノキア）は、「財政状態計算書」を表記名とし、他の3社（ロシュ、エリクソン、ダノン）は「貸借対照表」を使用しています。

② 表示期間

　ロシュは、貸借対照表の開示年数を、前年2年と当年1年の3年間を表示しています。他の5社（バイエル、エリクソン、ベネトン、ダノン、ノキア）は、前年1年と当年1年の2年間を表示しています。

③ 「非支配」と「少数株主」の用語

　IFRSは、会計基準や公式文書において「非支配」（non-controlling）の用語を使用します。しかし、従前からの「少数株主」（minority shareholders）を使用する事例もあります。欧州企業6社のうち、5社（ロシュ、バイエル、エリクソン、ダノン、ノキア）は「非支配」の用語を使用し、ベネトンは「少数株主」を使用しています。

④ 貸借対照表の科目配列

　IFRSは、貸借対照表の科目配列について、流動性または固定性配列の選択が可能です。欧州企業6社は、すべて固定性配列法を選択し、固定性の高い順番に資産及び負債科目を配列しています。欧州企業の貸借対照表は、固定性配列法による科目配列が一般的な実務慣行となっています。

⑤ 開発費の資産計上

　IFRSは、研究開発に関連する費用を研究費と開発費とに区分し、開発費は一定の条件を満たす場合、資産の認識を要求します。欧州企業6社のうち、4社（ロシュ、バイエル、エリクソン、ノキア）は開発費の資産認識を会計方針とし、

ダノンは製品の開発と市場化までの期間が短期間のため、開発費はその発生時に費用処理しています。ベネトンは、主として総合小売業の業種であり、開発に係る会計方針の明瞭な説明はありません。

連結貸借対照表（連結財政状態計算書）

	表記名	表示期間	用語	開発費資産認識
ロシュ（スイス）	貸借対照表	3年	非支配	あり
バイエル（ドイツ）	財政状態計算書	2年	非支配	あり
エリクソン（スウェーデン）	貸借対照表	2年	非支配	あり
ベネトン（イタリア）	財政状態計算書	2年	少数株主	説明なし
ダノン（フランス）	貸借対照表	2年	非支配	費用化
ノキア（フィンランド）	財政状態計算書	2年	非支配	あり

(5) 有形固定資産

　製造企業は、有形固定資産への投資が多額となり、減価償却は経営に直接的に関連する重要な会計方針であり、減価償却方法、経済的見積耐用年数及び残存価額等についての説明が必要とされます。

① 有形固定資産の測定（原価または再評価測定）

　IFRSは、有形固定資産の当初認識後の測定として、原価または再評価測定の2つの測定方法の選択を認めています。欧州企業6社のすべては、原価による測定を選択しています。再評価による測定は、時価評価の情報入手と実務適用が複雑になるため、原価による測定が選択されたと推察しています。

② 減価償却方法

　欧州企業6社すべては、定額法による減価償却方法を採用し、エリクソンは"一般的に"と付記され、一部が定額法以外によることを推察できます。欧州企業は、期間の経過に軸を置く定額法の減価償却方法が一般的な実務慣行となっています。日本の製造企業の減価償却は、投下資本の早期回収と税務上の早期償却のため定率法による減価償却が一般的な実務慣行といえます。

	有形固定資産	
	原価又は再評価測定	減価償却方法
ロシュ（スイス）	原価による測定	定額法
バイエル（ドイツ）	〃	〃
エリクソン（スウェーデン）	〃	（一般的に）〃
ベネトン（イタリア）	〃	〃
ダノン（フランス）	〃	〃
ノキア（フィンランド）	〃	〃

(6) キャッシュ・フロー計算書

① 直接法または間接法による作成

　IFRSは、キャッシュ・フロー計算書の作成について、直接法または間接法による作成の選択を認めています。欧州企業6社は、すべて間接法による作成を行い、欧州における一般的な作成実務となっています。

　直接法による作成は、間接法によって提供される情報と比べ、キャッシュ・フローの源泉と使途についてのより多くの有用な情報が提供できるとし、IASBはキャッシュ・フロー計算書を直接法によって作成することを推奨します。しかし、直接法による作成は主要取引ごとの開示が必要となるため、作成実務の負担が大きく、また直接法による作成への変更はIT情報システムの変更の可能性もあるため、間接法によるキャッシュ・フロー計算書の作成が一般的な実務慣行となっています。

② 計算書の表示期間

　欧州企業6社のうち、2社（エリクソン、ノキア）は前年2年と当年1年の3年間を表示し、残り4社（ロシュ、バイエル、ベネトン、ダノン）は前年1年と当年の2年間を表示しています。

③ 現金同等物に含まれる短期投資の範囲

　現金同等物に含まれる短期投資の範囲について、欧州6社はすべて3ヵ月以内の満期日あるいは償還日の短期投資を現金同等物に含めています。

連結キャッシュ・フロー計算書

	直接法・間接法	表示期間	短期投資の定義
ロシュ（スイス）	間接法	2年	3ヵ月
バイエル（ドイツ）	〃	2年	〃
エリクソン（スウェーデン）	〃	3年	〃
ベネトン（イタリア）	〃	2年	〃
ダノン（フランス）	〃	2年	〃
ノキア（フィンランド）	〃	3年	〃

(7) 株主持分変動計算書

　株主持分変動計算書は、株主持分を構成する各勘定科目の年間取引の内容を調整表によって開示します。欧州企業6社のうち、ロシュを除く5社は株主持分の勘定ごとに期首及び期末残高と年間変動額を示す調整表を作成しています。

　ロシュは、貸借対照表と株主持分変動計算書の関係に、独自の様式を採用しています。2つの計算書は、その内容の表示に関連し、株主持分の各勘定科目の残額が重複して記載されます。ロシュは、連結貸借対照表の資本の部を、親会社持分と少数株主持分の2区分のみを表示し、期末残高と変動額の内容は株主持分変動計算書に記載され、この開示方法は資本持分の勘定内容の重複表記を回避でき、財務諸表の作成についてのロシュの工夫を見ることができます。

連結貸借対照表（資本の部のみを引用）

（百万CHF）

	2012年
株主持分：	
ロシュ株主に帰属する資本金及び剰余金	14,494
非支配株主に帰属する持分	2,234
	16,728

① 計算書のタイトル名

IFRS は、公式文書において、「持分変動計算書（Statement of Changes in Equity）」のタイトル表記名を使用します。しかし、この表記名の使用は強制されたものではなく、以前からの表記名を継続した使用が認められます。欧州企業6社のうち、4社（ロシュ、バイエル、エリクソン、ダノン）は「持分変動計算書（Statements of Changes in Equity）」の表記名を使用し、ノキアは「株主持分変動計算書（Statement of Changes in Shareholders' Equity）」としています。ベネトンは、「株主持分－変動計算書（Shareholders' equity- Statement of Changes）」とし、独自の表記名にこだわりを示しています。

② 計算書の表示期間

欧州企業6社のうち、エリクソンとノキアは前年2年と当年1年の3年間を表示し、4社（ロシュ、バイエル、ダノン、ベネトン）は前年及び当年1年の2年間を表示しています。

(8) 損益計算書の段階利益の表示

IFRS は、損益計算書上に「当期利益」及び「当期包括利益」以外の段階利益の開示を要求しません。資産負債アプローチを重視する利益の計算は、段階利益の開示に特別な意義を持たせていないかのようです。しかし、企業グループはこの2つの段階利益の他に、必要と思われる段階利益を表示することができます。段階利益は、経営者がどのような利益指標を業績評価の重要な指標と考えているかを示しています。

欧州企業6社は、多様な段階利益を開示し、財務諸表利用者への業績評価として採用した利益指標をアピールしています。欧州企業6社の損益計算書上の段階利益は、以下のとおりです。

ロシュは、「営業利益」を重要な利益指標とし、これ以外の段階利益の重要な意義付けを認めていないかのようで、業績を示す重要な段階利益は「営業利益」で必要、かつ十分と考えているようです。この他に、「税引前利益」の段階利益が開示されています。

バイエルは、「売上総利益」と「営業利益」を段階利益として表示しています。営業利益は「営業利益、EBIT」と表示され、EBIT（金融損益及び税金前利益、Earnings Before Financial result and Taxes）と定義することにより、営業利益の内容をより明確にしています。また、製造業の伝統的な利益指標である「売上総利益」の段階利益を表示しています。

エリクソンは、「売上総利益」の他に、「ジョイント・ベンチャー及び関連会社前営業利益」の段階利益を開示し、連結対象となる子会社と持分法適用の関連会社との間に利益指標を一区切りさせる意図を感じ取れます。

ベネトンは、収益から売上原価を控除して、「総営業利益（Gross operating income）」とし、これから配送費及び売上手数料を控除して「貢献利益（Contribution margin）」を表示し、このような個性的な段階利益はベネトンの利益指標に対するこだわりを示すといえます。

ダノンは、売上から売上原価及び販売費等の営業費用の項目を控除し、「取引営業利益（Trading operating income）」とし、さらにその他営業損益項目を加減して「営業利益」としています。ダノンのアニュアル・レポートの説明によれば、その他営業損益の中には、経常的な事業活動に直接関係しない子会社の処分損益、のれんの減損、戦略的なリストラに関連した費用や損失が含まれ、これらの費用等を「営業利益」から除外して業績報告を行う意図があると説明されています。日本基準により作成される損益計算書上の経常利益の段階利益に近い発想とダノンの段階利益の表示の工夫を見ることができます。

欧州企業6社の段階利益の開示事例を分析した結果、「当期利益」及び「包括利益」以外に、6社のすべては「営業利益」、「税引前利益」を段階利益とし、また3社（バイエル、エリクソン、ノキア）は、「売上総利益」を表示し、欧州企業は「当期利益」及び「包括利益」の他に、「売上総利益」、「営業利益」及び「税引前利益」の段階利益が一般的といえます。

IFRS適用の約7,000社の欧州企業の中から6社を選択しただけでも、このような多様な段階利益の開示例が示されており、多くの欧州企業の中にはこの他にも個性的でユニークな段階利益の開示があることを推察できます。

損益計算書上の段階利益：

	ロシュ	バイエル	エリクソン	ベネトン	ダノン	ノキア
売上総利益		✔	✔			✔
総営業利益				✔		
取引営業利益					✔	
ジョイント・ベンチャー及び関連会社前営業利益			✔			
貢献利益				✔		
営業利益	✔	✔	✔	✔	✔	✔
税引前利益	✔	✔	✔	✔	✔	✔
当期利益	✔	✔	✔	✔	✔	✔

(注)
1　6社の連結財務諸表は、主に2012年及び2011年のアニュアル・レポート（年次報告書）に掲載された財務諸表及びその注記情報から分析しました。これら企業グループの財務諸表と財務情報の全文は、それぞれの企業のホームページに開示されており、参照することができます。

第11章 IFRS適用のための個別項目の検討

1 IFRS適用のために検討を要する個別テーマ

　日本の会計基準（日本基準）は、会計基準の国際調和によってIFRSとの主要な差異を急速に解消しています。しかし、依然として相違する基準もあり、その相違の内容と会計処理の検討が必要となります。グローバル基準のIFRS導入は、連結財務諸表作成の会計実務だけでなく、IFRSの背景にあるグループ事業経営を前提とする会計ルールの性格が色濃くあり、連結グループ経営の徹底を迫り、伝統的な日本の取引慣行や会計実務にも影響を与える可能性があります。このため、IFRS導入は経理部等の特定部署に特化した専門作業とするのではなく、広く全社的な観点から影響等の検討が必要となります。

2 個別テーマの会計処理の検討

　IFRS連結財務諸表の作成に関連し、日本基準とIFRSに基づく個別テーマの取扱いとその結果について検討しました。これらの個別テーマは、企業の業種や規模、個々の企業の状況等によって相違するため、各企業は独自のテーマを拡大させて検討する必要があります。また、その内容、合理的な根拠及び結論について、監査法人の監査担当責任者との意見交換や協議が必要となります。

◉連結手続きに関連する検討テーマ
　(1)　連結範囲と非連結子会社の取扱い
　(2)　連結グループ会社の決算日の統一
　(3)　会計方針の統一

- (4) のれん（営業権）の償却
- (5) のれん（営業権）の減損の兆候
- (6) 海外子会社の機能通貨

◉売上及び返品等に関連する検討テーマ
- (7) 出荷基準による収益の認識
- (8) 代理店契約による売上の純額・総額の表示
- (9) 返品の会計処理
- (10) 売上高から控除される販売促進費
- (11) 売掛債権の評価（貸倒引当金の計上）

◉固定資産に関連する検討テーマ
- (12) 有形固定資産と減価償却
- (13) 定率法による減価償却
- (14) 有形固定資産の減損
- (15) 減損事由の解消による戻し入れ
- (16) 開発費の資産計上
- (17) 建設助成金
- (18) セール・アンド・リースバック取引

◉その他の検討テーマ
- (19) 有給休暇の負債計上
- (20) 滞留在庫の評価
- (21) 引当金
- (22) 現金同等物とする短期投資
- (23) 新株発行費（新株交付費）
- (24) 為替予約の振当処理
- (25) 契約にリースが含まれているか否かの判断
- (26) カスタマー・ロイヤリティ・プログラムによる顧客への特典の付与
- (27) フリー・レント（無料賃借料）
- (28) 重要性の判断

◉連結手続きに関連する検討テーマ
(1) 連結範囲と非連結子会社の取扱い（IFRS 第10号「連結財務諸表」）
① 日本基準の取扱い

　日本基準は、すべての支配企業を連結の範囲に含めることを原則としますが、重要性のない子会社及び支配が一時的で、利害関係者の判断を誤らせるおそれがない場合、それらの子会社等を連結範囲から除外することを認めています。また、監査法人による外部監査の実務指針の中で、連結対象となる子会社の範囲は連結財務諸表に与える重要性が3～5％程度の子会社を連結範囲から除外することを容認する日本の実務慣行の取扱いがありました。

　非連結子会社は、連結対象から除外した旨、総資産、売上高、当期純利益及び利益剰余金等への重要な影響がないことを財務諸表注記に記載します。また、非連結子会社に対して持分法による会計処理が要求されます。

② IFRS の取扱い

　IFRSは、親会社が支配するすべての子会社を連結対象とし、一時的な支配の子会社も連結範囲に含めることを要求します。また、売却目的のために保有する子会社や廃止事業に関わる資産、負債及び損益は継続事業と区分して表示します。IFRSは、一般的な重要性の判断による重要性のない子会社等の連結範囲からの除外はあり得ますが、すべての支配する会社等を原則として連結対象とし、一時的所有等の理由による例外を認めていません。また、日本基準の非連結子会社に対する持分法の適用の会計処理は要求されません。

③ 検討の結果

　IFRSは、すべての子会社を原則として連結範囲に含め、その例外や一定範囲の非連結子会社を許容する実務上の取扱いはありません。日本の連結範囲の決定に比較すると、より厳しい連結範囲の決定が要求されます。非連結子会社は、ある時点では重要性がなくとも年数が積み重なることによって累積的な影響を生じ、またグループ企業間の取引の消去や調整の実務上の問題が生ずる可能性もあります。したがって、IFRS 導入の準備段階において、日本基準による連結範囲の調査を行い、IFRS に基づいた見直しを行います。

(2) 連結グループ会社の決算日の統一（IFRS 第10号「連結財務諸表」）
① 日本基準の取扱い
　親会社と決算日が異なる連結子会社は、グループ決算日において正規の決算に準じた仮決算を行い、その財務諸表を連結決算に使用します。また、グループ連結決算日と子会社の決算日の差異が3ヶ月以内である場合、子会社決算を基礎とした財務諸表を連結決算に使用することができます。この場合、連結決算日と子会社の決算日の差異の期間から生ずる重要な取引は連結上の修正が必要となります。
② IFRSの取扱い
　IFRSは、親会社と連結子会社が同一の決算日において作成した財務諸表を使用して連結決算を行います。しかし、同一決算日による子会社の財務諸表の作成が実務上不可能な場合、決算日の差異が3ヶ月以内であれば、子会社決算を基礎とした財務諸表を使用した連結決算を行うことができます。ここでいう"実務上不可能な場合"とは、企業があらゆる合理的な努力を行った後でも、同一決算日による連結決算が実行できない場合であり、無条件に決算日が相違する連結決算を認めるものではないことに留意が必要です。
　IFRSは、決算日の差異期間の取引について、その重要な取引の修正を要求します。日本基準が、決算日の差異期間についてのグループ会社間の重要な取引の修正に対し、IFRSはこれに加えてグループ企業以外との重要な取引の修正が含まれ、取引の修正範囲が広範囲にわたることに注意が必要となります（IFRS10、B92及びB93）。
③ 検討の結果
　連結グループ決算日が相違する場合、親会社への財務報告目的のために、子会社の年度途中に仮決算を行い、税金債務、未払費用、引当金等の見積りや費用の期間按分の仮決算手続きの実施が必要となります。グループ会社の適切な業績評価や管理業務の効率性を考慮すると、親会社と同一決算日において主要な子会社等の決算を行うことが実務上望ましいと結論されます。
　日本企業の多くは、決算日が3月31日であるため、これをグループ決算日とし、

第11章　IFRS適用のための個別項目の検討

海外会社の決算日が一般的に12月31日であることを利用し、3ヶ月の期間差異を利用した連結決算手続きの実務が定着しています。

　日本企業グループの連結経営が、より重視され、また子会社等の正確な事業評価の意識が高まることにより、グループ企業が同一決算日において連結決算を行い、またこれを可能とする連結決算手続きの効率化が必要になります。その効率化の検討の中には、連結パッケージ内容の見直し、グループ会計マニュアルの充実、グループ子会社等からの正確な連結情報の入手のための連携及び外部監査の効率的な実施等を挙げることができます。

　これらを総合的に検討した結果、IFRS導入の準備段階において決算日の差異がある主要な子会社等の現状を調査し、将来的に親会社及び重要な子会社等の決算日を統一する方向で調整することを検討します[1]。

(3)　会計方針の統一（IFRS第10号「連結財務諸表」）
①　日本基準の取扱い

　日本基準は、同一環境下における同一性質の取引について、原則としてグループ会社の会計方針を統一して適用し、統一しないことに合理的な理由がある場合、例えば情報システムの相違、子会社が公開会社で独自の会計方針の採用及び重要性がない場合等、会計方針を統一しないことができます。

　日本基準の会計方針は、営業目的に直接関連する取引を事業の種類別セグメント単位で統一し、また営業目的に直接関連しない取引は取引の目的ごとの統一が要求されます。個別事項の取扱いについて、棚卸資産の評価基準、営業収益の認識基準は原則として統一する必要があります。棚卸資産の評価方法（FIFO、平均法等）、有価証券の評価方法（移動平均法等）及び固定資産の減価償却方法（定額法、定率法等）は、統一することが望ましいものの、統一しないことも認められています。

　引当金については、各連結会社の状況を勘案し、企業集団全体として判断しますが、子会社の引当金の単純な合算ではなく、市場、取引慣行の異同、情報の入手可能性、重要性等を考慮してグループの会計方針を決定します。

また、海外子会社の会計方針は統一することを原則としますが、海外子会社がIFRS及び米国会計基準に基づいた会計処理を行う場合、次に掲げる重要項目を日本基準へ修正することを条件に、海外子会社のローカルの決算により作成された財務諸表を連結決算に使用することが認められます[2]。

(i)　のれん（営業権）の償却

　日本基準は、のれんを20年以内の効果の及ぶ期間にわたり償却を行います。しかし、IFRSはのれんを規則的な償却ではなく、減損テストを実施して、必要な場合、減損損失の会計処理を行います。日本基準とIFRSまたは米国基準が適用される海外子会社の会計処理が相違する場合、日本基準への修正が必要となります。

(ii)　退職給付会計の数理計算上の差異の費用処理

　日本基準は、数理計算上の差異を従業員の平均残存勤務期間以内の年数にわたり規則的に償却します。日本基準とIFRSまたは米国基準を適用する海外子会社の会計処理が相違する場合、日本基準への修正が必要となります。

(iii)　研究開発費の処理

　日本基準は、研究開発に関わる支出のすべてを発生時に費用処理します。IFRSは、研究活動に関わる支出は発生時に費用処理しますが、開発活動に関る支出は一定の要件を満たす場合、無形資産に計上して償却を行います。日本基準とIFRSまたは米国基準が適用される海外子会社の会計処理が相違する場合、日本基準への修正が必要となります。

(iv)　固定資産及び投資不動産の時価評価

　日本基準は、固定資産及び投資不動産の取得原価を基礎とします。IFRSは、これらの資産を時価による測定の選択適用を認め、海外子会社が時価による再評価を行う場合、日本基準への修正が必要となります。

(v)　少数株主損益の表示

　日本基準は、少数株主に帰属する損益を連結利益から分離して表示します。しかし、IFRSは少数株主に帰属する損益を連結利益に含めて表示します。

海外子会社が、少数株主持分損益を連結利益に含める場合、日本基準への表示の組み替えが必要となります。

② IFRS の取扱い

親会社は、類似の状況における同様の取引及び事象について、グループ会社が統一した会計方針を適用して連結財務諸表を作成することを要求しています（IFRS10、19項）。

③ 検討の結果

日本基準は、棚卸資産や有価証券の評価方法及び有形固定資産の減価償却方法について、会計方針の統一が望ましいが、統一しないことを認めています。しかし、これらの評価方法等についても、適切な連結財務諸表の作成の基本に立った検討が必要となります。IFRS 導入の準備段階において、各グループ会社が採用する会計方針の調査と分析を行い、グループの会計方針の統一の検討を行います。会計方針の統一が必ずしも必要とされない評価方法等についても、グループ連結財務諸表の適切な作成のため、会計方針を統一することを検討します。

また、その会計方針はグループ会計マニュアル等に文書化し、定期的な子会社等の研修会や会計責任者との協議等を通して、グループ会計方針の周知徹底を図ることとします。

(4) のれん（営業権）の償却（IFRS 第3号「企業結合」）

① 日本基準の取扱い

日本基準は、のれんを20年以内の効果の及ぶ期間にわたって、規則的な償却を行います。この規則的な償却は、取得企業が連結されたことによる連結利益の増加とのれんの償却費を期間対応させる期間損益を重視した会計処理といえます。

② IFRS の取扱い

IFRS は、のれんを規則的な償却ではなく、のれんの回収可能価額を算出し、帳簿価額が回収可能価額を上回る場合、減損損失の会計処理を行います。これは、

のれんの超過収益力が時間の経過とともに経営努力による収益の向上との区別が不明瞭となり、またのれんの超過収益力が実現する期間の合理的な見積りに困難があるため、のれんの回収可能価額の検証による会計処理を要求します。のれんは、減損兆候の有無にかかわらず、少なくとも年一回減損テストを実施し、資産価値の検証の手続きが必要となります。

IFRSは、企業結合取引をIFRS第3号「企業結合」に基づく会計処理を要求します。しかし、IFRSは初めてIFRSを適用する企業がローカル基準によって会計処理した企業結合をその取引日に遡って修正する原則処理の適用ではなく、ローカル基準による資産及び負債の帳簿価額をみなし帳簿価額として、IFRS開始貸借対照表に引き継ぐことができる免除規定を設けています。これは、取引日に遡った修正は企業に過度な実務負担を強いる可能性があり、その負担回避のための実務上の配慮が行われています。

③ 検討の結果

企業結合の取引は、IFRS初度適用企業に認められた免除規定を適用し、日本基準に基づいて会計処理された資産及び負債の帳簿価額をみなし帳簿価額としてIFRS開始貸借対照表に引き継ぎます。日本では、企業結合の取引について、IFRSと異なった会計処理が行われてきた経緯があり、その原則法の適用による会計処理は複雑で、困難な調整が必要になる可能性があり、過度な実務負担の回避のための免除規定の適用は会計実務上のメリットが大きいと判断しました。

(5) のれん（営業権）の減損の兆候（IAS第36号「資産の減損」）

① 日本基準の取扱い

のれんは、規則的な償却を行うとともに、その純帳簿価額についての減損兆候の可能性の検証が必要となります。営業活動からの損益やキャッシュ・フローの継続したマイナスの状況、企業の経済的・経営環境の悪化、資産の市場価額の著しい下落、資産の回収価額の著しい下落等がある場合、これらは減損の兆候の状況を示唆するといえます。日本の減損適用の実務指針は、のれんの

減損の兆候の状況として、営業活動からの損益またはキャッシュ・フローが2期以上連続してマイナスとなる事象を想定しています[3]。
② IFRSの取扱い

　資産の減損可能性は、外部及び内部の情報からの検討が要求されます。外部の情報源は、資産の市場価額の著しい低下、技術的・市場的・経済的・法的環境等からの悪影響の発生、市場利率の変動による資産の回収可能価額の影響(例えば、適用する割引率等の変動により回収可能価額の計算にマイナスの影響等)が挙げられます。

　内部の情報源として、資産の陳腐化、物的損害、資産の遊休・事業の廃止、リストラ等により、資産の経済的成果が計画に比較しての悪化や未達成の場合を例示しています（IAS36、12項）。また、当初予定した計画がその計画通りに達成できない状況や、達成できない証拠が内部情報で示されている場合、減損の可能性を示唆するといえます。また、のれんはその減損テストについて、具体的な実施手続きが規定されています（IAS36、80〜99項）。

③　検討の結果

　日本基準は、のれんの減損の兆候として、継続した損益またはキャッシュ・フローが2期連続のマイナスの状況を想定しています。しかし、IFRSはのれんの回収可能価額を少なくとも年一回計算し、のれんの資産価値の検証手続きの実施が要求されます。

　また、IFRSは当初予定した事業計画が達成不可能な状況にある場合、例え業績が良好で、プラスの営業キャッシュ・フローが計上されていても、のれんの資産価値が毀損している可能性があります。このため、日本基準ののれんの減損兆候の検証と比較すると、より厳しい減損兆候の範囲とその検証手続きが要求されます。最近の日本企業の積極的なM&Aや海外投資の結果、のれんを資産計上する会計処理が増加しています。のれんの資産計上は、出資先の海外子会社の業績悪化や事業運営が当初の計画通りに進捗しないことが明らかになった場合、減損の会計処理の可能性があるため、潜在的な減損リスクの増加とそのリスクを顕在化させない事業経営が重要となります。

(6) 海外子会社の機能通貨（IAS第21号「外国為替レート変動の影響」）

① 日本基準の取扱い

連結決算は、海外連結子会社の現地通貨建財務諸表を入手し、日本円（表示通貨）に換算し、連結決算の手続きを行います。この現地通貨建の財務諸表の換算について、日本基準は海外事業体の法形態によってその換算方法を決定する規定があります。海外事業体が会社形態である場合、外貨建財務諸表の日本円への換算は決算日レート法を適用し、資産及び負債は決算日レート、資本は株式取得日レート、収益及び費用は期中平均レート等によって換算します。これは、海外子会社は親会社から独立した事業運営が行われていることを前提とした換算方法といえます。

海外事業体が支店の場合、本店営業の延長の事業活動が行われると前提し、本店の円貨取引と同様の結果となる換算方法（テンポラル法）を適用し、金銭債権債務、有価証券等の貨幣性資産は本店の評価と同一となる為替レートを適用し、棚卸資産、有形固定資産等の非貨幣性資産はその取得日の為替レートを適用して換算します。

② IFRSによる会計処理

IFRSは、グループ会社ごとに機能通貨を決定し、これに基づく換算を行います。機能通貨とは、それぞれの企業が営業活動を行っている経済環境における通貨で、商品やサービスの販売価格に大きく影響を与え、また労務費や材料費等の原価に影響を与える通貨と定義されます（IAS21、9項）。海外子会社の機能通貨は、親会社と子会社の機能通貨が同一の状況に該当している否かによって判断します。

次ページの要約表に説明のとおり、海外子会社の主要な営業活動が親会社に依存する程度が高くなれば、その子会社の機能通貨は親会社の機能通貨と同一と判定される可能性が高く、反対に営業活動が独立していれば現地国通貨が機能通貨として判定されます。このため、海外子会社の営業活動が親会社に依存する程度を判定し、海外子会社の現地国通貨建財務諸表の換算方法を決定します（IAS21、11項）。

海外子会社が、親会社の機能通貨と同一の状況にあると判定された場合、その海外子会社の営業活動は親会社の活動の延長とみなされ、外貨建通貨、金銭債権債務、有価証券は親会社と同様の測定結果となる換算レートを適用し、また棚卸資産、有形固定資産等の非貨幣性資産はその取得日の為替レートの適用により親会社が会計記帳する資産、負債及び資本等と同様の測定となるように換算します。この換算方法は、実質的に日本基準の支店の財務諸表の換算方法と同一となります。

	親会社の機能通貨との	
	相違の状況	同一の状況
海外子会社の事業運営の自主性：		
―事業活動はかなりの自主性がある	✔	
―親会社事業の延長としての事業を行う		✔
親会社との取引割合：		
―親会社との取引は少ない	✔	
―親会社との取引は頻繁かつ広範囲		✔
親会社のキャッシュ・フローへの影響：		
―直接、影響を与えない	✔	
―直接、影響を与える		✔
親会社への資金依存：		
―債務の返済を子会社が現地通貨で調達	✔	
―親会社資金に依存		✔

③ 検討の結果

親会社からの事業経営の独立性が高い海外子会社は、その機能通貨が現地国通貨とされ、現地国通貨建財務諸表を決算日レート法により日本円に換算します。日本の親会社に依存する程度の高い営業活動を行う海外子会社、例えば主たる営業活動が親会社向け製品の受託製造で、親会社への資金依存度も高く、

親会社との取引も多い等の状況がある場合、親会社の機能通貨と同一の判定結果となる可能性を示唆します。親会社の機能通貨と同一と判定された場合、棚卸資産や有形固定資産の非貨幣性資産は取得日レートにより換算されます。製造会社の海外子会社は、棚卸資産や機械設備等の有形固定資産を多数所有し、取得日レートによる換算の方法は実質的に固定資産台帳等を現地国通貨建と取得日為替レート建の2種類の会計記帳が必要となり、その管理手続きは複雑で実務負担を増大させます。海外子会社のうち、日本親会社向けの受託製造を主として行う子会社あるいは親会社から全面的な資金支援を受ける子会社等がある場合、IFRSに基づく機能通貨と外貨建財務諸表の換算方法の選択と決定に注意が必要となります。

⦿売上及び返品等に関連する検討テーマ
(7) 出荷基準による収益の認識（IAS第18号「収益」）
① 日本基準の取扱い

日本基準は、実現主義による財貨の移転完了と対価の成立の要件を満たす収益の認識が要求されます。物品の販売について、日本の実務慣行は一般的に製品の出荷時点、顧客の納入場所への到着時点、検収基準等による収益認識が行われています。

② IFRSの取扱い

収益の認識は、製品の所有に伴う重要なリスク及び経済的便益が買い手に移転する等の要件があり、通常は買い手による物品の受入れ検査が終了した時点で収益を認識します。物品の出荷から顧客の検収手続きの完了までに時間を必要とする場合、また顧客の検収手続きが納品の重要な手続きとなっている販売の場合、その検収手続きが完了するまでは収益認識の要件が満たされるとはいえず、収益の認識ができなくなります。

日本の一般的な出荷基準は、IFRSの売上認識の要件を無条件で満たすとはいえないケースもあり、IFRSの収益認識の要件や状況の検討により適切な会計処理が必要となります。

③ 検討の結果

売上の認識は、通常出荷日の数日後に大半の国内配送を完了させる流通システムを導入し、その到着予定日に売上を計上します。年度末（3月末）は、実地棚卸の実施のため、2～3日前に製品等の出荷手続きを終了させ、売上の計上が決算期をまたぐ期間帰属（カット・オフ）の問題が発生する可能性は小さいと考えられます。得意先による検品手続きは、重要な手続きではなく、配送した商品の全量を得意先が受け入れる実務が取引慣行であり、過去に製品納入のタイミングを巡る得意先との債権残高確認の重要な不一致は生じたことはなく、これらの状況は買い手が指定した場所に製品を納入した時点で財貨の移転が完了したと得意先も了解しているといえます。

これらを総合的に検討した結果、現行の日本基準における収益認識はIFRSが要求する要件を満たし、出荷基準による売上の認識についてのIFRS修正は必要ないと結論しました。

(8) 代理店契約による売上の純額・総額の表示（IAS第18号「収益」）
① 日本基準の取扱い

販売代理店契約を締結し、特定企業の製品を販売する形態があります。日本基準は、売上の総額・純額の表記についての明確な基準がなく、契約上の取引当事者となっている場合は取引総額を収益とし、代理人の場合は取引純額を受取手数料として表示する取引実態に対応した取扱いが行われています。日本の商社やデパート等では、売上と仕入を両建て計上する実務慣行があり、売上の総額・純額の表示についての検討が必要となります。

② IFRSの取扱い

代理店契約による取引は、「本人としての行為」あるいは「代理人としての行為」の検討により総額・純額の売上を表示します。「本人としての行為」の活動は、製品販売の提供に関連した重要なリスクと便益を負担する場合で、収益は総額で表示します。重要なリスクと便益の負担が明確でない場合、代理人としての行為の活動となり、その収益は手数料として純額で表示します。

IFRSは、「本人としての行為」あるいは「代理人としての行為」の区分の例示として、以下の状況を説明しています（IAS18、付録21項）。

(i) 企業が本人としての行為を行った場合、収益は総額で表示します。「本人としての行為」の特徴は、次のとおりです。
- 得意先に製品・商品を提供し、あるいは注文を履行する重要な責任を有する。例えば、得意先からの商品等の購入や注文に対して、その受諾を行い、製品・商品の供給する責任を有する。
- 得意先からの注文前後における在庫リスクを負担する。
- 価格決定についての裁量権を有する。
- 顧客からの債権回収についての信用リスクを負担する。

(ii) 企業が代理人としての行為を行った場合、収益は純額で表示します。「代理人としての行為」の特徴は、次のとおりです。
- 取引1件当たりの報酬額あるいは請求金額に対する一定割合の金額等が事前に決定されている。

③ 検討の結果

NSHグループの代理店契約の内容を検討した結果、「本人としての行為」あるいは「代理人としての行為」に関する状況は以下のとおりです。

代理店契約を締結した商品等の取引について、自社が製造する製品と同様の受注責任を有しており、受注から出荷までの期間の在庫リスクを負担しています。また、顧客からの債権回収について、顧客が財政破綻をした場合、その債権残高についての信用リスクを負担しています。商品の価格設定については、商品供給側が基本的な決定権限を有しています。返品が生じた場合、両者がその取扱いについての協議を行い、最終的な返品に関わる費用負担を決定します。

これらの契約内容を総合的に検討した結果、代理店契約は「本人としての行為」の活動の状況をより多く有していると結論し、代理店契約による商品仕入高及び売上高はそれぞれ総額で表示します。

(9) 返品の会計処理（IAS 第18号「収益」）

① 日本基準の取扱い

　日本の取引慣行として、製造会社は返品を受け入れる商慣習があります。返品の会計処理は、決算日現在において当期の売上高に関わる翌期に予想される返品を見積り、そのマイナスの売上総利益相当額を返品調整引当金として会計処理します。法人税法は、出版業等の特定業種の返品に関して、課税所得の計算目的のために返品調整引当金の規定を設けていますが、特定業種に該当しない場合であっても税務規定の準用による会計処理の実務慣行があります。日本の返品の会計処理は、返品のマイナスの売上総利益の部分を会計処理しますが、返品に関する売上と売上原価を戻し入れる修正は行いません。

② IFRS の取扱い

　IFRS の収益認識は、返品等の可能性がある場合、返品リスクの合理的な見積りが可能で、その見積額を負債として処理することを条件に、当初の販売時点において売上の認識を認めています（IAS18、14及び17項）。

　これは、過去の実績等により将来の返品見積りが可能である場合、返品の影響を除外することにより、収益認識の要件である所有に伴うリスクは買い手に実質的に移転したものとみなし、当初の販売時点において収益を認識することが認められます。

　しかし、過去の返品に関する十分な情報が入手できない場合、将来の返品に関わる費用及び負債の見積額の計算は不可能となり、売上の認識は返品が実績として確定するまでは認められなくなります。

③ 検討の結果

　返品取引の分析の結果、売上と返品の発生可能性について、毎年同様の状況があり、売上に対する予想される返品率や金額は過去の実績、市場動向等の分析等から合理的な見積りが可能であり、IFRS に基づく返品に関連する見積費用及び負債の会計処理を行うこととします。日本の会計慣行は、返品に関する売上及び売上原価の戻し入れを行いませんが、IFRS の実務では返品に関する売上及び売上原価を戻し入れる会計処理を行います。

⑽ 売上高から控除される販売促進費（IAS 第18号「収益」）
① 日本基準の取扱い
　代理店や得意先に対して販売価格の調整、販売促進や経費の補填等のため、販売取扱量、取引金額や特定期間の売上高を対象にリベート等を支払う取引慣行があります。現行の実務は、支払リベートの内容により売上からの直接控除、あるいは販売費及び一般管理費として会計処理します。販売価格の調整を行う販売価格調整（価格リベート）は、売上高から直接減額し、得意先に対する販売促進のための経費補填のリベートは販売費とする会計処理が一般的な実務慣行といえます。
② IFRS の取扱い
　売上の対価は、公正価値による測定が要求されます（IAS18、9項及び10項）。支払リベートの内容が、販売条件の交渉時に販売価格の調整の性格を有する場合、その支払リベートは売上高から直接控除します。
③ 検討の結果
　リベートの支払いは、主として販売条件の交渉時に販売価格を調整する価格調整の目的であり、売上高から直接控除しています。その他の販売促進費は、得意先の販売促進、販売費用の補填等の目的のための支出で販売費として会計処理します。これらの状況を検討した結果、支払リベートを含む販売促進費に関連した会計処理は、IFRS 修正を必要としないと結論しました。

⑾ 売掛債権の評価（貸倒引当金の計上）（IFRS 第9号「金融商品」）
① 日本基準の取扱い
　日本基準は、売掛債権を一般債権、貸倒れ懸念債権、破産更生債権等に分類し、一般債権は過去の貸倒実績により、貸倒れ懸念債権及び破産更生債権は個別的な回収可能性により、貸倒引当金を計上します。
② IFRS の取扱い
　売掛債権は、帳簿価額とその回収可能価額とに差額がある場合、その差額を貸倒引当金として会計処理します。個別に回収可能性の懸念を有する債権は、

個別に回収可能額を見積ります。一般債権は、年齢分析による信用リスクの評価による計上が国際的な実務慣行となっています。IFRSは、信用リスクの開示において、期日を経過した金融資産の帳簿価額の開示（減損適用を行っていない金融資産）を要求しており、回収期日を経過した売掛債権についてのリスク評価による貸倒引当金の計上が国際的な会計実務となっています。

売掛債権の信用リスク評価による貸倒引当金の計上は、例えば以下に想定されたケースでは、次の方法によって行います。期日経過後の債権に対する貸倒引当金繰入率は、過去の貸倒れ実績、市場動向及び趨勢等の検討により合理的な見積りを行い、期日経過日数や信用リスクの程度を考慮して繰入率を決定します。この計算方式の基本事項を、会計マニュアル等に文書化し、グループ会社の統一した会計処理として採用することができます。

	期日経過日数			
	30～60日	60～90日	90日以上	合　計
期日経過後債権（百万円）	80	30	50	160
貸倒引当金の繰入率	10%	30%	50%	
貸倒引当金	8	9	25	42

③　検討の結果

過去に重要な貸倒れの実績はなく、大半の債権は期日どおりに回収され、日本基準及びIFRSのどちらの見積りでも、貸倒引当金の計上に大きな差異はないと考えます。しかし、IFRSによる売掛債権の回収可能性の評価は、期日経過後の未回収債権の信用リスクを評価する国際的な会計実務を念頭に置いた会計処理となっています。海外子会社を含む企業グループの統一した会計処理は、親会社が主導して行う必要があるため、国際的な実務として認められる年齢分析による評価手続きの採用により、グループ子会社、特に海外子会社の会計実務者との相互理解を容易にできる実務適用上のメリットがあります。このため、年齢分析による売掛債権の回収可能性の評価による貸倒引当金の計上をグループの統一した会計処理として採用する検討を行います。

日本の会計実務は、年齢分析による信用リスクの評価による貸倒引当金の計上手続きと相違しており、また期日経過後の売掛債権の情報入手のための情報システム対応の必要性もあり、貸倒引当金の会計処理はIFRS導入の実務上の課題の一つとして検討を行います。

◉固定資産に関連する検討テーマ
⑿　有形固定資産と減価償却（IAS第16号「有形固定資産」）
①　日本基準の取扱い
　製造企業は、製造設備等への投資額が多額となり、投下資本回収のための減価償却は経営に直接関わる重要事項といえます。減価償却は、有形固定資産の利用による資産価値の減少を合理的な減価償却方法によって耐用年数にわたって、減価償却費の期間配分を行います。また、減価償却は国の政策と密接な関係があり、早期償却の奨励により設備投資の買い替えを促進し、反対に減価償却率の調整により課税強化を図る国の政策として使用されます。例えば、2007年税制改正により新規取得の固定資産の償却率は、定額法の償却率の250％を減価償却費とすることが認められました。しかし、2011年税制改正ではこの償却率を200％に引き下げ、税制改正は新規取得資産の減価償却から適用されるため、現在の減価償却は旧定率法、250％定率法及び200％定率法の3つの減価償却の計算が行われています。

　日本の法人税制は、損金経理と確定決算の要件があり、また減価償却の計算は税法規定に減価償却方法、耐用年数、残存価額についての詳細が規定され、税法規定により計算された減価償却費は財務会計の会計処理にもそのまま使用されます。このため、税務上の耐用年数より長い耐用年数を採用する減価償却は損金経理される減価償却費が少なくなり、課税上の費用処理を最大限に利用しようとする場合、税務上の恩典が受けられなくなる可能性があります。多くの企業は、税務上の取扱いを優先し、税法規定を適用する減価償却が一般的な実務慣行となっており、国の政策による早期償却やその改訂は税務上の減価償却計算を通して財務会計にも影響を与えることになります。

日本の会計基準は、減価償却方法の変更を会計方針の変更として取り扱い、その変更の影響の開示を必要としてきました。また、税務規定は減価償却計算方法の変更を事業年度の開始前にその旨、変更理由等を届け出て、承認を得る手続きが必要であり、採用された減価償却方法は長期間継続する適用が前提の実務慣行となっています。しかし、減価償却方法の見直しは会計方針の変更ではあるものの、会計上の見積りの変更と区別することが困難な会計方針の変更であり、遡及した修正を必要としない新しい会計処理となったため、結果として、IFRSと同様の会計処理になりました[4]。

② IFRSの減価償却の取扱い

　有形固定資産の減価償却は、規則的な方法により資産の見積耐用年数にわたった適切な計算が必要とされます（IAS16、50項）。IFRSは、税法規定を無条件に適用した一律的な減価償却の計算を認めていません。その理由として、減価償却は固定資産の利用による資産価値の減少を適切に反映する会計処理が要求され、税法規定の一律適用による減価償却は経済的な実態の反映を目的とするIFRSの会計処理の基本に適合しないため、認められません。耐用年数及び残存価額は、資産使用の態様、予測される物理的な減耗、生産技術の陳腐化等の要因を考慮し、少なくとも貸借対照表日ごとにその見積方法が経済実態を適切に反映しているかについての見直しが必要となります。

　減価償却の計算方法の変更は、あくまで将来予測の変更であり、会計上の見積りとして処理を行い、その変更の影響は将来に向かって修正します。また、有形固定資産の消費の態様やその構成内容の耐用年数が異なる場合、消費の態様や耐用年数を細分化する適切な減価償却（コンポーネント・アカウンティング）が要求されます。

③ 検討の結果

　国内グループ会社は、減価償却の計算基礎となる耐用年数及び残存価額は税法規定を適用しています。IFRSの原則である経済的な消費の実質に基づく減価償却方法や耐用年数を見直した結果、一部の機械装置の減価償却方法を除いて、耐用年数や残存価額は資産価値の消費の実質と相違していないと結論し、

税法規定による耐用年数及び残存価額を IFRS の減価償却の計算基礎として使用します。

一部の機械装置の経済的耐用年数は、商品サイクルの短縮傾向により、税法規定の耐用年数と相違するため、IFRS 開始貸借対照表の作成時（IFRS 移行時）に経済的な見積耐用年数に変更します。IFRS は、耐用年数及び残存価額を毎年度末に見直すことを要求しており、IFRS 導入後はこれら項目の定期的な見直しを行います。

税法規定による10万円以下の少額資産の費用処理は、財務諸表に対する重要な影響はないと考え、会計マニュアルに少額資産の取扱いとして文書化し、現行の少額資産の費用処理の実務を継続します。

⒀　定率法による減価償却（IAS 第16号「有形固定資産」）
①　日本基準の取扱い

日本企業の減価償却は、固定資産への投下資本の早期回収を図る経営思考と税務上の早期償却が可能となる減価償却方法として、定率法の採用が減価償却の実務慣行として定着しています。

②　IFRS の取扱い

有形固定資産の減価償却は、資産の利用による経済価値の消費を予測し、その消費を的確に反映する減価償却方法の選択が必要となります（IAS16、61項）。定額法、定率法、生産高比例法等の減価償却方法の中から適合する方法を選択します。定額法による減価償却は、製造活動における資産価値の消費を時間の経過に軸を置き、国際的な実務慣行として定着し、定額法による減価償却はその採用についての特別の説明を必要としません。しかし、定率法による減価償却方法の選択は、資産の経済価値の消費を適切に反映した計算方法であることの合理的な理由が必要となります。

③　検討の結果

日本基準は、定率法による減価償却方法の採用が一般的な実務となっています。これは、早期償却が可能となる税務上のメリットを享受する目的のためで、

IFRSが要求する資産の利用による資産価値の減少の適切な反映を検討した結論とはいえません。このため、定率法による減価償却が適切である一部機械装置の減価償却を除き、時間の経過に軸を置いた定額法に変更します。一部の機械装置は、商品サイクルの短期化により、加速した減価償却率を適用する減価償却方法の採用に合理的な主張が可能と結論しました。

⑭ 有形固定資産の減損（IAS 第36号「資産の減損」）
① 日本基準の取扱い

　日本基準は、有形固定資産及び無形資産等の長期性資産（のれんを除く）について、帳簿価額を回収できない疑義がある場合、2段階の減損テストを要求します。第1段階のテストは、資産の帳簿価額と最終処分から獲得するキャッシュ・フローの合計額を比較し、キャッシュ・フロー合計額がその帳簿価額を超過する場合、資産の帳簿価額よりも多くのキャッシュ・フロー流入が期待できるため、減損損失の会計処理は不要と結論されます。

　帳簿価額がキャッシュ・フロー合計額を上回る場合、資産の回収可能価額を算定する第2段階のテストを実施します。その結果、帳簿価額が回収価額を超過する場合、資産の帳簿価額を回収可能価額まで減損し、減損損失を損益計算書に計上します。回収可能価額は、処分費用を控除した正味売却価額と使用価値（資産の継続的使用と処分から見込まれる将来キャッシュ・フロー合計額の現在価値）のどちらか高い額をいいます。

② IFRSの取扱い

　減損の兆候のある資産は、その資産の回収可能価額を算定します。資産の帳簿価額が、回収可能価額を上回る場合、その差額を減損損失として会計処理します（IAS36、59項）。IFRSと日本基準の回収可能価額及び使用価値の定義は、同一となっています。

③ 検討の結果

　日本基準は、減損適用の前作業（第1の減損テスト）を実施し、減損の兆候を絞り込み、その上で回収可能性の検証（第2の減損テスト）を行います。

しかし、IFRSは資産の回収可能額を算出して帳簿価額と比較し、帳簿価額が回収可能価額を上回る場合、直ちに減損損失を計上します。したがって、IFRSの減損の適用範囲は日本基準に比べ、より厳しく、広範囲となる可能性があり、注意が必要となります。

(15) 減損事由の解消による戻し入れ（IAS第36号「資産の減損」）
① 日本基準の取扱い
　日本基準は、翌年以降に減損の事由が解消し、回収可能価額の再計算の結果、回収可能価額が帳簿価額を上回る場合でも、減損損失の戻し入れの会計処理を認めません。これは、2段階の減損テストの実施により絞込みを行った上で、確実な項目についての減損損失の会計処理を行い、また減損の戻し入れは煩雑な帳簿価額の再修正を必要とする実務上の取扱いに配慮し、その戻し入れは認められません。
② IFRSの取扱い
　IFRSは、減損の対象となった資産（のれんを除く）について、認識した減損損失が消滅あるいは減少した兆候を有するかを定期的に検証し、その可能性がある場合は回収可能価額の見積りの再計算を要求します（IAS36、110項）。その結果、回収可能価額が回復した場合、資産の減損損失がなかったとされる減価償却控除後の帳簿価額まで戻し入れる処理が必要となります。
　しかし、のれん（営業権）の減損はその回収可能価額が減損事由の解消等によって増加した場合でも、過去に認識されたのれんの減損損失の戻し入れを認めません。これは、IFRSの無形資産の会計基準が自己創設のれんの計上を禁止しており、のれんの回収可能価額の回復による増加と自己創設のれんの増加との明瞭な区分が不可能であるため、会計基準の整合性の観点から、のれんの減損の戻し入れは認められません。
③ 検討の結果
　IFRS適用の会計処理において、減損事由の消滅・減少の兆候はないと判断し、その戻し入れの会計処理の該当はないと結論しました。

⒃　開発費の資産計上（IAS 第38号「無形資産」）
①　日本基準の取扱い
　日本基準は、研究及び開発活動に関わるすべての支出を発生時に費用として会計処理を行います。
②　IFRS の取扱い
　研究開発活動を研究と開発に関わる活動に区分し、研究活動の支出は発生時に費用とします。開発活動の支出、例えば商業生産や使用開始前の段階の試作品、モデルの設計、建設及びテスト等の支出は、下記に記載する条件に合致していれば無形資産の計上が要求され、その見積耐用年数にわたって規則的な償却を行います。
　開発活動に関わる支出は、下記のすべての条件が立証可能な場合にのみ資産の計上が要求されます。資産計上される開発に関わる支出は、条件のすべてを満たした時点から開発完了までの期間に発生した範囲の支出額です。
〈無形資産計上の条件（IAS38、57項）〉
　⒤　無形資産を完成させる技術的な実現可能性がある。
　ⅱ　無形資産を完成させ、これを使用または売却させる企業の意図がある。
　ⅲ　無形資産を使用または売却する能力がある。
　ⅳ　将来の経済的便益を創出する可能性が高い。
　ⅴ　開発の完成のための技術上、財務上及びその他の資源を十分に利用することが可能である。
　ⅵ　開発段階で発生する支出を、信頼性をもって測定できる能力がある。
③　検討の結果
　NSH グループは、研究開発活動を重要な経営方針としていますが、IFRS が資産認識の条件とする新製品の技術的な実現可能性の立証に困難があり、また開発活動と新製品の実現の直接的な結び付きが明確ではなく、したがって資産認識のすべての条件を満たさないと判断し、開発費の資産認識を行わない結論としました。

⑰　建設助成金（IAS 第20号「政府補助金の会計処理及び政府援助の開示」）
①　日本基準の取扱い
　　国・地方公共団体から交付された補助金により取得した資産は、その公正な評価額を取得原価として会計処理することを原則とします。また、補助金に相当する額を取得原価から直接控除する圧縮記帳の会計処理が認められ、交付を受けた補助金を臨時利益に計上し、圧縮した補助金の相当額を特別損失として損益を相殺し、補助金交付時の一括課税を回避する処理が認められます。貸借対照表に計上される資産は、補助金相当額を控除するため、圧縮された資産の減少した減価償却を通して、その耐用年数にわたる利益が増加し、その結果補助金相当額が税務上の課税を繰り延べる効果を有する会計処理となります。
②　IFRS の取扱い
　　国・地方公共団体等の公的機関からの補助金は、いったん繰延収益に計上して補助金によって取得した資産の耐用年数にわたって繰延収益を損益に振り替えるか、または補助金を対象取得資産から直接控除して資産の帳簿価額とし、控除後の帳簿価額による減価償却費の減少を通して、資産の耐用年数にわたって損益に計上する会計処理が認められます（IAS20、24項）。
③　検討の結果
　　地方公共団体から交付された建設助成金（補助金）によって建設された工場建物は、建物の取得価額から建設助成金を直接控除した額を工場建物の帳簿価額に計上する圧縮記帳による会計処理を行っています。IFRS は、日本の圧縮記帳と同様の会計処理が認められ（IAS20、27項）、現行の日本基準の会計処理を継続することを結論とします。

⑱　セール・アンド・リースバック取引（IAS 第17号「リース」）
①　日本基準の取扱い
　　セール・アンド・リースバック取引は、特定の資産を売却すると同時に、その売却資産を借り受ける（リース・バック）形態によるリース契約で、資産の売却価格や支払リース料等は一連の売買及びリース・バック取引の契約の中で

一括した取決めを行うのが通常です。日本基準は、リース・バックされるリース取引がファイナンス・リースに該当する場合、資産の売却益を繰り延べ、リース資産をリース期間にわたって減価償却を行います。

② IFRSの取扱い

日本基準と同様、リース・バックされるリース取引がファイナンス・リースに該当する場合、資産の売却益を繰り延べ、リース資産をリース期間にわたり償却します。オペレーティング・リースに該当する場合、資産の売却益は直ちに認識します。また、リース・バックの取引は、その内容を財務諸表注記に開示する必要があります。

③ 検討の結果

現時点で重要なセール・アンド・リースバックに該当する取引はありませんが、事業活動の中でリース取引は日常的な取引であり、将来にセール・アンド・リースバック取引の契約締結を検討する場合に留意することとします。

⦿その他の検討テーマ

⑲ 有給休暇の負債計上（IAS第19号「従業員給付」）

① 日本基準の取扱い

労働基準法は、従業員の有給休暇についての規定を設け、雇用契約の中で有給休暇の取扱いは確立しています。しかし、日本の会計慣行では、有給休暇の消化率が低い、買い取りが認められない等の理由により、繰り越される未使用残を負債として会計処理する実務慣行はありません。

② IFRSの取扱い

欧米諸国において、有給休暇（Compensated vacation）は従業員の役務提供に対して付与され、その使用についての社会的な意識が確立し、企業は有給休暇を費用として明確に認識し、未使用の有給休暇が繰り越される場合、負債として計上する会計慣行が確立しています（IAS19、14項）。IFRSは、未使用の有給休暇を負債計上する会計処理の具体的条件を解説していませんが、解説が不要な程、その会計上の取扱いが確立しているともいえます。

米国会計基準（FASB 第43号「有給休暇の会計」）は、有給休暇の会計処理に関する条件を説明しており、従業員の有給休暇の未使用の繰越残に対する負債を計上します。IFRS は、米国基準と同様の会計処理を要求します。

③　検討の結果

有給休暇の会計処理の要件と日本の有給休暇の対比は、以下のとおりです。

	有給休暇の会計処理の要件（米国基準）	日本の有給休暇
(i)	将来の休暇に対して給与等を受ける権利は、従業員が過去に提供した役務の提供による。	労働基準法に基いて、勤続年数に応じて有給休暇を付与する。（労働基準法第39条）
(ii)	従業員の権利は確定し、あるいは翌期以降に繰越が可能	有給休暇の権利は確定し、1年間の繰越が可能
(iii)	給与の支給が確実に予想される	確実に予想される
(iv)	合理的な金額の見積りが可能	合理的な見積りが可能

有給休暇の費用は、従業員が役務サービスの提供により有給休暇の権利を獲得した期間に、過去の実績に基づく合理的な見積計算による費用を会計処理します。日本には有給休暇を明確な費用とする実務慣行はありませんが、現時点においても日本の有給休暇は IFRS が要求する会計処理の要件を満たし、日本基準でも有給休暇の会計処理を可能とする考えも成り立ちます。この場合、その見積費用は有給休暇の負債を IFRS 修正として会計処理するか、あるいは個別財務諸表に会計処理するかの検討が必要となります。

有給休暇負債の見積りは、従業員の有給休暇に関する各人別情報による詳細な計算方法から、簡便的に一括計算する方法までの多様な見積計算が可能です。その計算は、繰越有給休暇日数、給与額、休暇消化率等の条件が変動しない限り、毎年度末における負債額の変動は通常少なく、初めて有給休暇負債を計上する年度以外は毎年ほぼ同額の負債額が計上され、期間損益に与える影響は僅少となるのが通常といえます。

以下の20x6年3月31日現在における有給休暇負債の見積りは、多くの計算方法がある中の簡便的な計算の一例といえます。

有給休暇日数

	20x3年	20x4年	20x5年	20x6年
期首未使用残	100			
新規付与		1,000		
消化日数	(50)	(100)		
切捨日数	(50)			
期末未使用残	0	900		
新規付与			1,200	
消化日数		(450)	(200)	
切捨日数		(450)		
期末未使用残		0	1,000	
新規付与				1,500

計算の前提：
4月1日に新規日数を付与し、日給は社会保障費を含め20,000円とする。

(i) 20x5年3月31日現在の未使用残の翌年1年間の有給消化の見積り

$$1,000日 \times \frac{450（20x4年消化実績）}{900（20x4年末使用残）} \times 20,000円 = 10,000千円$$

(ii) 20x6年4月1日新規付与日数の1年目の有給消化の見積り

$$1,500日 \times \frac{200（20x5消化実績）}{1,200（20x5新規付与）} \times 20,000円 = 5,000千円$$

(iii) 20x6年4月1日新規付与日数の2年目の有給消化の見積り

$$\{1,500日 \times (1 - \frac{200}{1,200})\} \times \frac{450}{900} \times 20,000円 = 12,500千円$$

有給休暇費用及び負債額　　27,500千円

⒇　滞留在庫の評価（IAS 第 2 号「棚卸資産」）
①　日本基準の取扱い

　市場動向の変化、不正確な需要予測等により、製品・商品の滞留在庫が発生することは必ずしも珍しいことではありません。滞留在庫は、収益性の低下によりその帳簿価額を正味実現可能価格まで引き下げ、さらに将来の販売可能性が見込めない状況があれば、滞留在庫の廃棄や追加評価損の計上を検討する必要があります。

　製品・商品の評価損や廃棄は、製造や営業に直接的な関わりを持つ責任者や関係者の職務の自己否認に繋がる可能性もあり、最後までその処分等に消極的になる傾向があります。また、業績が好調な時は滞留在庫はその好業績に隠れ、悪化した時に問題が顕在化し、業績をさらに押し下げる評価損等の会計処理をより困難にする傾向があります。さらに、滞留在庫の処分や評価損の計上は市場における将来の販売予測やその実現可能性についての困難な判断が必要とされ、販売や管理責任者との協議が必要となり、会計処理の確定までに多くの時間を要し、また外部監査を担当する監査法人と適切な評価損の会計処理をめぐって困難な協議が継続され、往々にして監査の最終時点まで結論が出ないこともあります。連結決算の効率化や早期化が要請される中で、重要な評価損計上の会計処理が未解決事項として残ることは、連結決算手続きにも影響を与える可能性があります。

②　IFRS の取扱い

　IFRS は、製品・商品等の棚卸資産の回収可能価額を見積り、その帳簿価額が回収可能価額を上回れば、その差額を評価損等として損益計算書に計上する会計処理を行います。

③　検討の結果

　税法の計算規則が重視された日本の会計実務の中で、有税によって滞留在庫の評価損を計上する会計処理を可能な限り回避しようとする実務が長年にわたり続きました。滞留在庫の評価損の計上は、滞留在庫の回収可能性の困難な評価手続きと会計判断が必要とされます。これらの手続きと判断を容易にするた

めに、評価損の見積計算方式をあらかじめ設定した計算式による評価損の計上は、効率的な決算手続きのために有効な手続きといえます。過去の棚卸資産廃棄損の実績や趨勢を検討し、滞留在庫の評価の適切な計算式を設定してマニュアル化することで、グループ会計処理として統一した適用が可能となります。この手続きは、海外子会社等を含むグループ会社にも同様な会計処理を行い、適切な在庫評価の手続きと連結決算の効率化に役立てることができます。

下記の滞留製品の見積評価損の計算例は、分類された製品ごとの製造年月の年齢分析を行い、その経過期間に対応した棚卸在庫のリスクを評価し、製品・商品の評価損の見積計算を行います。

製品の見積評価損の計算例：

	製造からの経過期間			
	6ヶ月～1年	1年～2年	2年超	合計
製品（百万円）	150	100	30	280
評価損繰入率	10%	20%	50%	
見積評価損	15	20	15	50

(21) 引当金（IAS第37号「引当金、偶発負債及び偶発資産」）

① 日本基準の取扱い

引当金は、将来の特定の費用・損失で、当期以前の事象に起因し、その発生の可能性が高く、合理的な見積りができる場合、その費用等の繰入れ処理とその残高を引当金として貸借対照表に計上します（企業会計原則注解18）。引当金の例示として、製品保証引当金、売上割戻引当金、返品調整引当金、賞与引当金、特別修繕引当金、貸倒引当金等が挙げられています。

② IFRSの取扱い

引当金は、負債項目のため、まず負債の定義（過去の事象により発生した現在の義務で、経済便益の流出が予測されるもの。）を満たし、かつその発生時期や金額が不確実で、しかし信頼できる見積りが可能な場合に計上します。

引当金は、過去の事象から生じた現在における法的・推定的な義務を指し(IAS37、19項)、その義務の清算のために将来に経済価値を有する資産が流出する可能性が高い場合に計上されます。法的な義務とは、契約や法律等から発生した現在の債務をいいます。また、推定的な義務とは過去の実務慣行、公表された政策、極めて明確に企業が債務を受諾することの表明等により、負債の引受けを行わざるを得ない状況にある現在の債務と説明されます。この要件に合致する場合、その費用等を引当金として繰り入れ、その残高を貸借対照表に計上します。

引当金の繰入費用等は、経済価値のある資産の流失の可能性が高い(provable)場合に計上され、IFRSは発生確率の基準値は明示しませんが、その発生確率は50％を超える場合と解釈されます。

③ 検討の結果

IFRSと日本基準は、引当金の会計用語が同一でありながら、その内容と設定の範囲に相違があり、引当金の理解に混乱が生ずる可能性があります。

日本基準の貸倒引当金、減損損失引当金、滞留棚卸資産引当金等の評価性引当金は、IFRSの定義による現在の義務ではないため、IFRSの引当金には該当しません。

また、日本基準の引当金には、将来の特定の費用発生、例えば将来の修繕に備える特別修繕引当金は修繕の契約が現時点で締結されておらず、契約締結等によって初めて支払義務が発生するため現在の債務ではなく、IFRSの引当金の会計処理の要件に該当しません。

IFRSの引当金の会計処理に関連した留意点は、以下のとおりです。

(i) リストラクチャリング(リストラ)引当金

IFRSは、リストラの対象となる事業や事業所、その実施時期、負担の範囲等の詳細な公式な計画が策定され、すでにその実行が開始され、またはリストラの内容が外部に公表され、その実施が確実な場合にリストラ引当金を計上します。日本基準は、リストラ引当金に関する規定はなく、一般的な引当金の要件を適用した会計処理を行います。

(ⅱ) 不利な契約

IFRSは、契約済の未購入取引に含み損が発生した場合、その計上が要求されます。契約義務の履行に対する費用がその予想される経済的な便益を超過する場合、その差額を引当金に計上します。日本基準は、この含み損についての明確な規定はなく、会計処理を行わない実務慣行が多いといえます。

(ⅲ) 現在価値への割り引き

IFRSは、引当金の計上から支払いまでに時間的な影響が重要な場合、その債務は現在価値へ割り引く会計処理を要求します。日本基準は、特定の会計領域以外について、債務を現在価値に割引計算する実務慣行はありません。

(ⅳ) 開示上の要件

IFRSは、引当金の種類ごとの要約、経済的便益の流出の時期、その金額・時期が不確実な場合、その内容及び引当金の増減明細の開示を要求します。日本基準は、個別財務諸表に引当金明細表の作成が要求されますが、IFRSは連結ベースでの引当金明細表の作成が要求されます。

NSHグループは、外国企業と特定の原材料の購入について、2年間の購入契約を締結しています。最近の世界市場の原材料価額の市場価額の変動により、契約済の原材料購入額に含み損が生じており、この含み損をIFRS修正として会計処理を行います。

㉒ 現金同等物とする短期投資（IAS第7号「キャッシュ・フロー計算書」）

① 日本基準の取扱い

現金同等物に含まれる短期投資は、容易に換金が可能で、かつ価値変動のリスクの少ない短期投資をいいます。短期投資の範囲は、経営者の判断による決定が含まれます。

② IFRSの取扱い

現金同等物に含まれる短期投資は、3ヶ月以内の満期期日や償還日を有し、容易に換金可能で、かつ価格変動リスクの僅少な投資と定義されます。

③　検討の結果

日本基準は、3ヶ月超の満期日・償還日の短期投資が現金同等物に含まれて表示される可能性があります。IFRSは、現金同等物に含まれる短期投資を3ヶ月以内の満期日等の短期投資とし、キャッシュ・フロー計算書上の現金同等物と同一となります。差異がある場合、日本基準の現金同等物に含まれる短期投資をIFRSの定義による現金同等物への組み替えが必要となります。

⑳　新株発行費（新株交付費）（IAS第32号「金融商品：表示」）

①　日本基準の取扱い

日本基準は、新株発行に関わる新株発行費をその支出時に費用処理することを原則としますが、繰延資産として資産計上し3年以内に償却する選択可能な会計処理が認められます。

②　IFRSの取扱い

株式の発行に関わる費用は、税金控除後の金額を資本剰余金から控除して表示します（IAS32、35項）。

③　検討の結果

新株発行費は、日本基準で全額を費用処理しますが、その金額は僅少のため重要な影響がないと判断し、IFRS修正を行わない結論としました。

㉔　為替予約の振当処理（IAS第39号「金融商品：認識及び測定」）

①　日本基準の取扱い

企業の事業活動は、日常的に運用資産の時価、借入資金の金利、為替レート等の変動リスクがあり、保有する資産及び負債が市場リスクにさらされる程度（リスクのエクスポージャー）を低減させるため、ヘッジ会計の適用を行います。例えば、為替予約によるヘッジ取引は外貨建債権債務の為替レートの変動リスクを軽減する目的のためのヘッジ手段として利用されます。為替予約を付した外貨建金銭債権債務は、固定されたキャッシュ・フローに換算され、取引日の直物為替相場の換算額との差額は為替予約の締結日から決済日までの期間に

配分する振当処理がヘッジ会計として認められます。このヘッジ会計は、恣意的な利用を排除するため、リスク管理方針や社内規程等によりヘッジ対象とヘッジ手段の関係を特定化し、ヘッジ手段とヘッジ対象からの損益を高い割合で相殺できるヘッジ会計の適用要件が設けられています。

② IFRSの取扱い

IFRSは、リスクの種類を公正価値の変動リスク、キャッシュ・フローの変動リスク、在外営業活動体の為替リスクに分類し、その分類ごとにヘッジの会計処理を行います。IFRSは、ヘッジ会計のすべての要件を満たす場合にのみ、ヘッジ会計の適用を認めています。

③ 検討の結果

IFRSは、日本基準によるヘッジの振当処理を認めないため、IFRS修正が必要となります。また、IFRSが要求するヘッジ会計の要件は日本のヘッジ会計と相違するため、その相違の取扱いについての検討が必要となります。

㉕ 契約にリースが含まれているか否かの判断（IFRIC第4号）

① 日本基準の取扱い

機械装置等を外部の加工業者に供与し、外部加工業者と連携した製品製造の契約を締結することがあります。この場合、日本基準は外部の製造業者の製品を通常の製品の購入と同様に会計処理することを実務慣行としています。

② IFRIC（国際財務報告解釈指針）の取扱い

特定の製造業者に提供した機械等を使用して製品を製造する場合、提供した資産が契約等で明確な識別ができ、かつ製品の購入側がその資産使用を支配できる権利を有する場合、契約に実質的なリース契約が含まれる可能性があります。このため、外部の製造業者との契約内容を調査し、リース取引が含まれているかの検討が必要となります。リース契約が含まれると判断された場合、そのリース取引はオペレーティング・リースまたはファイナンス・リースに分類し、リース会計に基づいた会計処理が行われます。

③ 検討の結果

　NSHグループは、特定の製品製造に関連して、製造機械の一部を加工業者に貸与して製造する状況に近似する契約があります。しかし、限定された製品の製造活動に関連し、重要な影響のある契約ではないため、外部の製造業者との間で重要な影響を有するリース取引は含まれないと結論しました。

㉖　カスタマー・ロイヤリティ・プログラムによる顧客への特典の付与
　　（IFRIC第13号「カスタマー・ロイヤリティ・プログラム」）
① 日本基準の取扱い

　デパート、クレジット会社、家電量販店等の多くの企業は、物品を購入した顧客にポイント等の特典を与え、販売促進に利用する販売形態を採用しています。日本基準は、これらの特典を付与する企業が顧客のポイント等の使用による商品等の購入に備え、その対象となる製品の原価相当額を負債として計上する会計処理を行います。

② IFRICの取扱い

　顧客への特典付与による販売は、主たる売上の部分と特典に提供する部分を公正価値によって配分し、顧客からの受取金額のうち、主たる売上に相当する部分は取引時に収益を認識し、特典部分はその特典が使用されることにより、その義務が消滅するまでの収益を繰り延べる会計処理を行います。

③ 検討の結果

　販売形態の多様化に伴い、キャンペーン等の実施による販売促進や、通信販売による直取引の販売促進が増加しています。顧客への特典付与の販売は、特典利用による無償の商品やサービス提供を増加させ、将来の製品販売に影響を与える可能性があります。したがって、顧客に対するポイント付与の商品販売がIFRS適用による会計処理の影響を受ける可能性についての検討を行いました。その結果、現時点においてポイント等の特典付与による商品等の売上は、売上総額に対する重要性は小さく、IFRS適用による修正等は必要ないと結論しました。

㉗ フリー・レント（無料賃借料）(SIC第15号「オペレーティング・リース-インセンティブ」)
① 日本基準の取扱い

　事務所等のオフィス・スペースを賃借する場合、契約期間の当初に特定月数の賃料を無料とする契約が締結されるケースがあります。この無料賃料の会計処理は、無料賃借期間中は賃料の発生がないため、支払いを開始した時点から費用計上する会計処理あるいは無料期間を含む契約期間に均等按分する会計処理が実務慣行となっています。

② SIC（解釈指針）の取扱い

　フリー・レントを含むリース契約の獲得または延長のために顧客に提供されるすべてのインセンティブがオペレーティング・リースに該当する場合、フリー・レント期間を含む契約総額をリース期間にわたって均等配分し、各期間の費用として処理します。IFRSは、単に法的な形式に従った会計の判断を行うのではなく、取引の実質を反映する会計処理が要求され、取引の実質の観点からフリー・レントの会計処理を検討する必要があります。

③ 検討の結果

　日本の実務慣行により、フリー・レントは賃料の支払い時点から費用処理を行っていましたが、IFRSの取引の実質の観点から会計処理を行います。

㉘ 重要性の判断
① 日本基準の取扱い

　会計処理や財務諸表の作成に関連し、会計実務者は常に重要性の判断を念頭に置いた会計実践が要請されます。重要性の判断は、会計の判断と同様に最も困難な会計実務の領域に属し、会計実務に豊富な知識と経験を有する経理責任者が総合的な判断によって結論付けを行います。連結決算の繁忙期において、企業グループの親会社はグループ全体に影響を与える程の重要な会計処理以外は個々の子会社の会計処理に関与することは現実的ではなく、子会社の会計処理等については子会社の経理責任者が重要性の判断を行います。したがって、

親会社の会計責任者はグループ会社の会計処理に関する重要性の判断の水準を適切に維持するため、重要性の判断に必要なガイドライン等を文書化し、グループ会社の会計責任者との協議や研修会を通して、その周知徹底を図る等の努力が必要となります。

日本基準は、会計の判断に数値基準を明示することが多く、その基準値に従った会計実践が一般的です。例えば、連結範囲の決定は3〜5％程度の連結範囲からの除外の基準値が実務慣行として容認されてきました。また、特別目的会社（SPC）を利用した不動産の流動化に係るリスクの負担割合がおおむね5％以内であれば、リスクと経済価値が他の者に移転したとみなす基準値が明示されています。さらに、リース料総額が3百万円以下のファイナンス・リースの資産計上を不要とするガイドラインや10万円以下の少額資産の費用処理を認める重要性の基準値や免除規定が示され、明示された基準値に従った会計処理は日本基準の特徴といえます。

② IFRSの取扱い

IFRSは、重要性の基準値を明示しません。IFRSの基本は、取引の実質による会計の判断を基本としており、一定の割合や明示された金額等による一律的な数値基準に依拠する会計の判断を採用しません。したがって、会計実務者はIFRSの基本に基づいた会計の判断とその会計処理を行い、職業会計専門家がその会計判断や会計処理を独立した外部監査によって検証する手続きの実施が必要となります。しかし、明瞭な数値基準等による会計の判断と比較すると、取引の実質に従った判断は簡単なことではなく、したがって職業会計専門家の公正な検証とその専門判断を尊重する会計実務が行われます。

さらに、企業グループにとっての適切な重要性の基準値を会計マニュアルや連結手続き等の指示書に文書化し、このガイドラインに従った重要性の判断が必要となります。

③ 検討の結果

NSHグループは、会計の判断と会計処理について、職業会計専門家（監査法人）との連携を図り、会計専門家の判断を尊重した会計実践を行います。

また、グループ会計マニュアルに適切な数値基準を設定し、グループ各社はこのガイドラインに従った重要性の判断を行います。恣意的な利益調整の可能性を排除するため、外部監査のチーム責任者と重要性の判断に関する基準値の設定について協議し、文書化することとします。
　重要性の判断は、質的な判断と量的な判断による結論付けが必要であり、量的な判断基準は一定金額のガイドラインを設定し、その金額の範囲内であれば原則処理に対する影響の重要性は小さいと結論します。
　質的な判断は、重要な財務比率に関係する取引の重要性は特に慎重な判断を必要とします。また、法令違反や経営者の意図的な判断は金額の多寡にかかわらず、質的リスクを検討した慎重な結論付けが必要となります。これらを総合的に検討し、監査法人の監査チーム責任者との協議を経て、重要性の判断値を設定します。
　NSHグループは、連結利益に対する累計的な数量基準として、「10％」基準を重要な基準値のガイドラインとし、当期利益に影響する損益取引が「税引前当期利益の10％以内」の累積的影響であれば、一括して重要性がないと結論する数値基準値の採用を検討しています。また、個別の取引に対する重要性の基準値は貸借対照表項目と損益計算書項目とに区分して設定することを検討しています。

　次ページに掲載した修正を要する会計処理の重要性の要約表は、海外を含む子会社等の決算に関連した会計処理について、親会社に決算情報を報告後に、子会社が修正を必要とする会計処理の有無とその内容の影響の報告を求め、これを集計して連結財務諸表に対する重要性の判断の結論とする資料の一例です。連結財務諸表の決算発表の早期化は、連結決算手続きの短縮化の要請を強め、決算情報の親会社への提出期限後に会計処理の修正を要する会計処理の可能性が高まり、これらの修正を要する会計処理の影響を重要性の判断によって判定し、その会計年度の適正な連結決算の最終結論付けを行い、経営会議等への報告説明に利用する実務手続きが必要になります。

(単位：百万円)

修正を要する会計処理の重要性

	貸借対照表への影響		損益計算書への影響			
	資産	負債	誤謬	推定	見積り	合計
			借方 ／ (貸方)			
例示：						
1．貸倒引当金の追加計上		(15)			15	15
2．滞留在庫の引当金計上		(30)			30	30
税引前の未修正		(45)			45	45
税金の効果		18				
税引後の修正		(27)				
B/S の金額		(19,374)				
B/S に対する影響		0.14%				

P/L 上の税引前利益	45
税金の影響（41%）	(18)
要修正項目の税引後利益	27
P/L 上の当期利益	926
P/L に対する影響額	2.9%

(注)
1　「JTなど決算期変更、国際会計基準適用に備え海外子会社と統一へ」、2012年3月29日付日本経済新聞
2　「連結財務諸表作成における在外子会社の会計処理に関する当面の取扱い」、企業会計基準委員会実務対応報告第18号
3　「固定資産の減損に係る会計基準注解二1．減損の兆候」
4　「会計上の変更及び誤謬の訂正に関する会計基準」、企業会計基準第24号

第12章 IFRSの初度適用

1 初めてのIFRS連結財務諸表の作成

　上場企業は、金融商品取引法により有価証券報告書を作成し、その中に企業の概況、事業の状況、経理の状況等の説明、財務諸表規則に基づく連結財務諸表及び個別財務諸表等を記載します。日本基準の連結財務諸表をIFRSへ切り替えることは、例えば日本基準のレールの上を走っている汽車をIFRSのレールの上を走るように切り替えることを意味します。その作業の要項は、IFRS第1号「IFRSの初度適用」に規定され、日本企業に限らずIFRSを初めて適用する世界のすべての企業はこの基準書に基づく切り替え作業が必要となります。また、IAS第1号「財務諸表の表示」はIFRS財務諸表の表示についての基本事項を説明しており、連結財務諸表の表示はこの基準書に基づいた作成が必要となります。

　IFRS第1号は、初めてのIFRS財務諸表作成に適用しますが、「初めて」とはどのようなケースであるかが例示されています（IFRS1、3項）。例えば、ある企業が社内目的の参考資料としてIFRS財務諸表を作成した場合、これは正式なIFRS財務諸表とは認められません。IFRSに基づいた財務諸表の作成は、独立した外部監査によってその内容が検証され、監査報告書とともに公表される必要があり、この手続きを欠く財務諸表の作成はあくまでも内部利用のための参考資料であり、正式なIFRS財務諸表の作成とは認められません。

　また、ある企業が日本基準の連結財務諸表と海外投資家向けのIFRS連結財務諸表の2つを作成し、どちらも正式な外部監査を受けて公表している場合で、日本基準の連結財務諸表の作成を止め、IFRS連結財務諸表に一本化した場合、

IFRS連結財務諸表は継続した作成が行われているとみなされます。これは、2つのレール上を別々に走る汽車の一つを運転中止にしても、他のレール上の汽車は引き続き走行している状況に該当し、IFRS初度適用に要求される会計基準の切り替え作業と追加情報の開示は必要とされません。

現在、日本の企業グループで一定の要件を満たす企業は、IFRS任意適用による連結財務諸表の作成実務がスタートしています。任意適用を行った企業グループは、IFRS初度適用の切り替え作業が任意適用時に完了しており、将来に日本企業グループがIFRSの強制適用を要求された場合でも、これらの企業はIFRS第1号による初度適用の手続きと追加情報の開示は不要となります。

このような例外的なケースはあり得ますが、大多数の日本企業は「初めて」IFRSの初度適用に該当し、IFRS第1号に基づく連結財務諸表の作成の切り替え作業と初度適用に要求される追加情報の開示が必要となります。

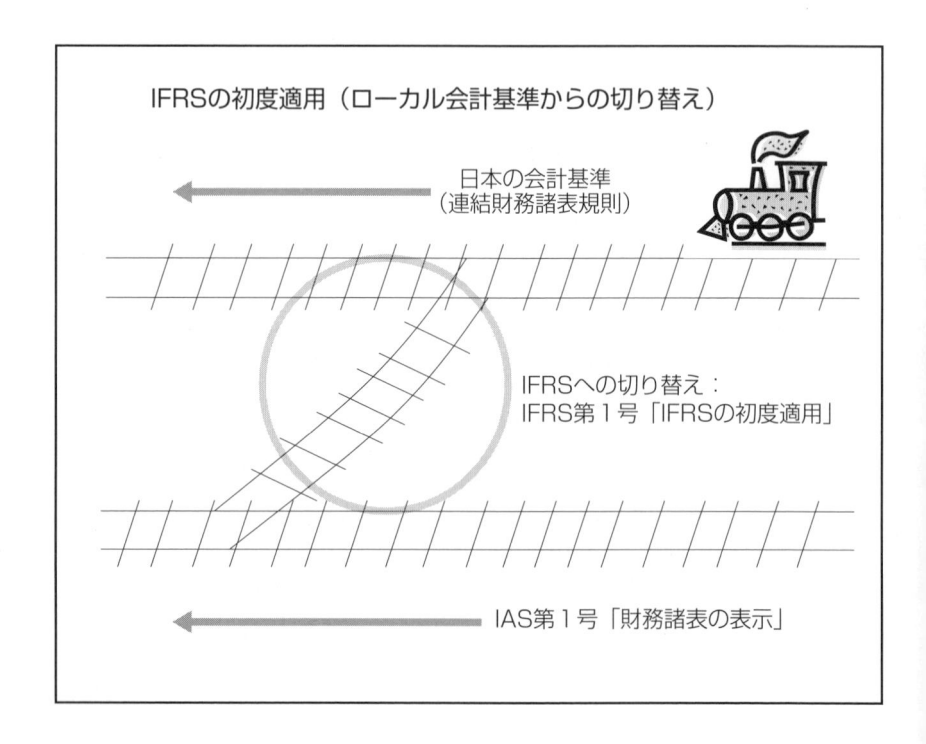

IFRSの初度適用（ローカル会計基準からの切り替え）

← 日本の会計基準
（連結財務諸表規則）

IFRSへの切り替え：
IFRS第1号「IFRSの初度適用」

← IAS第1号「財務諸表の表示」

2 IFRS第1号「IFRSの初度適用」に基づく連結財務諸表の作成

　IFRS連結財務諸表は、IFRSを適用する報告日と前年比較情報の開示年数が決定されると、自動的に財務諸表の開示年数と開示される連結財務諸表の体系が確定します。前年比較情報は、少なくとも前年1年の開示が要求されますが、企業の任意の判断により、基本財務諸表ごとに複数年の開示が認められ、複数年の開示を選択した場合は開示する合計年数は増加します。

(1) IFRS連結財務諸表の作成と開示

　初めてIFRS連結財務諸表を作成する場合、IFRS第1号及びIAS第1号に基づいた連結財務諸表とその体系は、以下のとおりです。

① IFRS報告日

　IFRS報告日は、初めてIFRS連結財務諸表の報告を行う日で、この報告日現在におけるすべての有効なIFRS及び解釈指針を適用します。

② 前年比較情報

　IFRSは、当期金額等の前年比較の情報を少なくとも1年開示することを要求し、基本財務諸表ごとに複数年の追加開示が認められます。

③ IFRSへの移行日（開始貸借対照表の作成）

　IFRSへの移行日は、連結財務諸表に開示された最も古い年度の期首日を指し、この移行日現在において開始貸借対照表を作成します。IFRS報告日現在で採用した会計方針は、開始貸借対照表からIFRS報告日までの会計期間を通して継続した適用が要求されます。

　IFRS移行日現在で作成される開始貸借対照表の資産及び負債は、IFRS開始残高の基礎となるため、以下の条件を満たすことが要求されます。

(i) IFRSに規定されるすべての資産と負債を認識する。
(ii) IFRSに規定されない資産と負債は、認識しない。
(iii) 資産と負債の分類は、IFRS規定の分類方法によって行う。
(iv) 資産と負債の測定は、IFRS規定の測定方法によって行う。

IFRS開始貸借対照表の作成の過程で、ローカル会計基準による帳簿上の資産及び負債の修正が必要な場合、原則としてその修正は開始貸借対照表の期首利益剰余金を修正し、損益計算書（または包括利益計算書）の損益に影響を与えない会計処理が要求されます（IFRS 1、11項）。

(2) IFRSの初度適用により作成される連結財務諸表

　IFRS初度適用の連結財務諸表は、1年間の前年比較情報の開示を前提とした場合、連結財務諸表の開示年数等の体系は以下のとおりです。

① 貸借対照表（財政状態計算書）

　IFRS報告日、前年（比較情報）期末日及びIFRS移行日（開始貸借対照表）現在における3カ年の作成

② 損益計算書（損益計算書と包括利益計算書を分離する2計算書方式を前提）

　前年（比較情報）と当年度の2年間

③ 包括利益計算書

　前年（比較情報）と当年度の2年間

④ 株主持分変動計算書

　前年（比較情報）と当年度の2年間

⑤ キャッシュ・フロー計算書

　前年（比較情報）と当年度の2年間

⑥ 財務諸表注記

　前年（比較情報）と当年度の2年間

⑦ ローカル基準（日本基準）からIFRS基準への移行の影響

　以下の会計項目について、IFRS移行日及び日本基準で公表された最終年度におけるIFRSへの移行の影響を示す調整表の作成が要求されます。

(ⅰ) 株主資本

(ⅱ) 包括利益

(ⅲ) キャッシュ・フロー計算書（重要な影響、ただし金額の明示は不要）

3 免除規定と強制的な例外規定

　IFRS は、原則とする会計処理を過去の取引日に遡って適用します。しかし、この原則の会計処理の取扱いは IFRS 初度適用企業に過大な実務負担を強い、また過年度に遡る会計処理が会計技術的に困難な場合もあるため、初度適用企業は原則の会計処理と免除規定の選択適用が認められ、実務上の取扱いに配慮がされています。また、初度適用企業は強制的に適用を行わなければならない例外規定の取扱いがあります。

4 選択可能な免除規定

(1) 企業結合（IFRS 第 3 号「企業結合」）

　初度適用企業は、IFRS 移行日以前の企業結合取引について、過去の取引日に遡った IFRS の会計処理を原則とします。しかし、この原則処理は実務に過度な負担を強いる可能性があり、選択可能な免除規定が設けられています。遡及適用が、実務上の処理に困難を生じさせる会計処理の一例として、企業結合取引の為替レート適用のケースによって説明します。IAS 第21号「外国為替レート変動の影響」は、企業が外国会社を買収した場合、その引き継ぎ資産及び負債を公正価値によって評価し、その評価額は決算日レートによる換算を要求します。しかし、日本基準は IFRS とは異なった換算方法を規定し、IFRS の原則処理を適用する場合、企業の取得日まで遡った換算の再計算と、過去の企業結合取引の修正が必要になります。この過去に遡る会計処理は困難な実務手続きを強いるため、ローカル基準で会計処理した企業結合の取引はその資産及び負債の帳簿価額をみなし帳簿価額として IFRS 開始貸借対照表に引き継ぐことのできる免除規定が設けられています。

　ただし、取得資産の中に公正価値の測定を必要とする資産及び負債、例えば有価証券等が含まれ、公正価値による測定が行われていない場合、IFRS 移行日現在の公正価値による再測定が要求され、ローカル基準による帳簿価額との差額は開始貸借対照表の期首利益剰余金を修正します。

また、みなし帳簿価額にのれん（営業権）が含まれる場合、減損兆候の有無にかかわらず、その回収可能価額を計算し、帳簿価額が回収可能価額を上回る場合、開始貸借対照表上ののれんの帳簿価額を修正し、減損損失は期首利益剰余金を修正します（IFRS 1、C 4）。
　開始貸借対照表の作成において、減損損失の認識及び戻し入れが行われた場合、IAS 第36号「資産の減損」が要求する開示が必要とされます。

(2) 有形固定資産（IAS 第16号「有形固定資産」）

　製造企業は、工場設備等への投下資本が多額となり、減価償却による投資額の回収は経営にも直接関係する重要事項といえます。日本の減価償却は、早期に投下資本の回収を図ろうとする経営の基本姿勢と税務上の損金処理の最大化を目指す会計実務が慣行となっています。法人税法は、減価償却に関する詳細な規定が設けられ、多くの企業はその減価償却方法、耐用年数、残存価額を適用して減価償却の計算を行います。そして、この税法規定の適用によって計算された減価償却費は財務諸表の作成のための減価償却費として会計処理されるため、実質的に税務目的の減価償却の計算が財務会計の代替として利用されているといえます。
　しかし、IFRS の減価償却は固定資産の利用による資産価値の減少を適切に反映する会計処理を基本とし、税法規定を無条件に適用する一律的な会計処理を認めていません。日本の減価償却の実務は、税法と密接に関係した実務慣行が定着しており、IFRS 導入によって日本の財務会計と税法規定の実務慣行に影響を与える可能性があります。
　IFRS は、資産利用による資産価値の減少を反映する減価償却の計算を行うため、日本基準の減価償却とその累積的影響を反映した有形固定資産の純帳簿価額を IFRS 開始貸借対照表に引き継ぐ方法とその手続きの検討が必要となります。製造企業における有形固定資産の重要性とその膨大な資産アイテム数により、また減価償却計算の情報システム対応の見直し等の検討の必要もあり、IFRS 帳簿への引き継ぎに困難な実務対応が迫られる可能性があります。

IFRSは、有形固定資産の純帳簿価額を公正価値で測定し、これをみなし帳簿価額として開始貸借対照表残高に計上する免除規定が設けられています（IFRS1、D5項）。この公正価値による再測定は、固定資産純帳簿価額のIFRS移行の簡便法としての意味合いがありますが、日本の会計実務は時価評価等による再測定の実務上の取扱いの実績は少なく、また明確な市場価格のない工場建物、構築物、機械装置等を公正価値によって再測定することに躊躇する会計責任者も多いと思います。さらに、IFRSは初度適用企業が移行日現在またはそれ以前に、ローカル基準による有形固定資産の純帳簿価額が公正価値の評価額とほぼ同額であった場合、その再評価日現在におけるみなし帳簿価額とすることを認めています（IFRS1、D6）。加えて、公正価値による再評価の代わりに一般物価指数または個別物価指数を使用した調整も認めています。

　これらの公正価値による再評価額をみなし帳簿価額とする移行方法は、例えば減損会計の実施のために固定資産に関する時価や公正価値の情報を十分に有し、これを再測定に利用できる場合、公正価値の情報等の有効活用を図り、簡易な移行手続きとして利用できる可能性があります。初度適用企業は、IFRSが認める有効で、効率的な実務適用の可能性を検討し、費用と効果のバランスに配慮した移行手続きの選択が必要となります。IFRS移行のために有形固定資産の純帳簿価額を修正する場合、その修正額は開始貸借対照表上の期首利益剰余金を修正します（IFRS1、11項）。

(3) 従業員退職給付（IAS第19号「従業員給付」）

　初度適用企業は、開始貸借対照表の作成日現在において、IAS第19号に基づく従業員の年金債務の計算を行い、ローカル基準で計算された年金資産と退職給付債務との差額を保険数理差異として、開始貸借対照表の期首利益剰余金を修正する免除規定が設けられています。この免除規定を採用した場合、過去に遡った年金債務の数理計算上の差異の調査と修正の調整手続きは不要となり、IAS第19号の従業員退職給付の会計処理はIFRS移行後から適用することができます。

(4) 累積換算差額（IAS 第21号「外国為替レート変動の影響」）

IAS 第21号は、在外子会社の財務諸表換算から生ずる累積換算差額を、その他包括利益の項目として会計処理します（IAS21、39項）。初度適用企業は、在外子会社の財務諸表の換算から生ずる累積換算差額を過去に遡って再計算する実務負担を回避するため、IFRS 開始貸借対照表上の累積換算差額をゼロにする免除処理が設けられています。この免除処理を選択した場合、過去の換算差額の調査が不要となり、実務負担の軽減を図ることができます。しかし、将来に累積換算差額をゼロとした海外子会社や事業等の売却・処分を行う場合、IFRS 移行後に生じた換算差額のみを処分損益に反映する会計処理の調整が必要となります（IFRS 1、D13）。

(5) 複合金融商品（IAS 第32号「金融商品：表示」）

IAS 第32号は、複合金融商品について、負債と資本の区分を取引日に遡る会計処理を原則とします。例えば、新株予約権付社債が過去に発行され、IFRS 移行日現在においてすでに社債の負債部分がゼロとなっている場合でも、取引日に遡った負債と資本の区分の計算が必要となります。しかし、初度適用企業は取引日に遡った原則処理による区分を不要とする免除規定が設けられており、実務上の取扱いに配慮が行われています（IFRS 1、D18）。

5　強制適用される例外規定

IFRS は、初度適用企業が強制適用しなければならない例外規定が設けられています。

(1) 金融資産・負債の認識の中止（IAS 第39号「金融商品：認識及び測定」）

初度適用企業は、IFRS 移行日以前にデリバティブ取引以外の金融資産・金融負債の認識を中止した場合、その再認識を認めていません。IFRS 移行日以降に生じた取引に関連してのみ、IAS 第39号の認識中止に関する規定を適用します（IFRS 1、B 2）。

(2) ヘッジ会計

すべてのデリバティブは、開始貸借対照表の作成時において公正価値による再測定を行い、ローカル基準により資産及び負債として認識された繰延ヘッジに関連した会計処理はすべて取り消され、IAS第39号によるヘッジ会計適用の要件を満たす場合にのみ、ヘッジ会計を適用した会計処理を行うことができます（IFRS1、B4）。

(3) 会計上の見積り

初度適用企業は、会計上の見積りについて、明らかな誤謬がある場合を除き、ローカル基準と首尾一貫した会計上の見積りを要求します（IFRS1、14項）。IFRSは、会計上の見積りに関する結果の判明や新しい情報の入手等の理由により、後付けによる修正を認めていません。これは、会計上の見積りの修正による影響を開始貸借対照表の作成に反映させないためといえます。見積りと実際の差額は、それが判明した時点において修正を行います。

また、IFRS移行日現在において、ローカル会計基準が会計処理を要求しない会計上の見積り、例えば日本基準で会計慣行となっていない有給休暇負債を初めて計上する場合、その適用時点の条件を適切に反映した会計処理が要求されます（IFRS1、16項）。

6 欧州企業のIFRS初度適用における免除規定の適用

欧州企業のIFRS財務諸表の比較分析を行った6社（第10章）のうち、ダノン（フランス）、エリクソン（スウェーデン）、ベネトン（イタリア）の3社は2005年1月からEU域内上場企業にIFRSが強制適用されたタイミングで、ローカル会計基準からIFRSへ移行しています。残り3社（ロシュ、バイエル、ノキア）は、強制適用日以前にすでにIFRS連結財務諸表の作成を行い、2005年の強制適用時にはIFRS移行手続きを行っていません。したがって、2005年の強制適用時にIFRS移行を行った3社の作成事例から、IFRS免除規定等の実務上の取扱いを要約します。

① 企業結合

2005年12月31日（IFRS報告日）において、IFRS連結財務諸表を作成した3社（ダノン、エリクソン、ベネトンの決算日はすべて12月31日）は、2004年1月1日（IFRS移行日）以前の企業結合取引について、IFRS第3号「企業結合」に基づいた原則法による会計処理ではなく、ローカル基準による資産及び負債の帳簿価額を開始貸借対照表に引き継ぐ免除規定を適用しています。これは、企業結合の取引日に遡った原則法の会計処理の実務負担を回避するためと思われます。

② 有形固定資産及び投資不動産の時価評価

IFRSは、有形固定資産、投資不動産及び無形資産について、IFRS移行日において公正価値による測定を行い、これをみなし帳簿価額とする免除規定が設けられています。

エリクソン（スウェーデン）及びベネトン（イタリア）は、有形固定資産及び投資不動産の測定について取得原価を基礎とすることを会計方針に明記しています。しかし、それぞれのローカル基準の有形固定資産の純帳簿価額をIFRSへ切り替える手続きと会計処理についての十分な説明はないため、その詳細は明らかではありません。ローカル基準とIFRSに基づいた減価償却の会計上の取扱いに差異はなく、したがってローカル基準の有形固定資産の純帳簿価額をIFRS開始貸借対照表にそのまま引き継ぐ会計処理が行われたものと推量しています。

ダノン（フランス）は、フランス基準による有形固定資産の純帳簿価額をIFRSへ移行する際に、フランス基準による純帳簿価額をそのまま開始貸借対照表の帳簿価額へ引き継いだ旨の説明を注記に記載しています。その説明では、フランス基準による有形固定資産の償却方法、耐用年数及び残存価額はIFRSと実質的に差異がなく、IFRS及びフランス基準のどちらに基づいた計算を行ったとしても減価償却に重要な差異は生じないと説明されています。

しかし、連結子会社等を含めた有形固定資産のアイテム数は膨大な数にのぼり、そのすべての減価償却費の計算の検証は困難な手続きが必要になります。

このため、ダノンの経営者は以下の宣誓文を連結財務諸表の注記に記載し、IFRS移行日現在でのフランス基準による有形固定資産の純帳簿価額をIFRS開始貸借対照表に引き継ぐための移行手続きの補完を行い、ダノンの行った実務上の移行手続きの工夫を見ることができます。

　また、独立監査の監査報告書は、IFRS連結財務諸表が全体として適正に作成されたと公表されており、有形固定資産純帳簿価額のIFRSへの移行手続きと会計処理は適切に行われたことを独立監査によって検証し、追認しています。

「IFRSの初度適用」の適用に関する差異

　IFRS第1号は、初度適用企業がIFRS移行日現在において固定資産（有形固定資産、投資資産及び特定の無形資産）を公正価値で測定し、みなし帳簿価額とすることを認めています。当社グループのフランス基準の適用による固定資産の認識及び測定は、IFRSの会計処理と同様で、IFRSを継続して適用して算出された固定資産の純帳簿価額に同等と信じています。したがって、当社グループは2004年1月1日現在において公正価値による固定資産の再測定を行わないことを決定しました。

経営者による宣誓

　フランス会計基準による固定資産の帳簿価額は、IFRSを継続して適用した場合の純帳簿価額に同等であると信じています。

　　　　　　　2005年ダノン・グループ（フランス）IFRS初度適用の注記から

---

③　累積保険数理差異

　欧州企業3社（ダノン、エリクソン、ベネトン）は、IFRS初度適用時にローカル会計基準による未認識数理の累積保険数理差異の全額を認識する会計処理が行われています。この保険数理差異を全額認識した影響は、開始貸借対照表上の期首利益剰余金を修正した会計処理を行っています。

④ 累積換算差額

　欧州企業 3 社のうち、2 社（ダノン、ベネトン）は、IFRS 移行日現在で累積換算差額をゼロとする免除規定を適用しています。エリクソンは、初度適用における累積換算差額についての特別の説明はありません。IFRS 移行日現在で勘定明細に累積換算差額の残高が表示されており、IFRS の原則処理による会計処理が行われたと推量しました。

IFRS 初度適用時の免除規定の適用

	企業結合	有形固定資産の評価	累積保険数理差異	海外営業活動累積換算差額
ダノン（フランス）	遡及しない	原価モデル	全額認識	ゼロとする
エリクソン（スウェーデン）	〃	〃	〃	原則処理
ベネトン（イタリア）	〃	〃	〃	ゼロとする

7　NSH グループの IFRS 初度適用の免除規定の選択

　NSH グループは、20x6 年 3 月 31 日を IFRS 報告日として、IFRS 第 1 号「IFRS の初度適用」に基づいて初めて IFRS 連結財務諸表を作成します。この初度適用による作成に関連し、IFRS 第 1 号が規定する免除規定及び IAS 第 1 号「財務諸表の表示」が要求する財務諸表の基本的な表示について、以下のとおり選択します。

(1) 前年比較情報の開示

　IAS 第 1 号は、少なくとも前 1 年の比較情報の開示を要求しますが、企業の任意の判断により、複数年の前年情報の開示が認められます。

　NSH グループは、前年 1 年の比較情報の開示を行います。その理由として、財務諸表の利用者は連結財務諸表の注記に開示された「5 年間の主要な財務数値等」を参考情報として利用できるため、財務諸表上の前年情報は 1 年間の開示で十分な情報開示が行われていると判断しました。

(2) IFRS 連結財務諸表の体系

　NSH グループは、20x6年3月31日現在（IFRS 報告日）におけるすべての有効な IFRS 基準書及び解釈指針を適用して連結財務諸表を作成します。比較情報として開示される最も古い年度期首日の20x4年4月1日（IFRS 移行日）現在において、IFRS 開始貸借対照表を作成し、IFRS 移行日から報告日までの期間は同一の会計方針を継続した会計処理を行います。

　NSH グループの IFRS 連結財務諸表等の体系は以下のとおりです。
① 連結貸借対照表（3ヵ年）
　　20x6年3月31日（IFRS 報告日）、20x5年3月31日（前年比較情報）及び20x4年4月1日（IFRS 移行日）現在の作成
② 連結損益計算書（2年間）
　　20x6年（IFRS 報告年度）及び20x5年3月期（前年比較情報）の作成
③ 連結包括利益計算書（2年間）
　　20x6年（IFRS 報告年度）及び20x5年3月期（前年比較情報）の作成
④ 連結株主持分変動計算書（2年間）
　　20x6年（IFRS 報告年度）及び20x5年3月期（前年比較情報）の作成
⑤ キャッシュ・フロー計算書（2年間）
　　20x6年（IFRS 報告年度）及び20x5年3月期（前年比較情報）の作成
⑥ 連結注記情報（2年間）
　　20x6年（IFRS 報告年度）及び20x5年3月期（前年比較情報）の作成
⑦ 日本基準によって公表された直近年度（20x5年度）の会計項目について、IFRS 移行の影響を示す調整表の作成
　(i) 株主資本―20x4年4月1日（IFRS 移行日）及び20x5年3月31日（前期末日）現在
　(ii) 包括利益―20x5年3月期（前年比較情報）
　(iii) キャッシュ・フロー計算書―20x5年3月期（前年比較情報）の重要な影響の説明（金額による影響の開示は不要）

⦿NSH グループの作成する IFRS 連結財務諸表とその開示

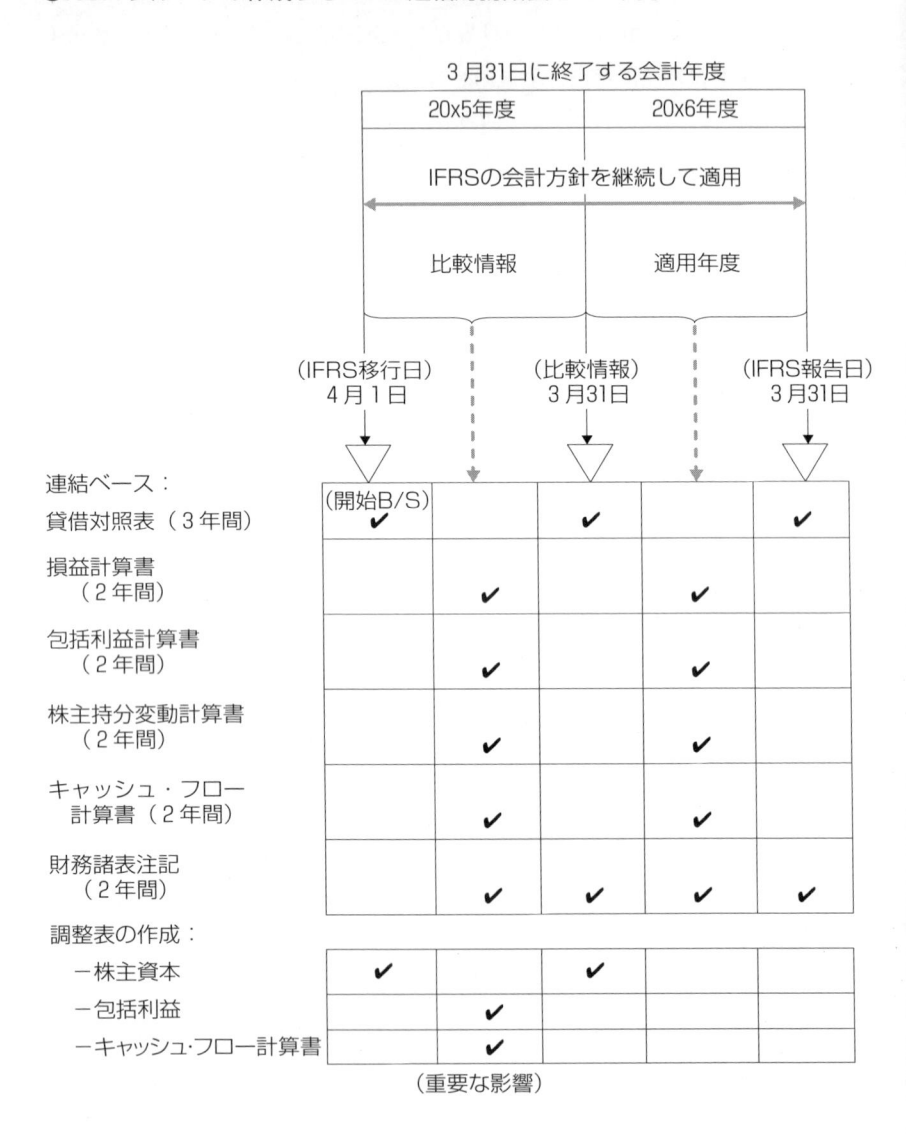

3月31日に終了する会計年度

	20x5年度	20x6年度
	IFRSの会計方針を継続して適用	
	比較情報	適用年度

- （IFRS移行日）4月1日
- （比較情報）3月31日
- （IFRS報告日）3月31日

	(IFRS移行日) 4月1日		(比較情報) 3月31日		(IFRS報告日) 3月31日
連結ベース： 貸借対照表（3年間）	(開始B/S) ✔		✔		✔
損益計算書 （2年間）		✔		✔	
包括利益計算書 （2年間）		✔		✔	
株主持分変動計算書 （2年間）		✔		✔	
キャッシュ・フロー 計算書（2年間）		✔		✔	
財務諸表注記 （2年間）		✔	✔	✔	✔
調整表の作成： －株主資本	✔		✔		
－包括利益		✔			
－キャッシュ･フロー計算書		✔			

（重要な影響）

(3) 免除規定の選択

NSHグループは、選択可能な免除規定の適用について、以下のとおり選択します。免除規定は、IFRS初度適用の実務負担の軽減のために設けられており、この免除規定を最大限に活用します。

① 企業結合

IFRS第1号は、IFRS移行日以前の企業結合について、過去の取引日に遡った会計処理（原則処理）を不要とする免除規定が設けられています。NSHグループは、この免除規定を選択し、移行日以前の企業結合取引は日本基準による企業結合日直後の資産及び負債の帳簿価額をみなし帳簿価額としてIFRS開始貸借対照表に引き継ぐ選択を行います。IFRSは、日本基準によるのれんの規則的な償却を認めていませんが、免除規定の選択によりIFRS移行日現在の日本基準によるのれんの純帳簿価額をみなし帳簿価額としてIFRS開始貸借対照表に引き継ぐことができます。

また、IFRS移行日現在におけるのれんの残額は減損の兆候の有無にかかわらず、その回収可能価額を算出し、のれんの資産価値が毀損している可能性について、減損テストによる検証手続きが必要となります。

② 有形固定資産

IFRS第1号は、初度適用企業の有形固定資産について、IFRS移行日現在において公正価値による再測定を行い、これをIFRS開始貸借対照表のみなし帳簿価額とする免除規定が設けられています。しかし、NSHグループはこの公正価値による測定の選択を行わず、取得原価を基礎とします。公正価値による測定は、時価測定の手続きやその管理を複雑にする可能性があり、また日本の会計実務は時価測定の実務が少ないことも考慮しました。

減価償却計算の耐用年数について、法人税法に規定する耐用年数を適用していますが、IFRSが耐用年数の決定に要求する必要な物理的な減耗、技術的・商業上の陳腐化、法定制限等を考慮した結果、日本基準の耐用年数はIFRSベースの見積経済耐用年数と相違しないと結論し、継続した適用を行います。

減価償却方法については、建物を除いて定率法を採用していました。これは、税務上の早期償却の恩典を受ける目的のためで、減価償却方法の定率法は資産利用による価値の消費を反映する償却方法としての合理的な根拠付けによる主張はできないと結論しました。ただし、機械装置の一部については、定率法が製品サイクルの短縮により早期償却が資産価値の消費を適切に表わすと結論します。したがって、減価償却方法は一部の固定資産項目を除いて定額法としますが、一部に定率法を採用するため、NSHグループの減価償却方法は"主として"定額法と会計方針等に記載します。

③　保険数理差異損益

　IFRS初度適用企業は、移行日現在においてIAS第19号に基づいた退職給付債務の保険数理の計算を行い、日本基準の退職給付債務額との差額を開始貸借対照表の期首利益剰余金を修正する免除規定が設けられています。

　NSHグループは、この免除規定を選択し、IFRSと日本基準による年金資産と退職給付債務の差額（保険数理差異）を開始貸借対照表の期首利益剰余金を修正する会計処理を行います。

④　累替換算差額

　IFRS初度適用企業は、免除規定の適用により海外子会社の現地通貨建財務諸表の換算から生じる累積為替換算差額をゼロとする会計処理の選択を認めています。

　NSHグループは、この免除規定を選択し、累積為替換算差額をゼロとし、開始貸借対照表上の期首利益剰余金を修正します。

(4)　強制的な例外規定

　IFRS初度適用企業は、会計上の見積り、金融資産及び負債の認識の中止、ヘッジ会計等について、強制適用による例外規定が設けられています。

　NSHグループは、これらの強制的な例外規定の検討を行った結果、会計上の見積りについて、日本基準の会計上の見積りと首尾一貫した適用を行います。この他の強制的な例外規定は、該当する会計処理はありません。

第13章 NSHグループの IFRS連結財務諸表の作成

1 IFRS連結財務諸表（トライアル）の作成

　IFRS連結財務諸表は、IFRS日本語翻訳版、解釈指針及び諸種の解説書、基準書の実例モデル等を参照して作成します。しかし、これらの基準と解説等はIFRSを適用する世界のすべての企業を対象とした説明であり、必ずしも日本企業の状況に対応した解説ではなく、IFRSの会計実践は会計基準等に加えて欧州や日本企業のIFRS財務諸表等の実務を広く参照する実務が必要となります。日本の作成実務は、詳細な規定とひな型等が提示され、これに従った会計実務が中心となりますが、IFRSの実務は企業自らが財務諸表の作成に独自の決定や選択を行う事項が多く、判断の必要な領域が拡大します。

2 IFRS連結財務諸表の全般

　IFRSに基づいた連結財務諸表は、IAS第1号「財務諸表の表示」がその表示についての基本事項を解説しています。この基本事項以外は、企業自らが適切な財務諸表の作成を検討し、決定することを基本とします。このため、決定や選択の領域が広範囲にわたり、日本の会計実務者はIFRSの実務に当初戸惑われる方も多いと思います。

(1) 連結財務諸表の作成

　IFRSは、年次事業報告書（アニュアル・レポート）の中に財務諸表を組み込んで掲載する場合、経営者の事業報告についての記載と財務諸表の記載を明瞭に区分することを要求します（IAS1、49項）。欧州企業の年次事業報告では、

財務諸表が掲載されたページの色を他の報告書ページと変え、財務諸表の開始ページの見出しを大書きする等により経営者の事業報告と財務諸表の開示を明確に区別しています。

IFRSは、財務諸表本表、注記、見出し等の作成について、以下の基本事項を明示することを要求します（IAS1、51項）。

① 企業名
② 親会社単体あるいは連結財務諸表の区別
③ 決算日あるいは対象期間
④ 表示通貨
⑤ 表示金額の単位

(2) 損益計算書と貸借対照表の開示順序

IFRS連結財務諸表は、損益計算書、包括利益計算書、貸借対照表（財政状態計算書）、株主持分（所有者持分）変動計算書、キャッシュ・フロー計算書及び注記から構成され、これらの計算書類等は「完全な1組の財務諸表セット（a complete set of financial statements）」と呼ばれます。

この基本計算書の中で、IFRSは会計基準を含む公式文書の説明において、最初に貸借対照表を、その後に損益計算書を掲載する順序としています。しかし、この掲載順序は強制されたものではなく、実務慣行等を検討し、その記載順序の決定ができます。日本基準は、貸借対照表を最初に、損益計算書をその後に記載する財務諸表様式のひな型が提示されており、企業自らが財務諸表の掲載順序を選択することはありません。

NSHグループは、後述のとおり損益計算書と包括利益計算書を分離する2計算書方式を採用し、基本財務諸表の最初に損益計算書と包括利益計算書を、その後に貸借対照表を掲載する順序を選択します。その理由は、投資家及び株主等の財務諸表利用者は直近年度の業績に関する情報が最大の関心事であると考え、損益計算書を最初に掲載することとします。

(3) 財務諸表の表示方法と IFRS ベースの明記

NSH グループは、包括利益計算書のタイトル名を「NSH グループ連結損益計算書、IFRS」及び「NSH グループ連結包括利益計算書、IFRS」とし、財務諸表名と企業グループ名を一体として明記し、また財務諸表は IFRS への準拠の明示のため、財務諸表タイトル名の後に「IFRS」を追記し、他の基本財務諸表についても同様の表示とします。この財務諸表名の採用により、企業の年次報告書の中に連結財務諸表と個別財務諸表が同時に掲載される場合でも、連結及び個別財務諸表の明瞭な区別ができるメリットがあります。

(4) 前年情報の開示年数

IFRS は、財務諸表に開示される財務情報について、少なくとも前年 1 年の比較情報の表示を要求します（IAS 1、38項）。また、企業の任意の判断により基本財務諸表ごとに複数年の前年情報の開示ができます。

NSH グループは、前年 1 年の比較情報の開示を選択します。日本基準による前年情報は、前年 1 年の開示の実務慣行が長年にわたって継続され、また連結財務諸表は「5 年間の主要な財務数値等」の注記情報を開示しており、投資家等の財務諸表利用者はこの情報を参照できるため、複数年の前年情報の開示は不要と判断しました。さらに、欧州企業の作成事例も前年 1 年の比較情報の開示が多いことも判断材料としました。

(5) 直近年度の配置

欧米企業の財務諸表の様式は、直近年度を「左」に、前年情報を「右」側に配置する実務慣行が一般的です。日本基準の財務諸表は、ひな型様式に当年度を「右」に、前年度を「左」側とする様式が示され、日本の実務慣行となっています。直近年度は、左側の配置が財務諸表上の勘定科目と金額が隣接するため、金額数値との関連付けが容易となり、読み易いともいえます。日本基準は、ひな型様式が提示され、直近年度の配置についての選択の余地はありませんが、IFRS 財務諸表の作成を機会に一度検討してみるのも良いかもしれません。

NSH グループは、多くの欧米企業が採用する様式である、直近年度を「左」側に、前年度を「右」に記載します。

(6) マイナス数値の記号

財務諸表の作成は、マイナス数値の表記と記号の使用が実務において必須となります。欧米企業は、マイナス記号として「(　　)」あるいは「－(バー記号)」の使用が一般的です。日本の作成実務は、「△」をマイナス記号とする慣行がありますが、欧州企業の財務諸表の作成実務ではマイナス記号として使用されることはないようです。

NSH グループは、欧米企業が一般的に使用する「(　)」のマイナス記号を財務諸表の作成に使用します。

(7) 個別財務諸表の記載

欧州企業は、日本と同様に個別財務諸表の位置付けに重要性があり、連結財務諸表だけでなく個別財務諸表も併せて開示する実務慣行があります。個別財務諸表は、利益配当の計算の基礎となり、また株主に提供される財務情報は投資家等にも同様に提供される必要がある重要な財務情報と考えられます。

NSH グループは、IFRS 連結財務諸表の主要な目的が投資家等への連結情報の提供であり、また日本基準による個別財務諸表は IFRS との会計基準の相違があり、財務諸表利用者等の不要な混乱の回避のため、連結財務諸表とその財務情報についてのみを開示します。

(8) 財務諸表上の数値の四捨五入

日本の財務諸表上の数値単位は、四捨五入による表示の他に百万円等の表示単位未満の端数を切捨てて表示する実務慣行があり、数値合計に若干の端数が生じることがあります。

NSH グループの IFRS 財務諸表は、四捨五入により数値合計に端数の差異を生じさせない作成を行います。

3 損益計算書及び包括利益計算書

　IFRSは、損益計算書及び包括計算書に開示する科目について、少なくとも以下に記載する科目の開示を要求します。日本基準による科目と比較すると、主要な基本科目のみの例示であり、これらの科目以外は適切な科目を追加して企業グループの科目体系とする必要があります。

◉損益計算書及び包括利益計算書の開示項目（IAS第1号、82及び83項）

① 収益
② 金融費用
③ 持分法適用の損益
④ 税金費用
⑤ 非継続事業からの税引後損益
⑥ 当期損益
⑦ その他包括利益の各項目
⑧ 持分法適用会社の
　　その他包括利益の持分
⑨ 包括利益合計
⑩ 帰属する当期損益及び包括損益

以下に帰属する当期損益
－非支配株主持分に帰属する当期損益
－親会社株主に帰属する当期損益

以下に帰属する当期包括損益
－非支配株主持分に帰属する当期包括損益
－親会社株主に帰属する当期包括損益

(1) 1または2計算書方式の選択

　IFRSは、包括利益計算書の作成について、損益計算書と包括利益計算書を一体として開示する1計算書方式と、これを分離した2計算書方式による作成の選択を認めています。1計算書方式による作成は、包括利益が最終損益として表示され、当期利益はその途中における段階利益の一つになります。包括利益を最終利益とする表示は、重要な業績指標等の当期利益の重要性を低下させ、

また一つの計算書上に利益の性格が異なる包括利益と当期利益の表示は混乱を生じさせるとの反対意見があります。これらの懸念は、損益計算書と包括利益計算書を分離する2計算書方式が作成実務として選好されているといえます。

日本基準は、2011年4月以降の会計年度から包括利益計算書の作成がスタートしています。しかし、包括利益はIFRSへのコンバージェンスの観点から説明されることが多く、包括利益の新しい利益概念は必ずしも十分に理解されているとはいえず、またその理解には一定の期間が必要とも考えられます。

NSHグループは、1計算書方式による当期利益と包括利益の表示は財務諸表利用者に不要な混乱を生じさせる可能性があると考え、損益計算書と包括利益計算書を分離する2計算書方式による作成を選択します。

(2) 包括利益計算書の表示名

IFRSは、会計基準を含む公式文書において、「包括利益計算書」の表示名を「純利益及びその他の包括利益計算書」として使用します。しかし、この使用は強制されたものでなく、従前に使用していた表示名の使用が認められます（IAS1、10項）。

NSHグループは、計算書の表示名の変更による不要な混乱を避けるため、日本において一般的な「包括利益計算書」を採用します。

(3) 特別損益項目の表示の禁止

日本基準の損益計算書は、特別損益項目を臨時・異常項目に区分し、経常損益の計算に影響させない様式を採用します。しかし、IAS第1号は損益計算書、包括利益計算書及び注記情報において、異常項目（extraordinary items）の表示を禁止します（IAS1、87項）。このため、日本基準の特別損益項目はその内容によって、販売費、一般管理費、その他営業損益等の適切な科目に組み替えを行います。また、収益及び費用の個々の会計項目に重要性があり、計算書上で個別説明を行うことが適切な場合、その会計項目の金額と規模、性質、発生率等を考察し、個別項目の開示を検討する必要があります（IAS1、97項）。

重要な個別項目の開示例として、(i)棚卸資産の正味実現可能価額の評価減、(ii)有形固定資産の回収可能額の評価減及びその戻し入れ、(iii)再構築費用の引当金計上、(iv)有形固定資産の処分、(v)投資の処分、(vi)非継続企業、(vii)訴訟の解決が挙げられています。

具体的な重要な個別項目の開示として、2008年にロシュ・グループ（スイス）はグループ再編費用及び訴訟費用を損益計算書上の重要な例外項目（exceptional items）として個別項目の開示を行っています。

```
ロシュ・グループ連結損益計算書
                                    2008年（百万CHF）
   売上高                                49,051

   （省略）                                  ・
                                           ・

例外項目前営業利益：                      15,012
   主要な訴訟事件                          (312)
   グループ再構築費用                    (2,415)
営業利益                                  12,277
```

(4) 段階利益の開示

　IFRSは、連結損益計算書上に「当期損益」及び「包括利益」の2つの段階利益のみの開示しか要求しません。この段階利益以外の表示は企業自らが判断し、追加した段階利益の表示が認められます（IAS1、85項）。

　日本基準は、損益計算書のひな型様式が提示され、「売上総利益」、「営業利益」、「経常利益」、「税引前当期純利益」、「当期純利益」及び「包括利益」の表示が要求されます。日本企業の多くは、「経常利益」を業績の重要な利益指標としますが、IFRSは特別損益項目の区分表示を禁止しており、「経常利益」の段階利益の表示ができなくなります。そのため、IFRS連結損益計算書では、

「営業利益」の段階利益が業績指標として重要になると考えます。

「営業利益」は、多くの欧州企業が主たる事業活動の業績指標として開示しています。IFRS ベースの「営業利益」には、日本基準の特別損益項目、例えばリストラ費用、減損損失、固定資産の廃棄や売買損益等が含まれ、日本基準の利益指標に慣れ親しんできた会計実務者は違和感を持たれるものと思います。

NSH グループの損益計算書上の段階利益は、「当期利益」及び「包括利益」の他に「売上総利益」、「営業利益」、「税引前利益」を表示します。また、「営業利益」は業績の重要な利益指標として、グループの公式の財務報告、IR、決算説明会等での重要な業績指標とします。さらに、製造業の事業活動を行う企業として、売上と売上原価の対応を表す「売上総利益」及び事業活動の総利益を表す「税引前当期利益」を段階利益として表示します。

(5) 費用の機能別及び性質別分類

IFRS は、損益計算書の費用の分類について、機能別と性質別分類の2つの選択を認めています。一般的に、機能別分類は多数の費用取引を機能別に分類できるため大規模企業に適し、性質別分類は費用の性質を表示するため比較的小規模な企業の費用分類に適するといえます。

NSH グループは、多数の費用取引と多くの勘定科目体系が必要なため、機能別による分類を選択します（IAS 1、99項）。

性質別分類	金　額	機能別分類	金　額
原材料及び消耗品消費高	×××	売上原価	×××
従業員給付費用	×××	販売費	×××
減価償却費及び償却費	×××	管理費	×××
その他の費用	×××	金融費用	×××
費用合計	×××	その他の費用	×××

(6) 販売費と一般管理費の科目表示

　日本基準の損益計算書の費用項目は、販売費と一般管理費を一体化し、「販売費及び一般管理費」として表示します。しかし、予算等の部門的な損益管理を経理システムと連動させるため、販売部門と一般管理部門とを分離した費用の把握が必要となる場合があります。

　NSHグループは連結損益計算書の「販売費」と「一般管理費」の費用項目を区別して表示します。

(7) 研究開発費の単独表示

　製造業の企業にとって、研究開発活動に係る研究開発費の多寡は事業経営に直接関係する重要情報といえます。日本基準は、研究開発費を注記情報として開示することを要求します。IFRSは、同様に研究開発費についての開示が必要とされます。

　NSHグループは、研究開発費の多寡は重要な経営情報の一つと考え、注記情報として開示するのではなく、損益計算書の本表上に研究開発費を単独項目として表示します（IAS38、126項）。

(8) 非継続事業

　IFRSは、非継続事業と継続事業とを区分し、それぞれの損益を区分した表示を要求します。日本基準は、非継続事業と継続事業を区分して表示する要求はありません。

　NSHグループは、現在において非継続事業に該当する事業はありません。しかし、日本基準に規定のない表示の要求であるため、IFRS連結財務諸表の作成時に非継続事業の取扱いに留意することとします。

4　貸借対照表（財政状態計算書）

　IFRSは、貸借対照表の勘定科目として以下の項目の記載を要求します（IAS1、54項）。これに加え、必要な科目を追加して記載することが認められます。

① 現金及び現金同等物
② 売掛金及びその他債権
③ 棚卸資産
④ 生物資産
⑤ 持分法適用の投資
⑥ 金融資産
⑦ 無形資産
⑧ 投資不動産
⑨ 有形固定資産
⑩ 売却目的保有資産
⑪ 買掛金及びその他未払金
⑫ 引当金
⑬ 金融債務
⑭ 当期税金に係る資産及び負債
⑮ 繰延税金資産及び負債
⑯ 売却保有目的の負債
⑰ 資本持分の中の非支配株主持分
⑱ 親会社株主持分に帰属する発行済資本金及び剰余金

(1) 「貸借対照表」または「財政状態計算書」の表示名の選択

　IFRSは、会計基準を含む公式文書では「財政状態計算書」を使用しますが、従前の表示名の使用を認めています。IFRSは、財政状態計算書の表示名の使用に関して次のように説明しています（IAS 1、BC16）。「財政状態計算書」は、計算書の機能をより正確に表し、概念フレームワークにおける財務諸表の目的が企業の財政状態及び業績等の情報提供にあるため、この目的の説明に使用される財政状態の用語とも整合します。また、貸借対照表の表記名は単に複式簿記が貸借の一致の要求を示しているに過ぎず、計算書の内容や目的に関連付けを有するものでなく、IFRSは「貸借対照表」ではなく、「財政状態計算書」の表示名がより適切と説明しています。

　NSHグループは、現在の「貸借対照表」の表示名を、IFRSの公式の「財政状態計算書」に変更する積極的な理由はないと考えました。「貸借対照表」は、長年にわたり使用され、投資家及び株主にも広く認知され、「バランスシート」及び「ビー・エス」のビジネス用語としても使用されます。また、会社法の計算書類との整合性を考慮した場合、その変更は財務諸表利用者の不要な混乱を生じさせる可能性もあり、一般的に広く認知される「貸借対照表」を引き続いて使用します。

(2) 貸借対照表の科目配列

貸借対照表の科目配列は、流動性配列と固定性配列による2つの方法があります。欧州企業は、固定性配列の採用が一般的な実務慣行であり、固定性の高い資産あるいは負債項目の順番により貸借対照表の科目配列を行い、日本の貸借対照表とは異なっています。

NSHグループは、流動性の高い科目から表示する流動性配列が長年にわたって日本の実務慣行として定着しており、貸借対照表は流動性配列による科目の配列を選択します。

(3) 「非支配」または「少数株主」の用語の選択

IFRSは、企業が支配する子会社の株主持分のうち、親会社以外の持分を「非支配（non-controlling）」の株主持分として表示します。日本基準では、これを「少数（minority interest）」の株主持分とし、その日本語は内容を的確に表し、広く認知されています。しかし、IFRSは過半数を所有する場合であっても支配していないケースや、反対に過半数以下でも支配するケースに該当することもあるため、「少数株主」の表示は正確ではないとします（IFRS10、BCZ155）。広く認知された「少数株主」の表示を置き換えることに躊躇はありますが、「支配」及び「非支配」はすでにグローバル会計の中で確立したものと考え、「少数株主」に換えて「非支配株主」とします。

NSHグループは、貸借対照表及び損益計算書において、「非支配株主」の用語を選択し、「非支配株主持分」及び「非支配株主持分に帰属する損益」の表示を選択します。

(4) 貸借対照表上の「非支配株主持分」の表示

IFRSは、非支配持分を資本の部に表示することを要求します。日本基準は、少数株主持分が資本あるいは負債に該当しないため、その他純資産項目として表示します。このため、IFRS開始貸借対照表の作成時に、少数株主持分を非支配株主持分の表示科目によって資本の部に組み替えます。

(5) 繰延税金資産及び負債

IFRSは、貸借対照表の流動及び非流動資産を区分して表示する場合、繰延税金資産及び負債を非流動項目に表示します（IAS1、56項）。日本基準は、繰延税金資産負債をその対象となる科目の性格により、長期と短期に区分して表示します。したがって、IFRS連結財務諸表の作成のため、日本基準の延税金資産負債（流動）を繰延税金資産負債（固定）に組み替えます。

5 キャッシュ・フロー計算書

(1) 直接法または間接法による作成

キャッシュ・フロー計算書は、直接法と間接法による2つの作成方法があります（IAS7、18項）。間接法による作成は、貸借対照表を中心とした残高比較の差額から作成することができ、一般的な作成実務となっています。直接法による作成は、主要な取引ごとに把握を行い、キャッシュ・フロー計算書を作成します。間接法による作成に比較すると実務負担が増加しますが、キャッシュ・フローの流入出の情報について、間接法による作成では提供できない有用な情報の提供ができ、直接法による作成が推奨されています。

NSHグループは、作成の実務負担を考慮し、間接法によるキャッシュ・フロー計算書の作成を選択します。

(2) 現金同等物に含まれる短期投資の範囲

現金同等物は、容易に換金が可能で、かつ価値の変動リスクの僅少な短期投資で、取得日から満期日や償還日までの期間が3ヶ月以内の定期預金、譲渡性預金、コマーシャル・ペーパー、公社債投資信託等を指します（IAS7、7項）。日本基準は、現金同等物に含まれる短期投資の範囲について、容易に換金可能で、かつ価値変動リスクの僅少な短期投資としますが、経営者が最終的な範囲の判断を行い、会計方針にその範囲の決定についての記載を行います。

NSHグループは、現金同等物に含まれる短期投資の範囲を3ヵ月以内の満期期日等の短期投資とします。

第13章　NSH グループの IFRS 連結財務諸表の作成

6 株主持分変動計算書(所有者持分変動計算書)

　IFRS は、株主持分変動計算書の表示科目として、少なくとも以下の項目の開示を要求します（IAS 1、106項）。
① 親会社持分及び非支配株主持分帰属の当期包括利益
② 遡及適用又は遡及修正表示の影響額
③ 期首及び期末残高を構成する項目の変動を示す調整表
- 当期損益
- その他の包括利益の各項目
- 所有者との取引

(1) 株主持分変動計算書の表示名

　IFRS は、会計基準を含む公式文書では「持分変動計算書（Statement of changes in equity）」の表示名を使用します。しかし、従前に使用した表示名の使用を認めています。

　NSH グループは、計算書の名称を変更することから生ずる不要な混乱を避けるため、「株主持分変動計算書」を選択します。

(2) 株主持分変動計算書の掲載順序

　株主持分変動計算書は、1年間の株主持分の変動を表示する計算書で、貸借対照表上の残高と関連付けられた情報を表示します。

　NSH グループは、株主持分変動計算書が貸借対照表と関連した財務情報を提供するため、基本財務諸表の配置順序として貸借対照表の後に掲載します。

(3) 1株当たり情報の開示

　IFRS は、1株当たり利益及び配当金の情報について、株主持分変動計算書あるいは注記に記載する選択が可能です（IAS 1、107項）。

　NSH グループは、1株当たりの利益及び配当金を事業経営の重要情報と考え、

1株当たり利益は損益計算書に、1株当たり配当金は株主持分変動計算書に開示します。

7 IFRS適用以前の過年度情報の開示

業績及び財務内容の趨勢や傾向を説明するため、過去5年あるいは10年間等の連続した時系列による主要な財務情報等の開示を行う実務慣行があります。しかし、その情報の中にはIFRS適用以前の会計年度に関連する財務情報等が記載されるため、IFRS適用以前と以後の異なる会計基準の適用による財務情報の比較の調整が必要となります。

IFRSは、その適用以前の会計年度について、IFRS修正後の金額の開示を要求しませんが（IFRS1、22項）、ローカル基準に準拠している旨、IFRS適用の修正内容についての説明を必要とします。ただし、IFRS修正の金額を提示した説明は要求されません。

NSHグループは、連結財務諸表の注記に「5年間の主要な財務数値等」を記載しており、IFRS適用以前の年度に関連した日本基準との修正内容を説明する必要があります。しかし、IFRS修正に関する金額の提示による説明は必要とされないため、修正金額は記載しません。

第14章 IFRS 連結財務諸表作成の総括

1 IFRS 連結財務諸表作成の総括

　IFRS 連結財務諸表（トライアル）は、日本基準に基づいて作成された連結財務諸表を IFRS と解釈指針、欧州企業及び日本の任意適用の財務諸表等を参照して作り替えました（第3編）。この作業を通して、IFRS 作成実務に関する必要な検討事項を要約し、IFRS 連結財務諸表作成の総括とします。

(1) 異なった会計ルール（IFRS）の適用による当期利益への影響

　異なった会計ルールの適用は、異なった利益を導き出します。IFRS 適用によって日本基準の連結利益がどのように変動したかは興味あるテーマです。IFRS 初度適用企業は、IFRS 第1号「IFRS の初度適用」に基づいてローカル会計基準から IFRS 適用の連結財務諸表へ作り替えます。その作業に関連し、IFRS はローカル基準で公表された最終年度の当期利益を IFRS ベースへ修正する調整表の作成を要求し、会計基準の相違の内容とその影響が開示されます。IFRS 適用の初年度（IFRS 報告年度）の連結損益計算書は、IFRS 適用の損益計算書に置き換わっており、ローカル基準に基づいた連結損益計算書はすでに存在しません。したがって、ローカル基準と IFRS との対比は前年比較情報として開示された1年前の IFRS 連結利益及びローカル基準（日本基準）が公表された最終年度の連結利益の比較によりその修正内容を理解することができます[1]。

　次ページの要約表は、日本企業の IFRS 任意適用を行った3社（日本板硝子、HOYA 及び日本たばこ産業）を任意に選択し、その日本基準から IFRS ベースの連結利益への調整表で説明された修正項目を要約しています。

日本基準及び IFRS に基づいた連結利益の調整

(百万円)

	日本板硝子[2]	HOYA[2]	日本たばこ[2]
日本基準の連結利益	1,661	37,875	149,608
IFRS の連結利益	15,815	41,517	248,736
差　額	14,154	3,642	99,128

差額の内容：

	日本板硝子	HOYA	日本たばこ
のれんの償却費の戻し入れ	8,429		
退職給付費用の修正	5,642	688	
減価償却方法及び耐用年数の見直しによる減価償却費の修正		797	
固定資産売却損益の修正	(204)	756	105,371
開発費用の資産計上	236		
未払有給休暇費用の計上		(145)	
株式発行費用の資本剰余金からの控除	366		
海外子会社の売却・清算による累積換算差額の調整		1,200	
賃貸借リースの資産計上による減価償却費の増加		(330)	
翌期の無形資産除去損の前倒し計上		(1,997)	
カスタマー・ロイヤリティ・プログラムに関する修正		188	
少数株主持分に帰属する利益の加算	3,381	297	—[3]
その他	(1,571)	388	
上記修正項目の法人税調整額	(2,125)	1,800	(6,243)
連結利益の増加	14,154	3,642	99,128

上記3社の日本基準からIFRSへの連結利益の調整表は、日本基準の利益を増加させる修正の結果を示しています。しかし、個別企業の置かれた状況によって、利益の調整結果は異なることもあり得ます。

　3社の利益増加の主要な修正の項目は、以下のとおりです。

① のれん（営業権）の償却費

　IFRSは、のれんの規則的な償却を認めないため、3社はIFRS報告年度ののれん償却の会計処理を停止し、IFRS連結財務諸表が作成されます。しかし、前年の比較情報は日本基準に基づいたのれん償却が会計処理されており、IFRSベースの利益の計算には償却費を戻し入れる修正が必要となります。3社の償却費の戻し入れは、それぞれ8,429百万円（日本板硝子）、688百万円（HOYA）及び91,089百万円（日本たばこ、前年の有価証券報告書から引用）と、日本基準ののれん償却費はIFRS連結利益へ戻し入れる修正が行われています。日本板硝子は、2006年に英国会社の大型買収を行った結果、多額ののれんを貸借対照表に資産として計上し、また日本たばこも積極的な企業買収により多額ののれんが計上されています。3社とも、のれんの償却停止によりIFRS連結利益は大幅に増加し、のれん償却停止の会計処理が連結利益に大きな影響を与えたことを示しています。

　IFRSは、のれんの償却について、日本基準による規則的な償却による会計処理ではなく、のれんの回収可能額を見積り、その資産価値を検証する減損テストを実施し、のれんの回収可能額が帳簿価額を下回る場合、損益計算書に減損損失の計上を要求します。したがって、減損の会計処理が行われない限り、IFRS貸借対照表はのれんの帳簿価額が資産計上され続けることになり、買収した企業の業績や財務内容の悪化が生じた場合、のれんの資産価値が毀損する潜在的な減損リスクがあります。しかも、状況によっては一時に巨額の減損処理が必要とされる可能性もあり、多額ののれんを資産として計上する日本企業はグループ事業経営を強く意識し、のれんの潜在的な減損リスクを顕在化させない事業経営が重要となります。

② 退職給付の数理計算の変更

日本基準は、退職給付債務の保険数理上の差異について、従業員の退職までの平均残余期間の範囲内で償却を行います。IFRS は、その差異の発生時に包括利益計算書のその他の包括利益項目として会計処理するため、日本基準による償却費用の会計処理に比較すると、IFRS 連結利益を増加させます（日本板硝子）。

③ 有形固定資産の減価償却方法等の見直しと固定資産売却損益の修正

IFRS 連結財務諸表の作成のため、有形固定資産の減価償却方法と耐用年数が見直され、その結果 IFRS 連結利益を増加させる修正が行われています。日本企業の減価償却方法は、定率法による減価償却が一般的であり、また税務規定の耐用年数適用のため、減価償却方法が定額法に変更され、見積経済耐用年数の適用により減価償却費が減少し、IFRS 連結利益を増加させたと推量しています[4]。また、減価償却方法等の変更によって固定資産の帳簿価額が修正され、IFRS ベースで有形固定資産の売却・処分等の売却損益が修正されています（日本板硝子及び HOYA）。

④ 開発費の無形資産の計上

日本基準は、開発に関わる支出を費用として処理しますが、IFRS は一定の要件に合致する場合、無形資産に計上することを要求し、資産計上された場合は IFRS 連結利益を増加させます（日本板硝子）。

⑤ 少数株主持分利益に帰属する利益の表示

日本基準の連結利益は、親会社株主持分に帰属する利益を連結利益とし、少数株主持分に帰属する利益は別区分で表示します。IFRS は、非支配株主（少数株主）に帰属する利益を連結利益に含めるため、連結子会社に非支配株主が存在する場合、その非支配株主に帰属する利益相当額は連結利益に含めて表示します（日本板硝子及び HOYA）。

⑥ その他の修正項目

その他の修正は、日本では実務慣行のない未払有給休暇負債の計上（HOYA）、株式発行費の繰延資産の会計処理から資本剰余金の控除の修正（日本板硝子）、

海外子会社売却等の累積換算差額の修正に伴う売却損益の修正（HOYA）、賃貸借リースを資産の追加計上による減価償却の増加（HOYA）、会計判断の見直しによる無形資産の除去損の計上タイミングの修正（HOYA）等が調整項目として説明されています。

(2) グローバル経営管理とIFRS

　日本の会計基準は、会計基準の国際調和の努力により、国際的な会計基準との急速な調整が行われています。しかし、日本の会計制度は従前と同様に税金規定の適用が優勢な会計実務と確定決算主義による財務諸表の作成が一体化され、会計基準の国際調和の影響は会計制度に軋みを生じさせています。しかし、一体化した会計制度は制度の根幹に関わるため、その部分的な手直しにより解決できる問題とは考えられず、また短期間の変革は社会的な影響も大きく、しばらくは現行制度の基本が維持されるものと思われます。

　しかし、日本企業を取巻く経営環境は大きく変化しています。近年、日本企業グループはM&A等により多数の海外会社を買収し[5]、積極的な海外投資の結果、日本企業のグローバル経営の必要性は一段と高まり、経営の管理基盤であるグローバル会計を事業経営に導入する必要性を高めています。事業の国際化は、その国際化に伴うグローバルな事業運営のあり方についての検討が必要となり、近い将来に日本企業グループは事業経営の管理体制の再検討とそのグループ業績評価のものさしの役割を持つIFRSの導入検討が回避できない経営管理上の課題になると考えます。

(3) 企業の財務諸表作成の意識付け

　日本の会計は、長い期間にわたって投資計画や業績評価の管理会計が中心テーマとされ、投資家等への対外的な財務諸表作成は副次的な目的と考えられてきました。このため、財務情報利用者を意識し、企業の独自判断によって財務情報の開示や説明等を行う実務慣行は蓄積されておらず、またこれを必要とする社会要請も少なかったといえます。有価証券報告書に記載される財務諸表は、

現時点でも多くの情報が開示されていますが、財務諸表利用者に理解しやすく整理し、説明責任を果たす努力は必ずしも十分とはいえません。日本の財務諸表の作成実務は、その根底に会計基準を規則と考え、これに従った会計処理を行い、要求されない財務諸表と財務情報の開示は必要最小限とする会計実務家の意識があり、IFRS導入はこのような会計実務家の意識の変革を迫ると考えます。IFRSに基づく財務報告の実務は、企業自身が独自の判断と工夫により適切な財務諸表と財務情報を作成し、その説明責任を果たすことを基本とします。IFRS連結財務諸表は、各企業グループが作成するその企業グループの財務諸表であり、会計実務家はその作成をより強く意識する必要があります。

(4) 日本基準に基づく利益の過小表示

日本の製造企業の経営者は、例えば自社の製品性能やその品質が低く評価された場合、その過小評価に対して強く反論することと思います。しかし、事業活動の業績を示す当期利益がグローバル競業企業と比較して、低く表示されていることに対して、経営者や会計責任者が明確に反論することをあまり聞いたことがありません。企業の経営者や会計責任者は、競業する企業グループとの財務比較や企業価値の過小評価に繋がる会計ルールの適用に、より強い関心を持つ必要があります。

日本企業のIFRS連結利益への調整では、日本基準の連結利益がIFRS適用による利益と比較し、低く表示される修正結果が示されています。この日本企業の低い利益表示は、現時点だけの問題ではなく、会計ビッグバンが開始された1990年頃当時においても、同様の傾向を示し（第2章、7）、その状況は20年以上経過しても変わらないことを示しています。日本の会計ビッグバン以降、グローバルな会計基準を日本の会計に取り込む努力が行われてきましたが、日本の会計基準の適用はグローバル基準と比較し、依然として低い利益の表示が続いています。このことは、日本基準の新設・改訂の対応が国際的な会計基準の変更の動きに対して必ずしも積極的ではなく、国際的な会計基準の動向に対する対応の遅れを示すものといえます。

(5) 連結及び個別財務諸表の財務情報の整合性

日本企業は、グループ企業の業績や財務内容を表す連結財務諸表とともに、株主への財務報告や配当可能額計算の基礎となる個別財務諸表を開示し、また株主に対して提供する情報は潜在的な投資家を含むすべての投資家に対しても同様に提供される必要があるとし、個別財務諸表を重視します。

日本基準に基づく個別財務諸表は、会社法や税法の課税所得の計算に直接の関係を有し、ローカル色の強い内容を持ち、このため目的が相違する連結と個別財務諸表を一体とする開示は財務情報の正確な理解を妨げる可能性があると考えます。一例として、IFRS は損益計算書上に臨時・特別損益の区分表示を禁止します。しかし、日本基準の財務諸表は特別損益の区分を設け、異常・臨時的な項目を区分して表示し、個別財務諸表が日本基準に基づく作成を明示したとしても、海外投資家を含む財務諸表利用者はその相違に困惑し、財務諸表の正確な理解を妨げ、財務情報の信頼を損なう可能性があります。

IFRS は、投資家を含む多くの財務諸表利用者の意思決定に有用な連結財務諸表とその財務情報の提供を目的とします。また、IFRS は個別財務諸表の作成について、原則として関与しない立場を採っています。企業グループの連結財務情報のより正確な理解のために親会社の個別財務情報を必要とする場合であっても、IFRS は連結財務諸表等の提供を主要な目的とし、個別財務諸表はあくまで連結財務諸表の補足情報として必要とされ、その前提の上で個別財務諸表の位置付けを考える必要があります。

(6) IFRS 連結財務諸表（トライアル）の作成

初めての IFRS 連結財務諸表作成は、多くの実務作業を必要とし、会計実務者に大きな負担を強いるため、実務負担の軽減のために十分な準備期間と短期間に一極集中した作成実務の分散の検討が必要になります。IFRS 連結財務諸表（トライアル）の作成は、その実務上の体験により、IFRS 導入の実務負担を軽減させる効果があります。例えば、一つの作成実務の取扱いとして、上場企業の多くは日本基準に基づく連結財務諸表とその注記情報を英文に翻訳し、

欧米の財務諸表様式に組み替えた英文財務諸表（英文アニュアル・レポート）を作成し、外国の株主、海外投資家や取引先等への説明として利用されます。

この英文財務情報は、あくまで企業の任意による作成ではありますが、監査法人の英文監査報告書が添付され、正式な財務情報として公表されます。この日本基準の英文財務諸表を、IFRS初度適用の手続きを実施し、IFRS連結財務諸表（トライアル）を作成する試みはIFRS作成実務の体験として有用と考えます。また、当初はトライアルの財務諸表の作成であったとしても、その精度を高め、監査法人の外部監査を受けて正式な財務諸表として公表できれば、この企業グループはIFRS連結財務諸表の作成と公表を行なったとみなされます。日本基準とIFRSに基づく2つの連結財務諸表作成のダブル・スタンダードの問題は生じますが、IFRS財務諸表作成の体験を蓄積でき、短期間に集中した作成実務の分散にも役立てることができます。

さらに、日本基準で開示された財務情報の多くはIFRS財務情報としても利用できるため、IFRS連結財務諸表の必要性を検討する企業グループは日本基準の英文財務諸表を活用したIFRS連結財務諸表（トライアル）作成の検討も一考の価値があるように考えます。

(7) 監査法人との連携強化

IFRSの原則主義と実質を優先する会計実践は、会計実務者の会計判断を必要とする領域を拡大させ、規則主義の会計実務に慣れ親しんだ日本の会計実務者は当初戸惑われるものと思います。会計実務者が行った会計判断や会計処理は、職業会計専門家が独立監査によって検証し、その会計処理の判断と財務諸表の適正性を確定させます。IFRSの会計実践は、財務諸表を作成する企業と職業会計専門家の監査法人が共同して適切な財務情報を利害関係者等に提供する社会的な役割と責任を有し、その共通認識を持つことが重要と考えます。また、企業の会計実務家と監査法人は会計判断とその会計処理について、合理的な根拠と結論付けについての協議を行い、確認し合う連携が必要であり、両者はともに職業会計人として目的を共有する会計実践が重要と考えます。

また、連結財務諸表の作成は、限られた時間の中で多数の子会社や関連会社から正確な情報を入手する連結作業が必要となり、連結作業の効率化の検討が重要なテーマとなります。海外の連結子会社の財務諸表作成と監査について、監査法人とその国際的な監査ネット・ワークを最大限に活用し、財務諸表作成と監査を一体化させる適切で、効率的な財務情報の管理が必要となります。適切な財務情報の管理目的のため、最終的には海外子会社等の企業グループ全体を親会社の監査法人のネット・ワークに統一する検討が必要と考えます。

(8) IFRSに関する情報入手の困難性

　IFRS連結財務諸表（トライアル）を実際に作成する過程で、IFRSに関する情報入手に多くの困難を感じました。各年度版のIFRS日本語翻訳は、その実際の入手は年度の後半近くとなり、IFRS英文オリジナルを参照しなければならない状況がありました。また、原則主義で記載された会計基準や解釈指針は、一回読んだだけではその内容のすべてを理解することは困難で、監査法人が出版する各種の実務書や解説書による補足が必要となり、IFRSの会計実践は日本の会計実務と大きく相違することに困惑しました。このような状況は、IFRS連結財務諸表の作成が現実に要求された場合、監査法人におんぶに抱っこの状況を作るのではと危惧します。

　また、日本においてIFRSに関する最新情報の入手は必ずしも容易なことではなく、IFRSの会計実践を困難にすると予想します。会計実務者は、例えばIFRSに関連する協会等の会員となり、意識して最新のIFRS情報の入手を行う必要性を感じました。さらに、IFRSに関する最新情報の入手等には、会計に関するある程度の英語力の必要性も感じました。

(9) 取引内容（フロー）の開示の重視

　財務諸表は、取引内容（フロー）と勘定残高（バランス）に関する財務情報等を開示します。日本基準の財務情報は、勘定残高についての明細の開示を中心としますが、IFRSは残高に加えて取引内容（フロー）の情報開示を重視し、

期初残高と期末残高に加え、1年間の取引内容を開示する調整表の作成が多く要請されます。調整表に開示される情報は、取引の理解のためには有用と考えられますが、その作成のための実務負担を増加させます。例えば、1年間の取引内容を開示する有形固定資産の調整表は、日本基準では個別財務諸表の付属明細書として作成されますが、IFRSでは連結ベースの作成が要求されます。連結ベースの作成は、子会社の有形固定資産に関連する取引の情報収集が必要となり、連結手続きの作業実務を増加させます。また、IFRSは有形固定資産の外にも引当金や無形資産等に関して、連結ベースでの調整表の作成が要求されます。

さらに、IFRSの取引内容（フロー）の開示の重視は、キャッシュ・フロー計算書と損益計算書に掲載される取引内容を相互に補完及び関連付け、新しい財務情報の提供が検討されています。現在、IASBと米国FASBは財務諸表の新表示について検討し、新様式案が公表されています。その新様式では、直接法によって作成されたキャッシュ・フロー計算書が表示する主要な収入及び支出に係る取引内容を、損益計算書が表示する主要な取引内容と調整し、それを注記情報として開示する検討が行われています。この2つの基本計算書に開示された財務情報を相互に関連付ける財務諸表様式の採用は、損益計算書に計上される会計上の見積りや引当金等のキャッシュ・フローに直接関係しない会計項目の影響を調整表上で開示することができ、新しい財務情報が提供され、企業の財務情報と企業間の財務比較の向上に繋がる可能性があります。

しかし、財務諸表作成者の立場からは、新しい財務情報作成の実務負担増と新しい財務情報から得られる効果との公正な比較考量が必要であり、効果と費用のバランスのとれた財務情報の開示の検討が重要と考えます。日本の会計基準の作成は、その整合性のある基準作りと企業の実務負担等の考慮を行った現実的なアプローチが採られてきました。IFRSが導入された場合、新しい会計基準の開発について、財務諸表の作成実務者の合理的で、正当な主張は国際会計基準を開発する国際会議で行われるため、日本の会計実務者を含む関係者はその国際会議を通して合理的な主張が必要となります。

⑽ 企業における会計専門家の育成

　IFRS の会計実践は、会計基準の原則主義と取引の実質による会計の判断が必要となり、会計の専門知識の習得に加え、ビジネスに基礎を置いた論理的なアプローチを重視します。したがって、企業はこのような会計実践者の育成が必要となりますが、その育成には多くの社内教育と実務体験が必要となり、企業内で専門性の高い、幅広い実務経験を有する人材育成は簡単なことではありません。専門人材の育成の困難は、欧米諸国では当たり前となっているプロの会計専門者が企業に雇用され、企業内の会計専門家として将来の会計実践に携わる時代となる可能性を予感させます。

　日本においても、最近は公認会計士の人数が増加し、プロフェショナルの会計専門家として会計監査等の領域において活躍しています。これらの専門的な知識と実務経験を有する会計専門家が、民間企業に移籍して財務諸表の作成と会計実践に直接携わる時代となれば、日本企業の会計実践の対応力は大きく底上げされ、日本企業のグローバル事業経営やその財務上の管理の有効性をより高めることができ、グローバル会計への対応の早道になるものと考えます。また、このような会計実践における会計専門家の関与は欧米諸国の職業会計専門家が歩んできた道でもあります。

　北イタリアに複式簿記システムが誕生し、現在までの800年間に事業活動の利益計算の社会インフラとして、複式簿記システムはその存在を意識する必要のないほどに社会に溶け込んでいます。会計ルールの国際統一は、グローバル経済の時代の後押により急速に展開しています。この20年間の経済のグローバル化と会計基準の国際統一の展開を目の前にして、会計ルールの国際標準の動きは一時的に足踏みする時期はあったとしても、その展開の方向性は不変と考えます。近い将来、日本のグローバルな事業展開を行う企業グループの連結財務諸表は IFRS 適用による会計実践が当たり前の時代になると信じています。日本の国際的な事業活動を行う企業グループや一定規模以上の企業グループは、将来において IFRS 連結財務諸表の作成とその会計実践が事業経営の遂行に不可欠なものとなり、そのための準備が今から必要になると考えます。

2 会計の判断に係る総合課題—不動産流動化のケース・スタディ

　IFRSの特徴の一つに、取引の実質を優先する会計の判断による会計処理があります。日本基準は、主に規定に従った会計の判断を重視するため、2つの会計基準はその基本に相違があるといえます。それでは、この会計基準の基本が相違することにより、会計判断の結論はどのような影響があるかについて、具体的な事例を挙げて検討します。

　ここで事例としたBC社の不動産流動化スキームは、日本の会計制度における連結財務諸表、個別財務諸表、法人税法、職業会計専門家の監査意見、金融庁及び証券取引等監視委員会等の多くの関係者を巻き込み、紆余曲折を経て複雑に展開し、その過程で日本の会計制度や会計基準の有する特徴を随所に示しています。その特徴の中には、規則に近い性格を有する会計基準、明示された基準値による会計の判断、連結及び個別財務諸表と法人税法規定との関係、職業会計専門家の監査意見の位置付け等を挙げることができます。

　このBC社の事例では、日本の会計制度の担い手の役割と責任が複雑に絡み合い、とき解くことが困難な毛玉のような状況を作り出しました。将来、取引の実質を優先するIFRSが日本の会計ルールとして導入された場合、その会計判断はさらに複雑さを増し、困難な状況を作り出す可能性があります。会計実務に携わる関係者は、下記のBC社の事例を参照し、IFRS導入が日本の会計実践にどのような影響が生ずる可能性があるかについて考察して頂きたいと思います。

(1) BC社と不動産流動化スキームの概要

　BC社は、1978年に東京池袋でカメラ及び関連商品等の販売会社として操業を開始しました。その後、事業規模は拡大を続けて家電量販店大手に成長し、2001年には東京有楽町駅前の大手百貨店跡に旗艦店をオープンさせ、社会的な話題を呼びました。積極的な業容拡大の過程で、資金調達の多様化を図り、2002年に池袋本店と同店舗の土地建物を対象とした不動産流動化スキームを設定しました。この不動産流動化は、池袋本店等の土地建物を信託銀行に信託譲渡し、

その見返りに信託受益権を取得し、これを時価相当額290億円で特別目的会社（SPC）に売却し、SPCはこの不動産受益権を証券化させ、資金化することを計画しました。BC社は、SPCへの不動産売却取引により固定資産売却益49億円を計上しています。その後、BC社は2006年にジャスダック証券取引所に上場し、その上場手続きの過程でBC社社長A氏（創業者）が所有するBC社株式8万株（約60億円）を市場に放出しました。2年後には、東京証券取引所第1部への市場替えが行われています。

2009年になって、BC社は不動産流動化スキームによる不動産の売却取引は後述する理由により、実質的に不動産を担保とした金融借入取引であり、不動産の売買取引ではなかったとして会計処理を訂正し、49億円の固定資産売却益を取り消しました。この訂正により、2002年から2008年8月期までの7会計期間の決算訂正と訂正有価証券報告書が提出され、訂正最終年度の2008年度は当初の業績予想が連結利益41億円であったものが、訂正により連結損失16億円の赤字となりました。

東京証券取引所は、訂正有価証券報告書の訂正額が投資家の投資判断に重要な影響を与える可能性があるとしてBC社株式を整理銘柄としましたが、その後、上場廃止にするほどの悪質性はないと判断し、その指定は解除されました。

証券取引等監視委員会（監視委員会）は、BC社が有価証券報告書に虚偽の記載を行ったとして、2億5千万円の課徴金支払いを金融庁に勧告し、BC社はその支払いを行いました。

さらに、日本の会計基準はBC社の不動産取引について売却益の計上を認めていないにもかかわらず、固定資産売却益49億円を計上し、BC社社長（創業者A氏）はその虚偽の事実を知りながらジャスダック証券取引所で自己の所有する株式を市場に売り出したとして、監視委員会はA氏個人に対して課徴金1億2千万円の納付命令を金融庁に勧告しました。しかし、A氏はこの命令を不服として、金融庁に対して異議を申し立て、審査の結果、A氏が不動産売買の概要説明は受けたが会計ルール上の問題点を明確に認識していなかったとして、監視委員会がA氏に対して行った課徴金の勧告を退けました。

その後、BC社は不動産の売却取引として計上した固定資産売却益の取り消しにより法人税を過大納付したとして、過払い法人税約26億円の減額を所轄の豊島税務署に申請しました。しかし、税務署は不動産に係る取引が金融取引であり、不動産売買取引ではなかったとする理由はないとして、法人税減額の申請要求を受理しませんでした。このため、BC社は不動産取引に係る法人税法上の課税処理について、東京国税局に再審査の申し立てを行いました。その審査の結果、不動産を巡る取引の実質は不動産の売買取引であり、その取引は適正に行われたと結論し、所轄税務署の課税上の判断を支持しました。これにより財務諸表規則による財務諸表の作成と法人税法上の取引の解釈にねじれ状況が発生しました。新聞報道によれば、監視委員会はこの会計処理のねじれ状況について、「金融商品取引法に基づく判断が税務当局の判断に拘束される理由はない。」とのコメントが報道されています[6]。

　BC社は、この変則的な会計処理を正すため、入札手続きを踏んでSPCに売却した信託受益権を買戻し、SPCの借入金のすべてを返済し、その後にSPCを清算し、SPC出資者に分配される清算配当金約49億円を受け取り、特別利益に計上する会計処理を行い、この不動産に関連した取引を消去することにより会計と税務上のねじれを解消させました。

　その後、会社が被った損害（課徴金2億5千万円および過大納税相当額約22億円）に対して、誤った会計処理が会社に損害を与えたとして取締役に対する株主代表訴訟が提議されました。この裁判の中で、BC社の経理担当責任者は不動産を巡る取引の本質は売買取引であり、そのように会計処理することが適切であったが、取引の訂正が協議された当時は四半期報告書の提出時期と重なり、その提出遅延が上場廃止に繋がる恐れがあったため、上場維持と株主の利益を護るために不動産売買取引の会計処理を訂正したのであり、不動産取引の会計判断の訂正は、止むを得ない状況であったと釈明しています。

(2) BC社の不動産流動化スキームと会計の判断

　BC社の不動産流動化スキームの概要は、以下の説明のとおりです。BC社

は、池袋本社等の土地建物を信託銀行に信託譲渡し、信託受益権を取得しました。これを㈲三山マネジメント（BC社が出資する特別目的会社（SPC）、資本金1千万円）に時価相当額290億円で売却しました。

㈲三山マネジメント（SPC）は、その不動産受益権の購入代金の支払いのため、以下に記載した資金の拠出を受けました。㈱三山コーポレーション（BC社が出資する英国領ケイマンSPC、資本金1千万円）から180億円、複数の銀行から30億円（銀行劣後ローン）、BC社から14.5億円（匿名組合出資による資金拠出）、㈱豊島企画から75.5億円の合計300億円の資金提供を受け、三山マネジメントはBC社から購入した信託受益権の対価を支払いました。この不動産流動化スキームの中心は、㈱三山コーポレーションが180億円の社債を発行し、これを証券会社が引き受けて機関投資家に販売する計画でした[7]。

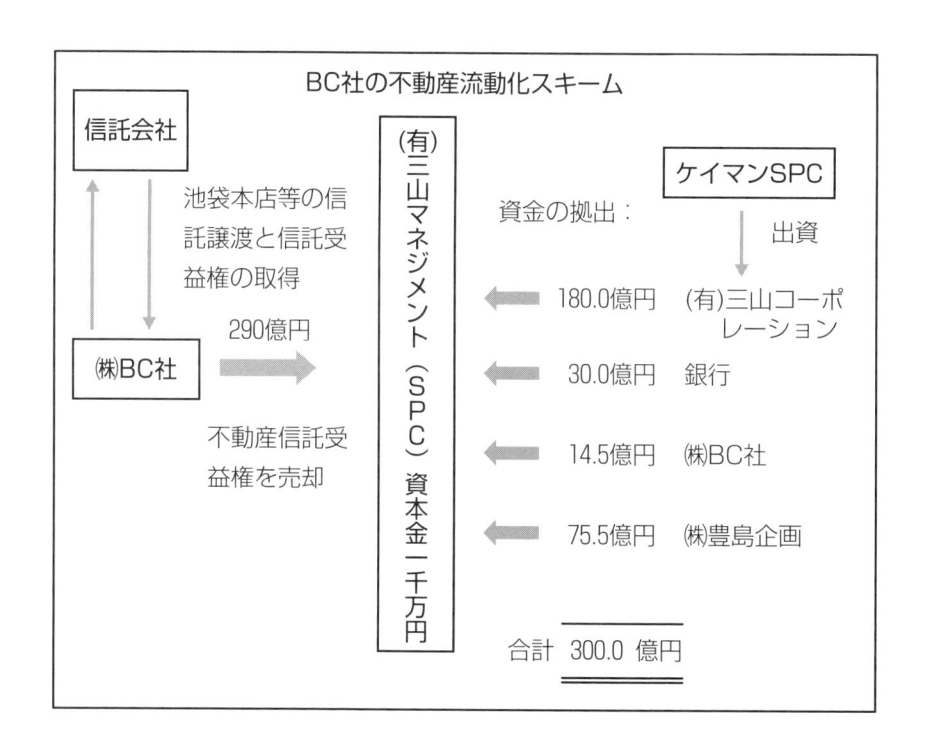

BC社の不動産流動化スキーム

信託会社 → ㈱BC社：池袋本店等の信託譲渡と信託受益権の取得		
㈱BC社 → ㈲三山マネジメント（SPC）資本金一千万円：290億円　不動産信託受益権を売却		
資金の拠出：		
← 180.0億円	㈲三山コーポレーション	← ケイマンSPC 出資
← 30.0億円	銀行	
← 14.5億円	㈱BC社	
← 75.5億円	㈱豊島企画	
合計	300.0億円	

(3) 日本の会計ルールにおける特別目的会社（SPC）と不動産の流動化

　積極的な業容拡大を図る企業は、常に必要資金調達の経営課題があり、資本の増額、銀行借入、社債発行等によって資金調達を行います。しかし、金融機関からの借入には担保等が必要となり、また社債の発行には債権者保護等の厳しい規制があるため、BC 社のように事業規模を拡大させる企業にとって、その必要資金の調達は容易なことではありません。このため、資金調達の多様化を図る目的からも、不動産の流動化スキームを設定し、含み益を有する不動産を特別目的会社へ売却して証券化し、資金化する不動産流動化は実益を伴う資金調達方法といえます。

　日本の会計ルールでは、特別目的会社（SPC）は一定の要件を満たす場合（適正な価額で譲り受けた資産から生ずる収益を、発行する証券の所有者に享受させることを目的として設立され、その目的に従って事業が遂行される場合）には、出資者の子会社には通常該当しないと推定する会計ルールがあります。したがって、この要件を満たす場合、不動産の譲渡人は不動産の売却先である SPC を連結対象から除外し、しかも不動産譲渡による固定資産売却益の会計処理ができます。反対に、その SPC が譲渡会社の子会社と認定された場合、連結財務諸表の作成手続きの中で、不動産の売買取引は内部取引として、すべての取引及び売却益は相殺消去されます。したがって、SPC を活用した不動産流動化はこの要点に適合したスキーム構築が必要不可欠となります。売却された本社及び本店等の不動産は、適正な賃借料を支払うことにより、実質的に従前と同様に利用できるため、資金調達を必要とする企業グループは不動産の証券化による資金調達は実益が多いといえます。

　日本基準による不動産の流動化の取引は、リスク・経済価値アプローチによる会計の判断を行います。その判断は、譲渡した不動産のリスクと経済価値のほとんどすべてが不動産の譲受人である SPC を通して他の者に移転されることを流動化の要件としています。しかし、譲渡人のリスクのすべてを他の者に移転させる要件であったとしても、譲渡人に僅少なリスクが残る状況までを全く認めないこととすると、実務上の取扱いに支障が発生ずる可能性があるため、

独立監査人が適正な監査意見を表明する時に従わなければならないガイドライン（実務指針）の中で、不動産の譲渡人に残るリスクの負担割合は流動化する不動産の譲渡時の適性価額（時価）に対して、おおむね5％の範囲内であれば、譲渡人のリスクのほとんどすべてが他の者に移転したものと見なす、いわゆる「5％ルール」が設定され、不動産流動化スキーム構築の基本要件となっています[8]。

　不動産の流動化スキームは、この「5％ルール」の適用結果によって、不動産を巡る取引が売却となるか、あるいは不動産担保付きの金融借入取引となるかの異なった会計上の判断結論となり、重要な意味を持つ基準値となります。

(4) 譲渡人に残るリスクの判定

　BC社は、譲渡人に残るリスクの負担を以下のとおり計算し、全体の不動産流動化スキームを設定しました。日本基準は、不動産の流動化スキームが何らかの理由によって破綻し、その価値のすべてを失った場合に不動産の譲渡人が被る損失を計算し、そのリスク・経済価値アプローチの判断による会計処理を行います。全体の取引の中で、譲渡人のBC社に残るリスク負担とその割合は以下のとおり計算されます。

	譲渡人に残るリスクの判定	
	流動化設定時	訂正時
㈱BC社のSPCへの資金拠出額	14.5億円	14.5億円
㈲三山マネジメント（SPC）への出資額	0.1	0.1
㈱三山コーポレーションを所有するケイマンSPCへの出資額	0.1	0.1
㈱豊島企画のSPCへの資金拠出額	―	75.5
合　計	14.7億円	90.2億円
不動産の時価に基づいた譲渡人に残るリスクの割合	5.06%	31.10%

このリスク負担額を信託受益権売却額（時価）290億円で除して計算すると、不動産流動化の当初に設定したリスクの判定は5.06％となり、実務上の指針が示すリスク負担割合の「おおむね5％以内」となり、譲渡人に残るリスクの割合は適切に設定され、不動産譲渡人のリスクはSPCを通して他の者に移転されたと判定されます。この結果、SPCは連結対象から除外され、不動産売却の固定資産売却益が計上でき、流動化スキームは目的に適合した構築となります。もちろん、実務上この流動化スキームは、金融機関及びコンサルタント等の専門家の助言により構築され[7]、監査法人による監査が実施されました。

しかし、その後この流動化スキームについて、新しい事実が判明しました。SPCに75.5億円を資金拠出した豊島企画は、当初はBC社から独立した出資者とされました。しかし、豊島企画がSPCへの資金拠出のために行った銀行借入に対して、BC社社長A氏の保有株式がその借入の担保として差入れていたことが判明し、豊島企画は財務諸表規則により過半等の株式を保有し、かつ資金調達額の総額の過半の融資を行うBC社の子会社であると結論されました[9]。これにより、譲渡人に残るリスク負担の再計算を行った結果、リスクの負担は31.1％と計算され、本店等の不動産がSPCを通して他の者に移転させる不動産流動化の「おおむね5％以内」の要件をクリアできなくなりました。このため、不動産を巡る取引はSPCへの売却取引ではなく、不動産担保付きの金融借入取引と結論され、会計処理は訂正されました。この取引の会計判断は、監視委員会が指摘した会計の判断の結論と同一となります。

しかし、所轄税務署及び国税庁はこの取引を不動産の売買取引として認定し、固定資産売却利益の過払いの法人税額の減額を認めませんでした。その根拠は、BC社は不動産流動化スキームの設定当時、商法特例法における大会社ではあったが、有価証券報告書の提出会社ではなく、当時の商法が他の株式会社の総株主の議決権の過半数を有する会社を親会社とし、当該他の会社を子会社と定義しており、旧商法及び商法特例法の規定では豊島企画はBC社の子会社ではないと解釈されます。当時のBC社は、上場企業ではないため連結計算書類の作成の義務はなく、子会社の概念は連結計算書類との関連でのみ意義を有し、

豊島企画が子会社に該当することを前提とする会計処理は必要なかったとするのが自然と解説されています[10]。この解釈では、豊島企画は実質判断による子会社の判定を行うのではなく、子会社としての取扱いを前提とした会計の判断は不要であり、不動産を巡る取引は売買取引であったとする会計の判断の結論を支持しています。

(5) 日本の会計基準及び IFRS に基づく取引の会計判断

　BC 社の不動産流動化スキームは、リスク・経済価値アプローチに根拠を置く日本基準によって会計の判断を行っています。IFRS は、日本基準の根拠とは異なるアプローチによる会計の判断を行うため、単純に2つの会計判断の結論を比較することはできません。しかし、この不動産を巡る取引に関連し、日本基準による会計判断の特徴点や IFRS との相違点について、以下の要約ができます。

① 明示された基準値による会計の判断

　BC 社の不動産流動化スキームに関する会計判断の要点の一つは、譲渡人に残るリスクについての実務指針上の判断値「おおむね5％」の取扱いがあります。この5％基準値は、流動性スキームの中で一部のリスクが譲渡人に残ることを認め、その内容は会計処理における重要性の判断値と理解できます。全体"100"のうち、"5"程度の原則処理に対する乖離は全体に対する重要な影響がないと結論付けることは、会計実務においても一般的に許容できる範囲の結論と考えられます。

　IFRS は、原則主義による取引の実質を優先する会計基準ではありますが、重要性の判断を念頭に置く会計実務は日本基準と同様に行われます。全体に与える影響が軽微であるならば、その影響は重要性の判断によって容認する実務は、日本基準と IFRS の会計実務に基本的な相違はありません。しかし、日本基準の明示された5％基準値は取引自体がこの5％基準値を目標として形成される動機付けを与える可能性があると指摘されます。

IFRSの重要性の判断は、取引の実質をIFRSの原則に従って会計処理を行い、その原則の下で取引全体に与える影響が軽微であれば、重要性の判断を適用した結論付けを行います。しかし、取引の根幹に関わる会計の判断は会計基準の原則に従うことが要求されます。日本基準は、5％基準値の範囲内であれば、取引全体に与える影響が軽微であって重要性がないと結論しますが、IFRSは取引の根幹に関わる部分について、重要性の判断値の5％の中に押し込める会計の判断を採用しません。会計の判断に係る明示された基準値は、特定の会計上の結果を得るための操作の機会を与える可能性があり[11]、IFRSはこの基準値の明示による会計の判断を採用しません[12]。

② 会計判断の適切性についての検証

　明示された基準値に従った会計の判断は、その会計処理の適正性の判定を容易に行うことができます。不動産流動化スキームの5％基準値による会計判断は、その基準値に従って計算すれば、職業会計専門家でなくとも誰でもが簡単に、明瞭な結論を導き出すことができます。しかし、IFRSは明示した基準値を提示しません。IFRSは、取引の実質に係る状況を総合的に検討した会計の判断に基づいた会計処理を要求します。

　このため、基準値が明示されない会計の判断は、誰がどのようにその適正性を検証するかの問題を生じます。IFRSの会計実践は、会計判断の適否について、職業会計専門家が独立した外部監査による職業上の判断によって検証を行います。通常、かつ正常な場合、ほとんどのケースは企業が行った会計判断を独立監査によって検証し、その会計処理の適正を追認します。したがって、職業会計専門家は適切な会計の判断とその会計処理について、社会的に公平な審判役の役割と責任を担うことになります。IFRSの会計実践は、独立した職業会計専門家の職業上の判断を尊重するシステムの上に成り立つともいえます。

　このことは、利害関係者や社会は職業会計専門家が行った最終判断について、専門家の結論として社会的に受け入れる前提が必要となり、これが可能となるためには会計専門家としての社会的な実績の積み重ねと権威が必要となります。この前提が構築できなければ職業会計専門家の会計の判断の結論を巡って、

多くの異なった意見と社会的な混乱が生じ、IFRSの実質主義に基づく財務諸表の作成とその適正性を担保する財務報告制度の運用は困難となります。

また、IFRSの会計実践は判断基準を明示しないことは、会計処理の会計判断について、個々の事例や判例によって示された適切な会計判断の結論を積み重ね、これらを判断基準の基盤として蓄積することが重要になります。日本の税務上の課税に係る判例等は、膨大な判断が蓄積されていますが、これと同様に財務会計の領域についても具体的な事例ごとに適切な会計の判断の根拠と結論についての蓄積を積み上げる努力が必要になります。

③ 規則に近い性格を有する会計基準

日本の会計基準は、長期間にわたって金融庁長官の諮問機関である企業会計審議会とその事務局である国が主導して開発されてきました。したがって、会計基準は公的機関の作成する規則に近い性格を有するといえます。2001年からは、民間の独立専門機関が会計基準を開発していますが、長い期間の公的機関による会計基準の作成の影響は依然として残されているといえます。

BC社の事例では、不動産流動化の会計処理について、明示された基準値を順守しない事実は財務諸表規則に基づいた公表済財務諸表を訂正させ、この訂正が社会の目的に適うと考え、日本の会計基準が法的な拘束力を有する規則に近い性格を示しているといえます。

IFRSは、取引の実質を重視する会計判断を行い、取引の事実と状況を総合的に判断した会計の判断を要求します。IFRSの会計実践の下では、取引に関する多くの側面が検討され、総合的な結論による会計処理が基本となります。したがって、日本基準による明確な基準値による会計の判断とは異なり、結論に至るまでのプロセスを論理的に積み上げる会計の判断が必要となります。IFRSの実質重視の会計の実践は、企業の財務諸表作成者と職業会計専門家の両者が職業上の会計実務者と会計専門家の立場に立ち、適切な連結財務諸表の作成を目標にしているともいえます。

④ 会計上の見積りと将来に向かっての修正

IFRSの会計実践は、取引の実質を重視し、取引の事実と状況等を総合的に

判断した会計処理が要求され、会計の判断を必要とする会計処理の領域が拡大します。これに対し、日本基準の会計実践は細則やガイドラインを設けて会計の判断の領域を狭め、会計実務者の判断の相違から生ずる差異を最小にすることを重視します。したがって、IFRSと日本基準は会計の判断に関する位置付けが異なるといえます。

会計の判断が必要とされる領域は、架空資産の計上や簿外負債の未計上等の反社会的行為を意図した粉飾や不正行為に関する会計処理の中には含まれません。また、ほぼ日常業務化された会計の判断の必要性の少ない会計処理もあります。そうすると、会計の判断が必要とされる領域とは、不適切な会計処理(黒色の領域)に近い、例えば会計のルールが確立していない取引を自己の有利になるように意図的に解釈するようなケースの会計判断の領域から、実務手続きに関連した会計責任者の意図を含まない事務処理に近い会計処理(白色の領域)の領域に挟まれたグレーゾーン(灰色の領域)の領域ということができます。

会計の判断が必要とされる具体的な領域として、滞留在庫の評価、売掛債権の回収可能性と貸倒引当金、固定資産の減損、のれんの償却年数の決定、ヘッジ会計の適用、リストラクチャリング等の引当金、売上返品の見積り、支払リベートの見積り、開発費の資産計上、機能通貨の決定、ファイナンス・リースとオペレーティング・リースの分類、偶発債務の会計上の取扱い、繰越欠損金の将来の利用可能性、市場価格のない非上場株式の評価、売上の総額・純額の表示等の多数の会計の判断を必要とする領域を挙げることができます。

IFRS会計実践における会計の判断は、白色と黒色の領域に挟まれた灰色のグレーゾーンにおいて、取引の実質を重視した総合的な会計判断による会計処理が要求されます。また、規定主義の会計判断はその必要とされるグレーゾーンの領域を狭め、反対に原則主義の会計判断は総合的な結論付けの必要性によってグレーゾーンの領域を拡大させる傾向があります。原則主義の会計判断は、規則主義による会計判断と比較し、その判断が必要となる領域を増加させ、論理的な根拠付けのプロセスを重視する必要を高め、会計実務者の会計判断に係る力量や論理的な構成による結論付けのウェートを高めるものと考えます。

また、会計の判断は早期の財務情報の開示要請の中で、取引が確定する以前に会計処理を行う必要性が高まり、現在の会計は会計の見積りや仮定を多用する会計実務が増大します。ある特定時点で入手可能な判断材料となる情報を収集し、最善の見積り (best estimate) による会計処理を行い、その見積りが実際と相違した場合には、その差異が判明した時点で見積りとの差額を修正し、見積りと実績の修正と調整を繰り返す会計手続きがIFRSの会計実践といえます。IFRSは、会計上の見積りや仮定の適用に関するリスクの存在を連結財務諸表注記に開示することを要求し（IAS 1、125項）、多くの見積りや仮定に基づいた財務諸表作成を前提とする現在の会計の特徴と限界を示しているといえます。すべての事実と関連する状況を総合的に検討するIFRSの会計実践は、会計の判断の領域を拡大させ、従前とは異なる会計の判断と会計実践が必要になり、将来の会計実務家はその会計実践の対応能力の底上げが要請されています。

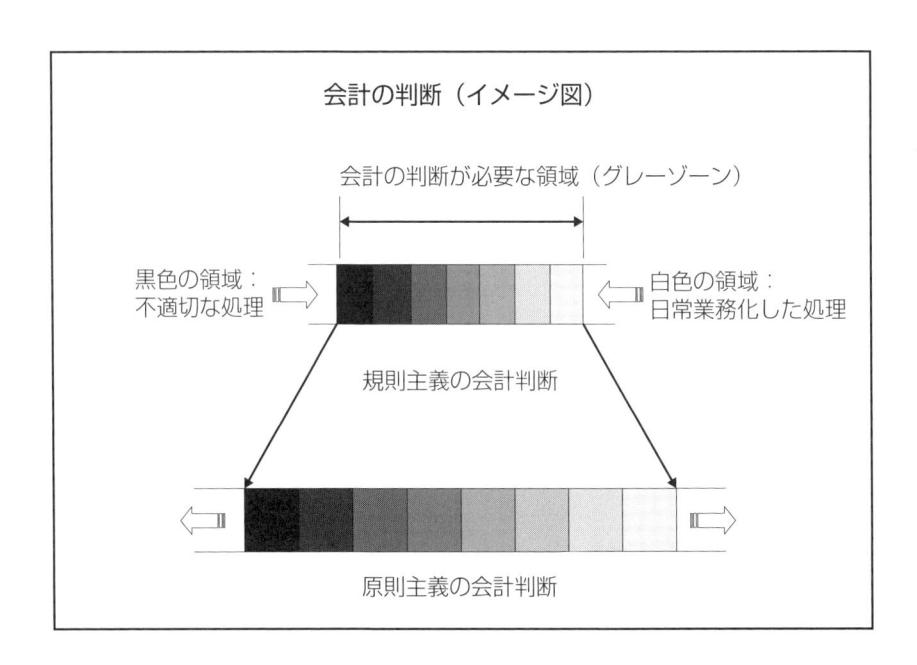

会計の判断（イメージ図）

会計の判断が必要な領域（グレーゾーン）

黒色の領域：不適切な処理　　　　　　　白色の領域：日常業務化した処理

規則主義の会計判断

原則主義の会計判断

(注)
1 財務諸表規則に基づくIFRS任意適用は、日本基準とIFRSの利益の調整を示す並行開示の要求があるため、IFRS報告年度及び前年度について、2つの会計基準の適用による相違内容を開示することが要求され、利益の調整内容を参照できます。
2 連結利益の比較に使用した会計年度は、日本板硝子2011年3月期、HOYA 2010年3月期、日本たばこ2011年3月期に係るものです。
3 日本たばこの利益調整は、「少数株主損益調整前当期利益」からスタートして調整表が作成され、少数株主に帰属する利益の増加はIFRS修正項目として表示されていません。
4 「減価償却定額法に変更相次ぐ、ホンダ400億円増益要因に」、2012年5月31日付日本経済新聞
5 「上場企業の連結子会社数 海外M&A映し最高」、2012年7月24日付日本経済新聞及び「海外M&A円高で最多、日本企業今年500件に迫る」、2012年12月16日付日本経済新聞
6 「ビックカメラ決算書虚偽記載、国税と監視委判断分かれる」、2010年3月17日付日本経済新聞
7 「㈱ビックカメラ調査委員会の調査報告（概要）」、2009年2月20日
8 日本公認会計士協会「特別目的会社を活用した不動産の流動化に係る譲渡人の会計処理に関する実務指針（会計制度委員会報告第15号）」
9 財務諸表規則第8条4．ニ
10 弥永真生「ビックカメラ事件決定が定義した問題点」、商事法務No.1908（2010年9月5日号）
11 定量的な評価による境界線上の区分に基づくテストは、特定の会計上の結果を得るための操作の機会を生じさせると説明されます（IFRS10、BC3）。
12 IFRSの会計判断において、量的基準の明示はヘッジ会計の有効性の判定（ヘッジの実際の結果が、80〜125％の範囲内にあること、IAS39、AG105）がありますが、極めて例外的です。

第3編

IFRS連結財務諸表の作成

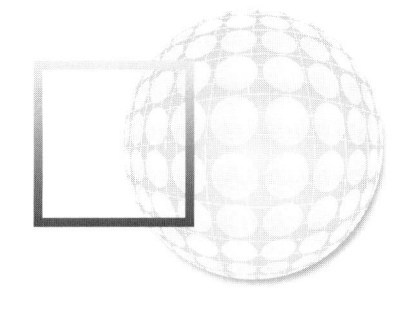

NSH グループ連結財務諸表（トライアル）

連結損益計算書
連結包括利益計算書
連結貸借対照表
連結株主持分変動計算書
連結キャッシュ・フロー計算書
連結財務諸表注記
 N1．重要な会計方針の要約
 N2．セグメント情報
 N3．純売上高
 N4．その他営業収益及び費用
 N5．人件費
 N6．金融収益及び費用
 N7．税　金
 N8．現金及び現金同等物
 N9．有価証券
 N10．売掛債権
 N11．棚卸資産
 N12．その他流動資産
 N13．有形固定資産
 N14．投資有価証券

 N15．無形資産
 N16．繰延税金資産
 N17．その他固定資産
 N18．買掛債務
 N19．その他流動負債
 N20．借入金
 N21．金融商品の時価情報
 N22．引当金
 N23．退職給付引当金
 N24．役員退職慰労引当金
 N25．その他包括損益
 N26．財務上のリスク管理
 N27．偶発債務
 N28．契約債務
 N29．１株当たり情報
 N30．関連当事者取引
 N31．IFRS の初度適用
 N32．５年間の主要な財務数値等
 N33．子会社リスト

ＮＳＨグループ　連結財務諸表(トライアル)
連結損益計算書

NSH グループ　連結損益計算書、IFRS　［IAS 1、12、81］

(百万円)　［IAS 1、51］

3月31日に終了する年度

	注記 N.	20x6年	20x5年	
純売上高	2、3	35,469	31,596	IAS 1、82(a)
売上原価		(22,603)	(20,158)	
売上総利益		12,866	11,438	
				IAS 1、38
販売費及び配送費		(6,527)	(5,657)	
一般管理費		(4,105)	(3,489)	
研究開発費	2	(860)	(771)	IAS38、126
その他営業収益	4	203	728	
その他営業費用	4	(45)	(83)	
営業利益	2	1,532	2,166	
金融収益	6	181	125	IAS 1、82(b)
金融費用	6	(39)	(150)	
税引前利益		1,674	2,141	
税　金	7	(748)	(1,221)	IAS 1、82(d)、(f)
当期利益		926	920	
当期利益の帰属				
―ＮＳＨ㈱の株主持分		831	861	IAS 1、83(a)
―非支配株主持分		95	59	
1株当たり当期利益（円）	29	18.92	19.60	IAS33、66

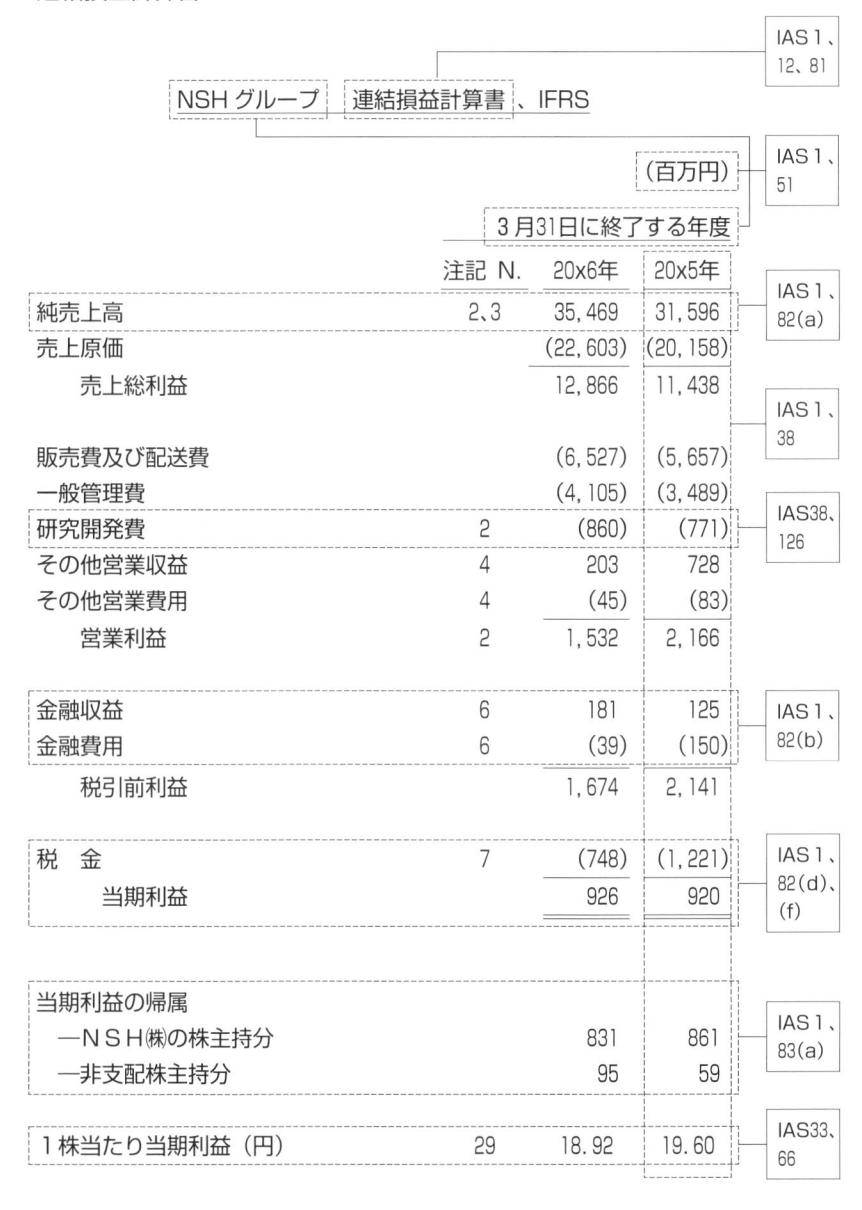

211

連結包括利益計算書

NSH グループ 連結包括利益計算書、IFRS — IAS 1、12、81

(百万円) — IAS 1、51

3月31日に終了する年度

	注記 N.	20x6年	20x5年	
連結損益計算書上の認識済当期利益		926	920	IAS 1、38
その他包括利益：				
売却可能金融資産評価損益	25	151	(332)	IAS 1、82(g)
外貨換算損益	25	101	(420)	
その他包括利益、税金控除後		252	(752)	
当期包括利益		1,178	168	IAS 1、82(i)
当期包括利益の帰属				
―NSH㈱の株主持分		1,053	156	IAS 1、83(b)
―非支配株主持分		125	12	

連結貸借対照表

NSHグループ 連結貸借対照表、IFRS

(百万円) — IAS1、51

3月31日現在

	注記 N.	20x6年	20x5年	
資 産：				
現金及び現金同等物	8	984	1,089	IAS1、38
有価証券	9	849	867	
売掛債権	10	10,146	9,504	
棚卸資産	11	10,911	7,229	
その他流動資産	12	210	223	
流動資産		23,100	18,912	
有形固定資産	13	4,125	4,127	
投資有価証券	14	2,964	2,472	
無形資産	15	318	302	
繰延税金資産	16	44	(188)	IAS1、56
その他固定資産	17	117	139	
固定資産		7,568	6,852	
資産合計		30,668	25,764	
負 債：				
買掛債務	18	(6,941)	(5,903)	
短期借入金	20	(4,883)	(2,790)	
未払金		(1,972)	(1,423)	
引当金	22	(876)	(771)	
その他流動負債	19	(780)	(492)	
流動負債		(15,452)	(11,379)	
長期借入金	20	(1,644)	(1,919)	
退職給付引当金	23	(1,535)	(1,430)	
役員退職慰労引当金	24	(621)	(561)	
その他固定負債		(122)	(66)	
固定負債		(3,922)	(3,976)	
負債合計		(19,374)	(15,355)	
株主持分：				
株主資本		(4,335)	(4,335)	
資本剰余金		(1,893)	(1,899)	
利益剰余金		(4,794)	(4,314)	
その他包括利益		271	493	
親会社株主持分		(10,751)	(10,055)	IAS1、54
非支配株主持分		(543)	(354)	IFRS10、22
株主持分合計		(11,294)	(10,409)	
負債及び株主持分		(30,668)	(25,764)	

連結株主持分変動計算書

NSH グループ　連結株主持分変動計算書、IFRS

(百万円)

	親会社株主持分						非支配株主持分
	株式資本	資本剰余金	利益剰余金	売却可能金融資産	外貨換算	合　計	
20x4年 4月1日現在	(4,335)	(1,911)	(3,766)	(212)	0	(10,224)	(540)
連結損益計算書の認識済当期利益			(861)			(861)	(59)
売却可能金融資産				312		312	20
外貨換算					393	393	27
当期包括利益			(861)	312	393	(156)	(12)
配当金の支払い (1株当たり7円)			299			299	23
自己株式取得等		12	14			26	
その他							175
		12	313			325	198
20x5年 3月31日現在	(4,335)	(1,899)	(4,314)	100	393	(10,055)	(354)
連結損益計算書の認識済当期利益			(831)			(831)	(95)
売却可能金融資産				(135)		(135)	(16)
外貨換算					(87)	(87)	(14)
当期包括利益			(831)	(135)	(87)	(1,053)	(125)
配当金の支払い (1株当たり8円)			351			351	18
自己株式取得等		6				6	
その他							(82)
		6	351			357	(64)
20x6年 3月31日現在	(4,335)	(1,893)	(4,794)	(35)	306	(10,751)	(543)

IAS 1、106

連結キャッシュ・フロー計算書

NSHグループ 連結キャッシュ・フロー計算書、IFRS

IAS 1、51

（百万円）

3月31日に終了する年度

	20x6年	20x5年
当期利益	926	920
減価償却減耗費	892	814
有形固定資産売却損益	(1,545)	0
退職給付引当金の変動	105	48
その他引当金の増減額	165	252
売掛債権の増減額	(642)	(1,184)
棚卸資産の増減額	(3,682)	(977)
買掛債務の増減額	1,038	394
その他	824	(902)
営業活動によるキャッシュ・フロー純額	(1,919)	(635)
有形固定資産の取得による支出	(749)	(1,037)
有形固定資産の売却による収入	1,621	473
金融資産の取得による支出	(492)	965
無形資産の取得による支出	(60)	(174)
その他の投資の変動	21	0
投資活動によるキャッシュ・フロー純額	341	227
長期借入金の借入による収入	225	375
長期借入金の返済による支出	(500)	(181)
短期借入金の増加による収入	2,093	591
配当金の支払い	(369)	(322)
財務活動によるキャッシュ・フロー純額	1,449	463
現金及び現金同等物に係る換算差額	24	(124)
事業活動に伴う現金同等物の変動	(105)	(69)
現金同等物の期首残高	1,089	1,158
現金同等物の期末残高	984	1,089

IAS 1、38

IAS 15、10

NSHグループ連結財務諸表注記

N1. 重要な会計方針の要約
連結財務諸表の作成に採用した重要な会計方針は、以下のとおりです。

> IAS 1、112

連結財務諸表の作成基礎
NSH㈱（当社）及びその子会社（NSHグループ）の連結財務諸表は、国際会計基準審議会(IASB)が公表した国際財務報告基準(IFRS)に準拠して作成しています。連結財務諸表は、公正価値による測定が要求される会計項目を除き、歴史的取得原価を基礎としています。

> IAS 1、16
> IAS 1、117

20x6年3月31日に終了した会計年度の連結財務諸表は、20x6年5月14日開催の取締役会で承認され、同年6月27日開催の定時株主総会において株主への報告手続きが必要となります。

NSHグループは、20x6年3月31日（IFRS報告日）に初めてIFRSに基づいた連結財務諸表を作成しました。IFRS初度適用の内容は、注記N31.「IFRSの初度適用」に記載しています。連結財務諸表の前年比較情報は、IFRS適用による修正等を反映しています。IFRS及び日本の会計基準（日本基準）の主要な相違は、注記N31.「IFRSの初度適用」に記載しています。

20x5年3月31日以前に終了した会計年度の連結財務諸表は、一般に公正妥当と認められた日本の会計原則に基づいて作成され、その公表された最終（直近）年度の連結財務諸表は20x5年3月31日に終了した会計年度に係る財務諸表です。

> NSHグループの経営者は、収益及び費用、資産及び負債並びに偶発債務に影響を与える会計上の見積りや仮定の適用を行って連結財務諸表を作成します。この会計上の見積りや仮定は、実際と相違した場合、その相違が判明した時点の会計年度において修正します。
> 新会計基準の適用による会計方針の変更は、特段の取扱いがある場合を除き、新しい会計方針があたかも過去の財務諸表に遡って適用されていたかのように会計処理します。

> IAS 1、122
> IAS 8、22

連結方針

連結財務諸表は、NSH株式会社（日本・東京都に設立登記する会社）及びその支配するすべての子会社を連結範囲に含めて作成します。子会社とは、NSHグループが直接・間接に支配する企業で、支配とは投資先に関与する権利と影響力を行使できる能力を有する場合をいいます。通常、NSHグループは直接あるいは間接に議決権株式の50％超を所有する場合、その企業を支配するとします。

新規に取得した企業は、その支配を獲得した日から、また支配を喪失した企業は喪失した日までを連結範囲に含めます。連結会社間の取引、残高及び未実現利益は、すべて相殺消去します。支配の獲得後、子会社持分の変動は株主持分の取引として会計処理します。NSHグループの決算日（3月31日）と3ヶ月超の差異のある決算日の連結子会は、3月31日に終了する12ヶ月間の仮決算に基づいた財務諸表を作成して連結決算を行います。

IAS 1、138(a)

IFRS10、5、6

IFRS10、20、23

IFRS10、B92、B93

関係会社に対する投資

関係会社に対する投資は、持分法によって会計処理します。関連会社とは、NSHグループが20％から50％までの議決権を有し、重要な影響力を行使できる企業をいいます。

IAS28、6、13

セグメント情報

セグメント情報は、取締役会に報告される内部管理上の事業報告の区分によります。NSHグループは、電気用品事業及びサービス事業の2つの報告セグメントを有し、電気用品事業は消費者向け家庭電気用品等の製造・販売及び輸出入を行い、サービス事業は電気用品の据え付け及びメインテナンス・サービス等を行っています。

2つの事業セグメントは、外部顧客への売上あるいはサービス提供による独立した収入の計上を行うセグメントであり、独立企業として異なった経営者が事業経営を行っています。事業セグメント間における取引は、第三者取引による市場価格によります。

IFRS 8、20、21

IFRS 8、27

外貨換算

NSHグループは、親会社の機能通貨である日本円により財務諸表の表示を行います。また、グループ各社は現地国通貨を機能通貨

IAS21、9、23

とします。外貨建取引は、取引日の為替レートを適用して換算し、また取引の決済、貨幣性資産及び負債の期末日為替レートを適用した換算から生ずる差額は損益計算書に計上します。機能通貨建て海外子会社の資産及び負債は、期末日為替レートにより、また損益項目は年間の平均為替レートを適用して報告通貨（日本円）に換算します。株主持分は、出資日の為替レート適用により換算します。海外子会社の財務諸表の換算から生じた未実現換算差額は、その他包括損益として包括利益計算書に、またその残高は貸借対照表上の資本持分に表示します。 —— IAS21、44

収　益
　純売上高は、顧客への製品及び提供サービスの対価から売上値引・割戻し、価格リベート及び返品の影響額を控除します。その見積額は、販売契約、過去の実績、市場の販売趨勢等の分析に基づき、未払費用あるいは引当金等として認識します。売上に関わる消費税は、税抜きで表示します。製品売上及び役務サービス収益は、重要なリスクと経済価値が買い手に移転した時点で認識します。 —— IAS18、35

—— IAS18、14

　また、収益は信頼できる測定が可能で、経済価値の流入が確実であり、その原価及び費用を信頼して測定できる場合に認識します。受取配当金は、権利確定時に、受取ロイヤリティー及び受取利息は発生主義により会計処理します。 —— IAS18、30

研究開発費
　研究開発活動のうち、研究活動に関わる支出はその発生時に費用処理します。開発活動に関わる支出は、他の資産との区別が可能で、将来の経済価値獲得の可能性が高く、その原価の信頼した測定ができ、かつ商業及び技術的な商品化が可能等の要件を満たす場合に、無形資産として認識します。NSHグループは、現時点において無形資産の認識要件のすべてを満たさないため、開発活動に関わる支出はその発生時に費用処理します。 —— IAS38、54

—— IAS38、57

固定資産の減損
　固定資産（のれんを除く）は、減損の兆候がある場合、現金生成単位ごとに回収可能額を見積り、資産の帳簿価額がその回収可能額（資産の公正価値から売却費用を控除した額と使用価値のどちらか —— IAS36、9、59

大きな額）を超過する場合、その帳簿価額を回収可能価額まで減額し、差額を減損損失として損益計算書に計上します。

使用価値は、貸借対照表日以降の5年間は見積キャッシュ・フローにより、それ以降は予測成長率による利用額を割引計算した金額によります。減損の事由が消滅した場合、過年度に認識した減損損失は戻し入れを行います。

IAS36、110

のれん（営業権）の減損

取得した企業の識別可能な資産及び負債は、公正価値によって測定し、NSHグループが保有する持分を超過する部分をのれん（営業権）として会計処理します。のれんは、減損兆候の有無に関わらず、貸借対照表日現在で減損テストを行い、その帳簿価額が回収可能価額を超過する場合、のれんの帳簿価額を回収可能価額まで減額し、差額を減損損失として損益計算書に認識します。

IAS36、10

過年度に認識されたのれんの減損損失は、減損の事由が消滅した場合でも、その戻し入れを行いません。

IAS36、124

税　金

税金費用は、グループ各企業の課税対象となる利益に対して法人税法の規定を適用して計算します。その他包括利益項目に関連した税金は、その他包括利益において認識します。

繰延税金資産負債は、資産及び負債の帳簿価額と法人税法に規定する資産及び負債額の相違から生ずる一時差異に対して認識します。適用税率は、繰延税金資産負債に関連する資産及び負債が実現し、あるいは解消する時点における税率を適用します。

IAS12、15、24

IAS12、34

税務上の繰越欠損金に対する繰延税金資産の認識は、将来の利益が繰越欠損金と確実に相殺できる範囲に限定されます。税金資産負債及び繰延税金資産負債は、その相殺についての法的強制力があり、また純額での決済等が意図される場合、相殺して表示します。

IAS12、74

棚卸資産

棚卸資産は、帳簿価額または正味実現可能価額のいずれか低い額を認識します。正味実現可能価額は、見積販売価額から販売に直接必要となる見積販売費を控除した額です。棚卸資産の評価方法は、一般的に平均法による原価法を採用します。

IAS 2、25、36

有形固定資産
　有形固定資産は、当初に取得原価で認識し、減価償却引当金及び減損損失を控除した純帳簿価額で表示します。減価償却費は、土地を除き、以下に示す資産ごとの見積耐用年数にわたって、主として定額法の減価償却方法により計算を行います。
　また、貸借対照表日ごとに減価償却方法、見積耐用年数及び残存価額の見直しを行い、変更の必要がある場合、会計上の見積りの変更として将来に向かって修正します。 ── IAS16、51、61

建物及び構築物	3～50年
機械装置及び運搬具	2～10年
工具・器具及び備品	2～15年

── IAS16、73

　ファイナンス・リースによる保有資産は、リース期間の終了時までに所有権の移転が確実な場合、資産の見積耐用年数によって償却します。所有権の移転が不確実な場合、リース期間とリース資産の見積耐用年数のいずれか短い期間により償却します。 ── IAS17、27

リース
　NSHグループがリースの借り手である場合、リース資産の所有に伴う経済価値とリスクが実質的に借り手に移転されている場合、そのリース取引をファイナンス・リースとして分類し、リース取引開始時にリースの公正価値と最低支払リース料総額の現在価値のいずれか低い額をリース資産として認識します。ファイナンス・リースにより保有する資産は、リース期間を耐用年数として定額法により減価償却します。支払リース料に含まれる支払利息は、実効金利法によりリース期間にわたって配分し、金融費用として認識します。 ── IAS17、20、25
　ファイナンス・リース以外のリース取引は、すべてオペレーティング・リースとして分類し、支払リース料はリース期間にわたって費用処理します。 ── IAS17、8

無形資産
　無形資産（のれんを除く）は、当初に取得原価によって認識し、取得原価から償却額及び減損損失を控除した純帳簿価額を表示します。 ── IAS38、118

無形資産は、使用可能となった時点から、以下の見積耐用年数により一般的に定額法によって償却します。
　　ソフトウェア　　　　　　5年
　　特許権　　　　　　　　7〜12年
　　商標権　　　　　　　　10〜15年

金融商品
　金融商品は、内容により分類し、その認識と測定を行います。NSHグループは、運転資金及び設備投資等に必要な資金を資金計画によって調達し、一時的な余裕資金は安全性の高い金融商品による運用を経営方針とします。また、短期間の市場価格の変動から利益を獲得するトレーディング目的による取引を行わないことを経営方針としています。

IAS39、9

(1) 金融資産
　金融資産は、公正価値による変動を損益で認識する金融資産、売掛債権及び貸付金、満期保有目的の債券及び売却可能金融資産に分類され、当初認識は公正価値に直接の取引費用を加算し、それ以降は報告日現在における所有目的の分類ごとに会計上の取扱いを行います。

IAS39、14、43

　NSHグループの金融資産は、主として現金及び現金同等物、売掛債権、満期保有債券及び売却可能資産であり、所有目的の分類により評価します。貸借対照表日現在において、減損兆候の有無についての検証を行い、減損の明らかな証拠がある場合、帳簿価額と回収可能価額との差額を減損損失として損益計算書に認識します。

IAS39、58

　金融資産は、権利の消滅や移転による資産の所有に伴う経済価値とリスクが消滅した時点で、その認識を中止します。

IAS39、17

現金及び現金同等物
　現金及び現金同等物は、現金、銀行預金及び価値変動のリスクが僅少で、取得日から3ヶ月以内の短期投資を含み、当初認識後は実効金利法による償却原価により会計処理します。

IAS7、7

売掛債権、貸付金及びその他債権
　売掛債権、貸付金及びその他債権は、実効金利法の適用により、

貸倒引当金を控除して表示します。長期間の期日を有する売掛債権は、貨幣価値の時間の影響が重要である場合、現在価値に割引計算した金額で表示します。 ── IAS39、46

　貸倒引当金は、得意先等が財務上の困難によって債権額を回収できなくなる可能性に対する見積額であり、売掛債権の信用評価及び過去の貸倒実績等の評価と検討を行い、回収可能価額と帳簿価額の差額を貸倒引当金繰入損として会計処理します。

満期保有目的の債券

　満期保有目的の債券は、国内及び外国債券、コマーシャル・ペーパー等で満期期日の確定した債券です。NSHグループは、満期保有目的の債券を満期期日まで保有する意志を有し、満期期日以前の売却を予定しません。債券の取得額と償還額とに差額がある場合、実効金利法により受取利息を契約期間にわたって配分します。 ── IAS39、46

売却可能金融資産

　売却可能金融資産は、主として定期預金、受取手形及びその他投資有価証券で、上場株式は市場価格で、非上場株式は特定の評価技法による公正価値により測定します。公正価値の変動による損益は、その他包括損益とし、金融資産の売却・処分による損益の確定時点で株主持分から損益に振り替えます。売却可能資産の受取利息は、実効金利法により契約期間にわたって配分します。

(2) 金融債務

　金融債務は、主として買掛債務、支払手形、借入金及びその他債務で、当初の認識後は受領金額から取引費用を控除した公正価値で測定し、金融債務の取得価額と償還価額との差額は実効金利法により契約期間にわたって配分します。金融債務は、契約義務の満期日、解除・中止の時点において、その認識を中止します。 ── IAS39、43、47

── IAS39、39

退職給付債務

　従業員の退職年金は、確定給付型年金制度を採用し、退職給付債務はその現在価値から未認識過去勤務費用及び制度資産の公正価値を控除して算出します。また、年金債務等は独立した外部の年金専門家による年金数理計算報告書によります。確定給付債務及び勤務 ── IAS19、54、57

費用は、予測単位積増方式を採用し、年金制度資産の現在価値への割引、将来の昇給、年金資産の運用収益等の保険数理に基づいた計算を行います。

取締役及び監査役の退職慰労引当金
　国内子会社の取締役及び監査役に対する役員退職慰労金は、役員勤続年数及び会社貢献等を規定する内規に基づいて見積計上します。取締役及び監査役への退職慰労金の支払いは、株主総会の承認手続きが必要となります。

引当金及び偶発債務 | IAS37、14
　引当金は、法的・推定的義務が発生し、将来にその義務決済のためにグループ資源が流出する可能性が高く、その合理的な見積りができる場合に認識します。引当金は、貨幣価値の時間的な影響が重要である場合、現在価値に割引計算して表示します。偶発債務は、将来に発生可能な事象が存在し、その義務額の合理的な見積りができない場合、その内容を開示します。偶発資産は、資産を認識せずに経済価値流入の可能性が高い場合、その内容を開示します。 | IAS37、27、86 | IAS37、31、89

自己株式 | IAS1、79(a)
　当社及びグループ子会社が保有する自己株式は、取得原価により測定し、株主持分から控除します。自己株式の購入または売却に関連した取引から損益を認識せずに、その売却時に帳簿価額と売却価格との差額を資本剰余金として会計処理します。

利益の配当
　親会社の株主に対する配当金は、取締役会がその支払いを承認した日が属する会計年度の負債として認識します。

経営者の判断による見積り及び仮定の適用 | IAS1、125
　NSHグループの連結財務諸表の作成は、経営者の判断による会計上の見積りと仮定を適用して作成します。経営者の判断は、入手可能な実績、市場分析、将来の趨勢の情報等を総合的に判断し、その時点で最善な決定を行いますが、その見積りは実際の結果と相違することがあります。この場合、実際との相違が判明した時点で、当初の見積りを修正します。
　経営者の判断により、連結財務諸表に重大な影響を及ぼす可能性

のある主要な項目は以下のとおりです。

売上返品及び販売促進費の見積り

　NSHグループの事業活動は、返品の受入れと得意先へのリベート等の販売促進費を支払う取引慣行があります。これらの将来の見積りは、現在の販売契約、現時点までの販売実績、将来需要の予測や趨勢等によって行いますが、その見積りは実際と相違する可能性があります。

退職給付債務

　当社及び日本国内子会社の従業員は、確定給付型年金制度に加入しており、貸借対照表日現在において退職給付債務を見積ります。その見積債務額は、年金債務の割引現在価値の計算に適用される割引率、年金制度資産の期待収益率、将来の給与等の昇給率、制度加入及び脱退率等の多くの保険数理計算上の仮定を前提としており、その見積りは将来の経済情勢、年金制度の投資運用の結果等により、実際と相違する可能性があります。

固定資産の減損

　固定資産（のれんを除く）は、減損兆候がある場合、回収可能価額を見積り、資産の帳簿価額がその回収可能価額を超過する場合、帳簿価額を回収可能価額まで減額します。しかし、その見積りは計画と異なる固定資産の利用、市場動向、経済陳腐化、製品需要の変化、見積耐用年数等の相違により、実際と相違する可能性があります。

税　金

　当期税金及び繰延税金費用は、現時点で判明している将来の法人税法及び税務指針等によって見積ります。その見積りは、将来の法人税等に係る税法規定や税務指針の改定、また将来の税務調査の結果等によって、実際と相違する可能性があります。

非上場株式等の金融商品

　取引市場のない非上場株式等の金融商品は、特定の評価技法によって計算された公正価値に基づき測定します。NSHグループの

経営者は、採用した評価技法が現在の市場の状況を適切に反映すると信じていますが、その評価技法は判断の領域が広く、実際と相違する可能性があります。

リース取引

リース取引は、ファイナンス・リース及びオペレーティング・リースの分類の会計判断が必要とされ、その判定にはリース契約の内容だけでなく、所有に伴う経済価値とリスクの実質的な借り手への移転についての実質判断が必要とされます。リース取引の分類は、取引実質の解釈の相違により、実際と相違する可能性があります。

企業結合

企業結合の取引は、取得した資産と債務を公正価値による測定が必要とされます。取得した企業が所有する知的財産、特許、商標、現在の研究開発途中の権利及び蓄積された専門知識等について、公正価値による測定は困難な判断が必要とされます。また、将来発生する可能性のある偶発債務や税務上の繰越欠損がある場合、その見積りや回収可能性の判断が必要となります。これらの見積りと判断は、将来の経済情勢、経営計画の変更等により、影響を受ける可能性があります。

未適用の会計基準

20x5年に、国際会計基準審議会(IASB)は新会計基準を公表しました。NSH グループの連結財務諸表の作成に関連する可能性のある新会計基準は、以下のとおりです。

| IAS 8、30 |

IFRS 第10号「連結財務諸表」
IFRS 第11号「共同支配の取決め」
IFRS 第12号「他の企業への関与の開示」
IFRS 第13号「公正価値測定」
IAS 第1号（改訂）「財務諸表の表示」
IAS 第19号（改訂）「従業員給付」

IFRS 第10号は、すべての事業体に適用される単一の支配モデルを採用し、投資先の支配についての定義及び要素等による決定を要求し、パワー、変動リターンに対する権利等を解説しています。こ

の新しい解釈について、NSH グループの連結財務諸表の作成に重要な影響はないと判断しています。

IAS 第19号（改訂）は、給付建年金制度の保険数理上の損益認識の遅延認識（"コリドー方式"として知られる会計処理）を認めない改訂を行いました。また、期待運用収益を廃止し、利息費用の計算方法を改定しています。NSH グループは、遅延認識方式を採用しないため、改定による影響はありません。

NSH グループは、現在20x6年4月1日以降に発効する新会計基準及び新解釈指針の適用について、その潜在的な影響についての評価を行っています。現時点において、NSH グループの経営成績及び財政状態に重大な影響を与える可能性のある新基準等の該当はないと判断しています。

N 2．セグメント情報

(1) 事業別

（百万円）

20x6年度

	電気用品事業	サービス事業	調整額	合　計
外部顧客への純売上高	30,150	5,319	—	35,469
セグメント間の純売上高	1,515	267	(1,782)	—
営業利益	1,359	241	(68)	1,532
総資産	28,026	4,922	(2,280)	30,668
減価償却費	(720)	(128)	—	(848)
研究開発費	(731)	(129)	—	(860)
有形及び無形固定資産増加額	707	102	—	809

IFRS 8、20、22、23

（百万円）

20x5年度

	電気用品事業	サービス事業	調整額	合　計
外部顧客への純売上高	26,858	4,738	—	31,596
セグメント間の純売上高	1,323	233	(1,556)	—
営業利益	1,940	342	(116)	2,166
総資産	24,753	3,345	(2,334)	25,764

減価償却費	(581)	(101)	—	(682)
研究開発費	(656)	(115)	—	(771)
有形及び無形固定資産 増加額	1,026	185	—	1,211

(2) 地域別

（百万円）

	20x6年度	20x5年度
日　本	29,076	26,990
中　国	4,631	3,057
その他	1,762	1,549
	35,469	31,596

IFRS 8、33

(3) 主要な顧客

電気用品事業は、代理店による商品等の販売を行っています。20x6年度に主要代理店の㈱荒川に売上高8,157百万円（20x5年度7,658百万円）を計上し、その代理店の売上高は連結純売上高に対して23％（20x5年度24％）です。

IFRS 8、34

N3．純売上高

（百万円）

	20x6年度	20x5年度
製品及び商品売上高	30,150	26,858
サービス売上高	5,319	4,738
	35,469	31,596

IAS 18、35

N4．その他営業収益及び費用

（百万円）

	20x6年度	20x5年度
受取賃貸料	38	36
受取技術指導料	100	84
固定資産売却益	2	527
その他	63	81
その他営業収益	203	728

IAS 1、97

227

固定資産除去損	(24)	(41)
その他	(21)	(42)
その他営業費用	(45)	(83)
	158	645

N5．人件費

（百万円）

	20x6年度	20x5年度
賃金及び給与	(3,957)	(3,564)
退職給付費用	(245)	(238)
社会保障費他	(1,120)	(937)
	(5,322)	(4,739)

IAS 1、104

N6．金融収益及び費用

（百万円）

	20x6年度	20x5年度
受取利息	9	14
受取配当金	127	100
為替差益	45	—
投資有価証券売却益	—	11
金融収益	181	125
支払利息	(35)	(48)
為替損失	—	(102)
その他	(4)	—
金融費用	(39)	(150)
	142	(25)

IFRS 7、20

N7. 税　金

(百万円)

	20x6年度	20x5年度
当期税金	(1,044)	(767)
繰延税金	296	(454)
	(748)	(1,221)

IAS12、79

法定実効税率と実際税率の調整

	20x6年度	20x5年度
法定実効税率	41.0%	41.0%
交際費等の課税対象となる費用	2.7	1.7
受取配当金益金不算入	(1.3)	(0.9)
評価性引当金の増減	1.6	12.1
税金均等割	1.1	1.3
未認識の繰延税金資産	0.2	0.3
その他	(0.6)	1.5
実際税金負担率	44.7%	57.0%

IAS12、81(c)

税務上の繰越欠損金

　税務上の繰越欠損金は、将来9年にわたって課税所得がある場合、その課税所得の80%相当額の相殺ができます。NSHグループは、税務上の繰越欠損金が将来の課税所得との相殺可能性が不確実であるため、税務上の繰越欠損金に対する繰延税金資産の認識の会計処理を行いません。

IAS12、81(e)

(百万円)

	3月31日現在	
	20x6年	20x5年
税務上の欠損金の消滅年度：		
1年以内	32	18
1年超から3年以内	64	50
3年超から5年以内	38	60
	134	128

N8．現金及び現金同等物

（百万円）

	3月31日現在	
	20x6年	20x5年
現金及び銀行預金	1,608	1,704
3カ月以内満期期日の定期預金	(624)	(615)
	984	1,089

IAS 7、45

N9．有価証券

（百万円）

	3月31日現在	
	20x6年	20x5年
満期所有目的債券		
コマーシャル・ペーパー	150	200
売却所有目的有価証券		
社　債	53	45
その他	646	622
	699	667
	849	867

IFRS 7、6

N10．売掛債権

（百万円）

	3月31日現在	
	20x6年	20x5年
売掛金	6,330	5,739
受取手形	3,858	3,803
	10,188	9,542
貸倒引当金	(42)	(38)
	10,146	9,504

IFRS 7、16

貸倒引当金の設定について、注記 N26.「財務上のリスク管理」に記載しています。

N11. 棚卸資産

(百万円)

	3月31日現在	
	20x6年	20x5年
商品及び製品	7,805	4,922
仕掛品	1,107	970
原材料	1,653	1,019
貯蔵品	346	318
	10,911	7,229

IAS 2、36(b)

棚卸資産評価損は、20x6年度に97百万円(20x5年度76百万円)です。

IAS 2、36(e)

N12. その他流動資産

(百万円)

	3月31日現在	
	20x6年	20x5年
前払費用	132	147
立替金	68	50
その他	10	26
	210	223

N13. 有形固定資産

(百万円)

	建物及び構築物	機械装置、工具器具、及び車輛	土地	建設仮勘定	合計
取得原価:					
20x4年4月1日現在	5,603	10,093	1,172	23	16,891
新規取得	465	572	—	—	1,037
廃棄・振替等	(752)	—	(191)	(20)	(963)
20x5年3月31日現在	5,316	10,665	981	3	16,965
新規取得	111	572	—	66	749
廃棄・振替等	(84)	—	—	—	(84)
20x6年3月31日現在	5,343	11,237	981	69	17,630

IAS 16、73(d)、(e)

減価償却引当金：
20x4年4月1日現在	(4,035)	(8,610)	—	—	(12,645)
減価償却費	(399)	(283)	—	—	(682)
廃棄	489	—	—	—	489
20x5年3月31日現在	(3,945)	(8,893)	—	—	(12,838)
減価償却費	(284)	(564)	—	—	(848)
廃棄	181	—	—	—	181
20x6年3月31日現在	(4,048)	(9,457)	—	—	(13,505)

帳簿価額、純額：
20x5年3月31日現在	1,371	1,772	981	3	4,127
20x6年3月31日現在	1,295	1,780	981	69	4,125

20x6年3月31日現在において、ファイナンス・リースにより取得したリース資産（機械装置及び工具備品）の取得原価は48百万円（20x5年107百万円）、またその帳簿価額は8百万円（20x5年21百万円）です。

　　　　　　　　　　　　　　　　　　　　　　　　IAS17、31(a)

N14. 投資有価証券

（百万円）

3月31日現在

	20x6年	20x5年
売却所有目的有価証券		
株　　式	2,547	2,067
時価の把握が困難な投資有価証券等		
非上場株式	417	405
	2,964	2,472

　　　　　　　　　　　　　　　　　　　　　　　　IFRS 7、6

時価のない非上場株式の投資有価証券等は、その公正価値の把握が極めて困難であり、その合理的な見積りに多大のコストが発生すると見込まれるため、その取得原価を帳簿価額としています。

N15. 無形資産

(百万円)

	のれん (営業権)	ソフト ウェア	その他 無形資産	合計
20x4年4月1日現在	120	75	65	260
新規取得	—	98	76	174
減耗費	—	(75)	(57)	(132)
20x5年3月31日現在	120	98	84	302
新規取得	—	60	—	60
減耗費	—	(30)	(14)	(44)
20x6年3月31日現在	120	128	70	318

IAS38、118 (c)、(e)

N16. 繰延税金資産

(百万円)

3月31日現在

	20x6年	20x5年
退職給付引当金	255	(303)
製品評価損	101	119
賞与引当金	(20)	184
売上割戻引当金	110	138
固定資産圧縮積立金	(461)	(425)
その他	59	99
繰延税金資産	44	(188)
繰延税金資産	524	540
繰延税金負債	(480)	(728)
繰延税金資産、純額	44	(188)

IAS12、74

N17. その他固定資産

(百万円)

	3月31日現在	
	20x6年	20x5年
保証金	83	87
その他	34	52
	117	139

N18. 買掛債務

(百万円)

	3月31日現在	
	20x6年	20x5年
支払手形	(425)	(353)
買掛金	(6,516)	(5,550)
	(6,941)	(5,903)

N19. その他流動負債

(百万円)

	3月31日現在	
	20x6年	20x5年
未払費用	(401)	(218)
預り金	(175)	(99)
その他	(204)	(175)
	(780)	(492)

N20. 借入金

(百万円)

	3月31日現在	
	20x6年	20x5年
短期借入金	(4,692)	(2,579)
1年以内返済長期借入金	(185)	(205)
1年以内返済リース債務	(6)	(6)
短期借入金	(4,883)	(2,790)

IFRS 7、7

長期借入金	(1,619)	(1,896)
リース債務	(25)	(23)
長期借入金	(1,644)	(1,919)
有利子借入合計	(6,527)	(4,709)

長期借入金の返済予定額

(百万円)

20x6年3月31日現在

	1年超	2超3年	3超4年	4超5年	5年超
長期借入金	(182)	(181)	(182)	(182)	(892)
リース債務	(7)	(8)	(10)	—	—
	(189)	(189)	(192)	(182)	(892)

(百万円)

20x5年3月31日現在

	1年超	2超3年	3超4年	4超5年	5年超
長期借入金	(182)	(152)	(152)	(152)	(1,258)
リース債務	(7)	(7)	(7)	(2)	—
	(189)	(159)	(159)	(154)	(1,258)

　長期借入金は、20x9年12月31日までの5年間の総額2,500百万円の金融機関からの包括借入契約によります。この借入融資に対して、NSHグループが所有する2,400百万円（20x5年2,500百万円）の工場土地及び建物の一部を第一抵当として担保に供しています。

N21. 金融商品の時価情報

(百万円)

20x6年3月31日現在

	帳簿価額	時価	差額
現金及び現金同等物	984	984	—
売掛債権	10,146	10,146	—
有価証券及び投資有価証券 （非上場株式を除く）	3,396	3,393	(3)
合　計	14,526	14,523	(3)

IFRS 7、25

買掛債務	(6,941)	(6,941)	—
未払金	(1,972)	(1,972)	—
合　計	(8,913)	(8,913)	—

（百万円）

20x5年3月31日現在

	帳簿価額	時価	差額
現金及び現金同等物	1,089	1,089	—
売掛債権	9,504	9,504	—
有価証券及び投資有価証券 （非上場株式を除く）	2,934	2,934	—
合　計	13,527	13,527	—
買掛債務	(5,903)	(5,903)	—
未払金	(1,423)	(1,423)	—
合　計	(7,326)	(7,326)	—

　現金及び現金同等物、受取手形及び売掛金は、短期間に決済されるため、その時価は帳簿価額としています。上場有価証券及び投資有価証券は、報告日における取引所の市場価格、また非上場の債券は取引金融機関からの報告価格によります。

　支払手形及び買掛金、未払金は短期に決済されるため、その時価は帳簿価額としています。なお、時価の把握が困難な非上場株式等417百万円（20x5年405百万円）は上記の時価情報に含めていません。

IFRS 7、27

N22. 引当金

（百万円）

	売上割戻引当金	返品調整引当金	合計
20x4年4月1日現在	(189)	(389)	(578)
引当金の繰入れ	(271)	(500)	(771)
支払い等による取崩し	183	359	542
未利用の戻入れ	6	30	36

前年情報は任意

20x5年3月31日現在	(271)	(500)	(771)
引当金の繰入れ	(339)	(537)	(876)
支払い等による取崩し	255	480	735
未利用の戻入れ	16	20	36
20x6年3月31日現在	(339)	(537)	(876)

IAS37、84

N23. 退職給付引当金

(百万円)

	3月31日現在	
	20x6年	20x5年
退職給付債務の現在価値	(4,761)	(4,712)
年金資産の公正価値	3,267	3,282
その他	(41)	—
退職給付引当金	(1,535)	(1,430)

確定給付費用の内容:	20x6年度	20x5年度
勤務費用	(200)	(195)
利息費用	(81)	(78)
年金資産の期待運用益	83	77
臨時支払退職金等	(39)	(38)
退職給付費用	(237)	(234)

退職給付の計算基礎に関する事項:		
割引率	1.8%	1.8%
制度資産期待収益率	2.0%	3.5%
将来の昇給率	2.0%	2.0%

IAS19、120、120A

N24. 役員退職慰労引当金

親会社及び国内子会社は、取締役及び監査役に対して、その勤続年数及び貢献度等を規定する内規に従った退職慰労金を支払います。その見積り費用は退職慰労引当金として計上されます。その実際の支払いは、株主総会の承認手続きが必要となります。

	（百万円）	
	20x6年度	20x5年度
4月1日残高	(561)	(503)
支払いによる取崩し	―	―
引当金の繰入れ	(60)	(58)
3月31日残高	(621)	(561)

N25. その他包括損益

（百万円）

20x6年度

売却可能金融資産評価損益	税引前	税金	税引後
売却可能金融資産評価損益	252	(101)	151
外貨換算損益	168	(67)	101
	420	(168)	252

IAS 1、90

（百万円）

20x5年度

	税引前	税金	税引後
売却可能金融資産評価損益	(552)	220	(332)
外貨換算損益	(699)	279	(420)
	(1,251)	499	(752)

N26. 財務上のリスク管理

NSHグループは、事業活動に関連する潜在的なリスクとして、信用リスク、流動性リスク、市場リスク及び支払金利リスクのエクスポージャー（市場リスクにさらされる程度）を有し、これらのリスクに対する管理方針は以下の説明のとおりです。この管理方針は、取締役会によって承認されています。

IFRS 7、31、32

(1) 信用リスク

信用リスクは、顧客からの受取債権を期日に回収できないため財務上の損失が生ずるリスクで、このリスクに備えるため貸倒引当金を認識します。

IFRS 7、36

NSHグループは、与信管理規定により与信供与の定期的な見直しと管理を行い、また重要な得意先については独立する外部信用調査会社から評価報告を入手し、適切な与信限度額による管理を行います。貸倒引当金は、売掛債権の年齢分析により、その繰入率を設定します。

　貸倒引当金とその変動は、以下のとおりです。

（百万円）

	20x6年度	20x5年度
4月1日現在	(38)	(39)
引当金の繰入れ	(42)	(38)
貸倒損失	8	11
未利用の戻入れ	30	28
3月31日現在	(42)	(38)

　売掛債権に含まれる期日経過後の売掛債権で、減損の会計処理を行っていない債権は以下のとおりです。

（百万円）

3月31日現在

	20x6年	20x5年
期日経過後日数：		
30日超60日以内	80	68
60日超90日以内	30	30
90日超120日以内	50	44
	160	142

IFRS 7、37

(2) 流動性リスク

　流動性リスクは、債務期日に支払不能となるリスクです。NSHグループは、現金預金、換金可能な短期有価証券及び将来キャッシュ・フローの流入出の期日ごとの集計による流動性リスク管理を行い、また財務責任者は金融資産及び金融負債の受渡期日ごとに資金についての総合的な管理を行います。

　支払義務の決済が必要な金融負債の期日別の返済予定額は、以下のとおりです。

IFRS 7、39

(百万円)

20x6年3月31日以降の決済予定

	帳簿価額	1年以内	1超2年	2超3年	3超5年
短期借入金	(4,883)	(4,883)	—	—	—
長期借入金	(1,644)	—	(189)	(374)	(1,081)
買掛債務及び 　その他債務	(7,721)	(7,721)	—	—	—
	(14,248)	(12,604)	(189)	(374)	(1,081)

(百万円)

20x5年3月31日以降の決済予定

	帳簿価額	1年以内	1超2年	2超3年	3超5年
短期借入金	(2,790)	(2,790)	—	—	—
長期借入金	(1,919)	—	(159)	(311)	(1,449)
買掛債務及び 　その他債務	(6,395)	(6,395)	—	—	—
	(11,104)	(9,185)	(159)	(311)	(1,449)

(3) 市場リスク

　市場リスクは、主に為替レートに対する変動リスクで、海外事業活動に関連する為替レートが変動するリスクヘッジのために為替予約を締結します。為替予約は、内部規定に従って管理され、その運用状況は内部監査等によって管理されます。

［IFRS 7、40］

(4) 支払利率リスク

　支払利率リスクは、借入金の支払利率に対する変動リスクで、契約時に将来の経済状況、固定・変動利率の選択等の支払利率に関する条件等を検討する方針を有し、また実績との比較による定期的な評価と検証を行います。

　貸借対照表日現在における借入債務の残高及び借入金等の期末残高に対する加重平均利率は、以下のとおりです。

［IFRS 7、32］

	20x6年度		20x5年度	(百万円)
	金額	平均金利	金額	平均金利
無担保短期借入金	(4,883)	0.1%	(2,790)	0.1%
担保付長期借入金	(1,644)	1.33%	(1,919)	1.33%

N27. 偶発債務

20x6年3月31日現在において、NSHグループは金融機関等との間で通常取引に関連した複数の偶発債務がありますが、この偶発債務に関連した重要な債務が発生することはないと予想しています。

また、NSHグループは複数の訴訟の被告になっていますが、当社の独立した法律専門家の助言によれば予想される訴訟から重要な費用及び損失が発生する可能性はないとの報告を受けています。

IAS10、21

N28. 契約債務

20x6年及び20x5年3月31日現在において、契約の締結を行ったが債務が認識されていない有形固定資産の取得に関する契約上の債務は、それぞれ60百万円及び42百万円です。

IAS16、74(c)

オペレーティング・リースの契約債務

解約不能なオペレーティング・リース契約上の最低リース料総額は、以下のとおりです。

（百万円）

	20x6年度	20x5年度
契約上の最低リース料総額	105	98
	105	98

IAS17、35(c)

また、上記リースの未払債務の支払期日別の内訳は、以下のとおりです。

（百万円）

	3月31日現在	
	20x6年	20x5年
1年以内	23	20
1年超5年以内	18	18

IAS17、35(a)

5年超	12	7
	53	45

N29. 1株当たり情報

1株当たり当期利益

1株当たり当期利益は、親会社株主に帰属する当期利益を年間発行済株式の加重平均株式数から自己株式数を控除した株式数で除して算出します。潜在的株式の該当がないため、希薄化後1株当たり利益の開示はありません。

> IAS33、70

	20x6年度	20x5年度
親会社株主に帰属する利益（百万円）	831	861
期中加重平均株式数（千株）	43,911	43,934
1株当たり当期利益（円）	18.92	19.60

1株当たり純資産

1株当たり純資産は、期末純資産額（株主持分）を期末発行株式数から自己株式数を控除した株式数で除して算出します。

	3月31日現在	
	20x6年	20x5年
期末純資産（株主持分）（百万円）	11,294	10,409
期末株式数（千株）	44,100	44,100
自己株式（千株）	185	152
1株当たり純資産（千円）	257	237

1株当たり配当金

NSH㈱の取締役会は、20x6年3月31日に終了した事業年度に関連した株主配当金として1株当たり10円、配当金総額438百万円を決定しています。この配当金の決定額は、定時株主総会において承認された日が属する会計年度に負債として認識されます。

> IAS1、137

N30. 関連当事者取引

経営者等の報酬　　　　　　　（百万円）

基本報酬等：	20x6年度	20x5年度
取締役	215	235
監査役	25	28
社外役員	24	24
	264	287

> IAS24、16、22

N31. IFRS の初度適用

NSH グループは、20x6年3月31日（IFRS 報告日）に初めて IFRS 連結財務諸表を作成しました。この初めての作成に関連し、日本の会計基準（日本基準）及び IFRS の適用による主要な会計処理の差異は以下のとおりです。

> IFRS 1、23

1. IFRS 第1号「IFRS の初度適用」の適用に関する差異

IFRS 第1号は、IFRS に基づく適切な開始残高を出発点とするため、初めての IFRS 適用による財務諸表の作成について規定しています。IFRS は、過去の取引日に遡った会計処理の適用を原則としますが、初度適用企業はいくつかの免除規定が認められています。NSH グループは、その免除規定の適用を、以下のとおり選択します。

> IFRS 1、18

(1) 企業結合

IFRS は、移行日（20x4年4月1日）前の企業結合の取引について、IFRS 第3号「企業結合」に基づく過去の取引日に遡った原則処理の適用を不要とする免除規定を設けています。NSH グループは、この免除規定を選択し、移行日前の企業結合の取引について、日本基準に基づいた企業結合取引の帳簿価額をみなし帳簿価額として IFRS 開始貸借対照表に引き継ぐ会計処理を行います。

> IFRS 1、C1

(2) 固定資産

IFRS は、移行日現在において固定資産（有形固定資産、投資資

産及び特定の無形資産）を公正価値で測定し、みなし帳簿価額とする免除規定を設けています。NSHグループは、この免除規定を選択せずに、固定資産の取得原価を基礎とする会計処理を行います。有形固定資産の減価償却は、その減価償却方法を定率法から定額法へ変更し、また耐用年数を見積経済耐用年数に変更します。この変更の結果、IFRS移行日現在において有形固定資産は128百万円増加し、株主持分は77百万円増加します。

> IFRS1、D5

(3) 未実現保険数理差異

IFRSは、移行日現在の累積保険数理差異の全額を認識できる免除規定を設けています。NSHグループは、この免除規定を選択し、IFRS移行日の累積保険数理差異の全額を債務として認識します。この結果、IFRS移行日現在において、年金債務は909百万円増加し、株主持分は546百万円減少します。

> IFRS1、D10

(4) 累積為替換算差額

IFRSは、初度適用企業が海外子会社の現地通貨建財務諸表を報告通貨（日本円）への換算により発生した累積為替換算差額をゼロとする免除規定を設けています。NSHグループは、この免除規定を選択し、IFRS移行日現在の累積為替換算差額をゼロとします。この結果、累積為替換算差額75百万円（借方残高）は移行日の期首利益剰余金に振り替えます。免除規定を適用した海外子会社は、将来の売却等により処分された場合、移行日以前の換算差額を除外して処分損益を計算する必要があります。

> IFRS1、D13

2．損益に影響を与える項目

(1) のれん（営業権）の償却

IFRSは、減損兆候の有無に関係なく、少なくとも年一回減損テストを実施し、のれんの帳簿価額が回収可能価額を超過する場合、帳簿価額を回収価額まで減額し、その差額を減損損失として会計処理します。日本基準は、のれんを最長20年以内の効果が発現する期間にわたって規則的な償却を行います。前年比較情報の20x5年度は、のれんの償却は日本基準に基づいて会計処理されており、その償却費30百万円の戻し入れ処理を行います。この結果、IFRSの株主持分は30百万円増加しました。

> IFRS1、C4

(2) 未払有給休暇

　IFRSは、従業員が役務サービス提供の結果として獲得した有給休暇のうち、翌年へ繰り越される有給休暇を負債として会計処理します。日本基準は、繰越有給休暇の負債認識する会計慣行がなく、一般的に会計処理を行いません。この結果、20x4年4月1日（IFRS移行日）及び20x5年3月31日現在において、未払有給休暇負債として、それぞれ46百万円及び51百万円を会計処理し、IFRSの株主持分はそれぞれ27百万円及び30百万円減少しました。

> IAS19、14

(3) 少数株主持分損益

　IFRSは、損益計算書上の少数株主持分に帰属する損益を当期損益に含めて表示します。日本基準は、この少数株主持分損益を当期利益から控除し、親会社の株主に帰属する利益を最終利益として表示します。このため、少数株主持分に帰属する損益をIFRSへの組み替えが必要となります。この結果、20x5年度のIFRSの当期利益は48百万円が増加しました。

3．開示上の差異

　IFRS連結財務諸表の作成に関連し、必要な勘定科目等の組み替えは以下のとおりです。

特別損益項目

　IAS第1号「財務諸表の開示」は、損益計算書に異常項目を区分する表示を禁止します。日本基準は、臨時・特別項目を特別利益及び損失として区分表示するため、その科目内容によりIFRSベースの一般管理費、その他営業収入・費用及び金融収益・費用への組み替えが必要となります。

　この組み替えの結果、20x5年度の日本基準の特別利益569百万円はその他営業収入558百万円及び金融収入11百万円、また特別損失21百万円はその他営業費用に組み替えます。

> IAS1、87

非支配株主持分

　IFRSは、非支配株主持分を連結貸借対照表の資本の部への表示を要求します。日本基準は、少数（非支配）株主持分は純財産の部に表示するため、組み替えが必要となります。

　この結果、20x4年4月1日及び20x5年3月31日現在において日本基準の純資産の部に表示された少数株主持分、540百万円及び390百万円をIFRS株主持分に組み替えます。

繰延税金資産
　IFRSは、貸借対照表が流動及び固定を区分して表示される場合、繰延税金資産負債はすべて非流動項目として表示します。日本基準は、対象となる会計科目の短期あるいは長期によって繰延税金資産負債を短期あるいは長期に区分して表示します。

　この結果、20x4年4月1日及び20x5年3月31日現在において、それぞれ繰延税金資産－短期307百万円及び434百万円をIFRSの繰延税金資産－固定に組み替えます。

IAS 1、56

4．株主持分の調整表

20x4年4月1日及び20x5年3月31日現在における日本基準に基づいた株主持分からIFRSの株主持分への調整は、以下のとおりです。

	20x4年4月1日	20x5年3月31日
日本基準の株主持分	(9,805)	(9,341)
のれん償却費の戻し入れ	—	(30)
有形固定資産の計上	(128)	(82)
未実現保険数理差異の振り替え	(909)	(1,093)
未払有給休暇負債の計上	46	51
上記修正の税金の影響	33	86
IFRSの株主持分	(10,764)	(10,409)

IFRS 1、24(a)

5．連結利益の調整表

公表された日本基準による直近年度（20x5年3月31日に終了する会計年度）の当期利益から、IFRSの当期利益への調整は以下のとおりです。

（百万円）

	20x5年度
日本基準の連結当期利益	762
のれん償却費の戻し入れ	30
退職給付引当金の修正	185
減価償却費の修正	(45)
未払有給休暇費用の修正	(6)
非支配株主持分に帰属する利益の組み替え	48

IFRS 1、24(b)

上記修正の税金の影響	(54)
IFRSの連結当期利益	920

6．キャッシュ・フロー計算書に対する影響

IFRSは、価値変動のリスクが僅少で、取得日から3ヶ月以内に満期が到来する流動性の高い短期投資を現金同等物に含めます。日本基準は、経営者の判断により、取得日から6ヶ月以内に満期が到来する流動性の高い短期投資を現金同等物に含めるため、その相違による組み替えが必要となります。

> IFRS1、25

（百万円）

	20x4年4月1日	20x5年3月31日
日本基準の現金及び現金同等物	1,623	1,704
控除：3ヶ月超の満期日の定期預金	(465)	(615)
IFRSの現金同等物	1,158	1,089

7．日本基準の当期利益のIFRSへの調整

20x5年3月31日に終了した会計年度において、日本基準からIFRSに基づく当期利益への調整は以下のとおりです。

（百万円）

20x5年3月31日に終了する年度

	注記	日本基準	修正等	IFRS
純売上高	1	31,893	(297)	31,596
売上原価	1,3	(20,505)	347	(20,158)
返品調整引当金繰入	1	(111)	111	—
販売費及び一般管理費	2	(9,821)	9,821	—
販売費及び配送費	2	—	(5,657)	(5,657)
一般管理費	2,3	—	(3,489)	(3,489)
研究開発費	3	—	(771)	(771)
営業外収益	4	284	(284)	—
営業外費用	5	(311)	311	—
その他営業収益	4,6	—	728	728
その他営業費用	5	—	(83)	(83)

> IFRS1、24(b)

金融収益	8	—	125	125
金融費用	8	—	(150)	(150)
特別利益	6	569	(569)	—
特別損失	7	(21)	21	—
税引前利益		1,977	164	2,141
法人税、住民税及び事業税	12	(767)	767	—
法人税等調整額	12	(400)	400	—
税　金	12	—	(1,221)	(1,221)
少数株主帰属利益	13	(48)	48	—
当期利益		762	158	920
包括利益：				
売却可能金融資産評価損益	14	(312)	(20)	(332)
外貨換算損益	14	(393)	(27)	(420)
当期包括利益		57	111	168

注　記

1．日本基準は、売上返品の見積りについて、返品に関連した売上総利益の見積額（111百万円）を返品調整引当金に計上します。IFRSでは、この返品調整引当金を取り崩し、見積返品に関連する売上高222百万円及びその売上原価相当額111百万円を戻し入れます。また、売上割引75百万円（営業外費用）を純売上高から控除します。

2．日本基準の販売費及び一般管理費9,821百万円は、IFRSでは販売費及び配送費5,657百万円及び一般管理費4,164百万円に区分して表示します。

3．日本基準の研究開発費は、売上原価236百万円及び一般管理費535百万に含まれますが、IFRSでは独立科目（771百万円）に組み替えます。

4．日本基準の営業外収益284百万円は、IFRSではその他営業収益170百万円及び金融収益114百万円に区分して表示します。

5．日本基準の営業外費用311百万円は、IFRSでは売上高からの控除75百万円、その他営業費用86百万円及び金融費用150百万円に表示します。

6．日本基準の特別利益569百万円は、IFRSではその他営業収益558百万円及び金融収益11百万円に区分して表示します。

7. 日本基準の特別損失21百万円は、IFRSのその他営業費用に表示します。
8. 金融収益125百万円及び金融費用150百万円を、独立科目として表示します。
9. 日本基準の保険数理差異は、IFRS移行日現在における全額が認識され、その償却に関連した年金費用153百万円が減少します。
10. 有形固定資産の耐用年数の見直し及び減価償却方法の定額法への変更を行った結果、減価償却費は45百万円増加します。
11. 日本基準は、繰越有給休暇を負債として会計処理する会計慣行がありません。IFRS開始貸借対照表において、未払有給休暇負債が計上されるため、期首残高との差額6百万円の有給休暇費用を計上します。
12. 日本基準は、税金費用を法人税等と法人税調整額を区分しますが、IFRSは税金としての合計で表示します。また、IFRS修正に関連した繰延税金費用54百万円を計上します。
13. IFRSは、親会社及び非支配株主に帰属する利益の合算を連結利益とします。このため、日本基準において区分表示される非支配株主に帰属する利益48百万円をIFRS連結利益に組み替えます。
14. 非支配株主持分に帰属する包括利益項目の評価等を修正します。

8．日本基準とIFRSに基づいた自己資本の調整表

20x5年4月1日（IFRS移行日）現在において日本基準に基づいた自己資本のIFRSへの調整は、以下のとおりです。

（百万円）

20x5年4月1日現在　　　　　　　　　　　　IFRS 1、24(a)

資産	注記	日本基準	修正等	IFRS
現金及び預金		1,623	(1,623)	—
現金及び現金同等物	1	—	1,158	1,158
有価証券	1	195	465	660
受取手形及び売掛金	2	8,239	81	8,320
貸倒引当金		(39)	39	—
棚卸資産		6,252		6,252

繰延税金資産、流動	5	307	(307)	—
その他流動資産		228		228
有形固定資産、純額	3	—	4,245	4,245
有形固定資産合計	3	16,762	(16,762)	—
減価償却累計額合計	3	(12,645)	12,645	—
投資有価証券		3,436		3,436
無形資産、純額	4	260		260
繰延税金資産、固定	5	37	44	81
その他資産		146		146
資産合計		24,801	(16)	24,785
負債及び資本				
支払手形及び買掛金		(5,509)		(5,509)
短期借入金	2	(2,079)	(120)	(2,199)
未払金		(1,442)		(1,442)
引当金		(578)		(578)
その他流動債務	7	(568)	(46)	(614)
長期借入金		(1,725)		(1,725)
退職給付引当金	8	(2,290)	909	(1,381)
役員退職慰労引当金		(503)		(503)
繰延税金負債	5	(231)	231	—
その他固定負債		(70)	—	(70)
資本金		(4,335)	—	(4,335)
資本剰余金		(1,950)	39	(1,911)
利益剰余金		(2,883)	(883)	(3,766)
自己株式		39	(39)	—
非支配株主持分	9	—	(540)	(540)
有価証券評価差額		(212)		(212)
累積為替換算差額	6	75	(75)	0
少数株主持分	9	(540)	540	—
負債及び資本合計		(24,801)	16	(24,785)

注記
1. 日本基準は、現金同等物に3ヶ月超期日の短期投資を含みますが、IFRSは3ヶ月以内の期日等を短期投資とします。このた

め、3ヶ月超の満期期日の定期預金465百万円を有価証券に組み替えます。
2. 割引手形120百万円は、不渡りが生じた場合に買取請求があるため、IFRSでは割引手形を受取手形に、また同額を短期借入金に組み替えます。
3. 有形固定資産の耐用年数の見直しを行い、また減価償却方法を定額法に変更した結果、IFRSの有形固定資産純額は128百万円増加します。
4. IFRSの初度適用の免除規定の適用により、日本基準ののれん（無形資産に含まれる。）帳簿残額120百万円をみなし帳簿価額として計上します。
5. 日本基準の繰延税金資産（流動）307百万円及び繰延税金負債231百万円は、IFRSは繰延税金資産（固定）に組み替えます。また、IFRS修正に関連した繰延税金負債32百万円を計上します。
6. 累積換算差額75百万円（借方残高）は、IFRS初度適用の免除規定の選択により、利益剰余金に組み替えを行い、ゼロとして表示します。
7. 日本基準の、繰越有給休暇の負債を会計処理する会計慣行がないため、未払有給休暇負債46百万円をその他流動負債に計上します。
8. IFRS移行日現在において、退職給付債務の累積数理差異909百万円を利益剰余金に振り替えたため、同額の退職給付引当金が減少します。
9. 日本基準の少数株主持分（純資産の部）540百万円をIFRS資本の部へ組み替えます。

9．日本基準とIFRSに基づいた自己資本の調整表

20x5年3月31日現在における日本基準及びIFRSに基づいた自己資本に対する調整は、下記のとおりです。

（百万円）

20x5年3月31日現在

資産	注記	日本基準	修正	IFRS	
現金及び預金		1,704	(1,704)	—	IFRS 1、24(a)
現金及び現金同等物	1		1,089	1,089	
有価証券	1	252	615	867	
受取手形及び売掛金	2	9,411	93	9,504	
貸倒引当金		(38)	38	—	
棚卸資産		7,229		7,229	
繰延税金資産、流動	5	434	(434)	—	
その他流動資産		223		223	
有形固定資産、純額	3	—	4,127	4,127	
有形固定資産合計	3	16,883	(16,883)	—	
減価償却累計額合計	3	(12,837)	12,837	—	
投資有価証券		2,472		2,472	
無形資産、純額	4	272	30	302	
繰延税金資産、固定	5	27	(215)	(188)	
その他資産		139		139	
資産合計		26,171	(407)	25,764	

負債及び資本					
支払手形及び買掛金		(5,903)		(5,903)	
短期借入金	2	(2,660)	(130)	(2,790)	
未払金		(1,423)		(1,423)	
引当金		(771)		(771)	
その他流動債務	6	(441)	(51)	(492)	
長期借入金		(1,919)		(1,919)	
退職給付引当金	7	(2,523)	1,093	(1,430)	
役員退職慰労引当金		(561)		(561)	
繰延税金負債	5	(562)	562	—	
その他固定負債		(66)	—	(66)	

資本金		(4,335)	—	(4,335)
資本剰余金		(1,950)	51	(1,899)
利益剰余金		(3,332)	(982)	(4,314)
自己株式		51	(51)	—
非支配株主持分	8	—	(354)	(354)
有価証券評価差額		119	(19)	100
累積為替換算差額		495	(102)	393
少数株主持分	8	(390)	390	—
負債及び資本合計		(26,171)	407	(25,764)

注 記

1. 日本基準は、現金同等物に3ヶ月超期日の短期投資を含みますが、IFRSは3ヶ月以内の期日等を短期投資とします。このため、3ヶ月超の満期期日の定期預金615百万円を有価証券に組み替えます。
2. 割引手形130百万円は、不渡りが生じた場合に金融機関からの買取請求があるため、IFRSでは割引手形を受取手形に、また同額を短期借入金に組み替えます。
3. 有形固定資産の耐用年数の見直し及び減価償却方法を定額法に変更した結果、IFRS有形固定資産純額は82百万円増加します。
4. IFRSは、のれんの規則的な償却を認めないため、日本基準ののれん（無形資産に含まれる。）の償却費30百万円を戻し入れます。
5. 日本基準の繰延税金資産(流動)434百万円及び繰延税金負債562百万円は、IFRSでは繰延税金資産(固定)に組み替えます。IFRS修正に関連して繰延税金負債87百万円を計上します。
6. 日本基準は、繰越有給休暇の負債を会計処理しないため、未払有給休暇負債51百万円をその他流動負債に計上します。
7. IFRS移行日現在において、退職給付債務の累積数理差異を認識したため、20x5年度末で退職給付引当金1,093百万円が減少します。
8. 日本基準の少数株主持分（純資産の部）390百万円をIFRS修正に係る36百万円の調整後にIFRS資本の部へ組み替えます。

N32. 5年間の主要な財務数値等

	3月31日現在あるいは同日に終了する年度				
	20x6年	20x5年	20x4年 （注1）	20x3年 （注1）	20x2年 （注1）
資本金等：					
発行済資本金(百万円)	4,335	4,335	4,335	4,335	4,335
発行株式数（千株）	44,100	44,100	44,100	44,100	44,100
発行可能株式数(千株)	120,000	120,000	120,000	120,000	120,000
業績（百万円）：					
純売上高	35,469	31,596	31,094	30,078	27,981
営業利益	1,532	2,166	1,448	1,857	1,955
当期利益	926	920	890	807	887
包括利益	1,178	168	（注2）	（注2）	（注2）
研究開発費	860	771	748	728	710
配当金支払額	369	322	308	308	308
1株当たり：					
当期利益（円）	18.92	19.60	19.25	18.61	19.60
配当金（円）	8.0	7.0	7.0	6.0	6.0
キャッシュ・フロー(百万円)：					
営業活動	(1,919)	(635)	1,087	(836)	(343)
投資活動	341	227	(498)	174	(953)
財務活動	1,449	463	(1,096)	717	1,169
現金及び現金同等物	984	1,089	1,623	2,432	2,298
平均従業員数（名）	1,357	1,320	1,375	1,415	1,480

IFRS 1、22

注1．NSHグループは、20x6年3月31日に初めてIFRSに基づく連結財務諸表を作成しました。前年比較情報（20x5年度）の財務数値はIFRSに基づく修正及び組み替えを行っています。それ以前の20x2年から20x4年までの会計年度は、日本の会計基準に基づいて作成され、IFRS修正等を反映していません。IFRSに関連する主要な修正項目は、有形固定資産と減価償却、のれんの償却、退職給付債務、未払有給休暇負債、現金同等物に含まれる短期投資の範囲等です。

注2．日本基準は、これらの会計年度の包括利益の開示を要求しません。

N33. 子会社リスト

	設立国	資本金	持ち株比率（％） 20x6年	20x5年
NSH 製造㈱	日本	500.0百万円	95.0%	95.0%
NSH インドネシア㈱	インドネシア	10.0百万米ドル	75.0	75.0
NSH 香港㈱	香港	2.0百万米ドル	100.0	100.0
NSH 上海工業有限公司	中国	4.2百万米ドル	75.0	75.0
NSH インド㈱	インド	200.0百万ルピー	75.0	75.0
㈱エー・シー・ビィー	日本	200.0百万円	100.0	100.0

IAS24、12

■主な参考文献等

Christopher Nobes, *A Study of the International Accounting Standards Committee*, Coopers & Lybrand

International Accounting standards Board「International Financial Reporting Standards」

PricewaterhouseCoopers「IFRS、Disclosure Checklist」

新日本有限責任監査法人「IFRS連結財務諸表記載例2013年版」

日本会計基準委員会財団『国際財務報告基準（IFRS）』中央経済社

中央青山監査法人『米国会計原則ガイドブック』中央経済社、2000年

加藤厚『新会計基準の完全解説』中央経済社、2000年

中央監査法人編『国際会計基準実務ハンドブック』中央経済社、1999年

監査法人トーマツIFRSサービスセンター『IFRS財務諸表への組替実務（第2版）』中央経済社、2008年

中尾健・岡村憲一郎監修／東京国際会計著『IFRS初度適用の実務（第2版）』中央経済社、2011年

長谷川茂男『IFRS適用のための修正仕訳ガイドブック』中央経済社、2009年

あらた監査法人『IFRSの実務マニュアル』中央経済社、2009年

広瀬義州『財務会計（第11版）』中央経済社、2012年

渡邉泉『歴史から学ぶ会計』同文舘出版、2008年

友岡賛『歴史にふれる会計学』有斐閣、1996年

ビジネスブレイン太田昭和監修／中澤進・倉林良行・岩崎啓太著『欧米企業から学ぶグローバル連結経営管理』中央経済社、2012年

正司素子『IFRSと日本的経営』清文社、2012年

武田隆二「純利益 vs. 包括利益―論争の深層を探る」『企業会計』（2008年10〜12月号）

HOYA㈱財務部連絡グループ「IFRSを導入したわが社の取組み」『週刊経営財務』No.3020〜3028、2011年

■著者紹介

中嶋 德三（なかじま とくぞう）
公認会計士

1945年	東京都に生まれる
1967年	明治大学商学部卒業
1969年	ピート・マーウィック・ミッチェル会計事務所入所
1975年	早稲田大学大学院商学研究科修士課程修了
	クーパース＆ライブランド（合併により中央監査法人）東京事務所入所（最終職位代表社員）。主に米国及び欧州外資系企業の本国向け財務諸表の監査業務を担当
1988年	ドイツ提携監査法人（トロイハント・フュア・アイニグング AG）に出向（3年9ヶ月間）、日本企業担当パートナー。帰国後、主にドイツ、フランス、イタリア等の欧州企業の監査及び会計専門サービスを担当
2001年	公認会計士中嶋德三事務所開設（現在に至る）
	上場企業等（本間ゴルフ㈱、ミンテック・ジャパン㈱、アース製薬㈱（現任））の監査役を歴任
2009年	高千穂大学大学院非常勤講師（国際会計論担当）（2013年まで）

◎著書　中央監査法人編『国際会計基準実務ハンドブック』（共著）（中央経済社、1997年）等

［連絡先］
公認会計士 中嶋德三事務所
〒103-0027 東京都中央区日本橋3-8-7　坂本ビル6階

国際会計基準のすすめ──IFRSの基本とその実践

2014年7月15日　発行

著　者　　中嶋　德三 ⓒ

発行者　　小泉　定裕

発行所　　株式会社 清文社

東京都千代田区内神田1－6－6（MIFビル）
〒101-0047　電話 03（6273）7946　FAX 03（3518）0299
大阪市北区天神橋2丁目北2－6（大和南森町ビル）
〒530-0041　電話 06（6135）4050　FAX 06（6135）4059
URL http://www.skattsei.co.jp/

印刷：亜細亜印刷㈱

■著作権法により無断複写複製は禁止されています。落丁本・乱丁本はお取り替えします。
■本書の内容に関するお問い合わせは編集部までFAX（03-3518-8864）でお願いします。

ISBN978-4-433-48864-2